LE LITTORAL ET LE DÉSERT TUNISIENS

Développement humain et disparités régionales en Tunisie

Histoire et Perspectives méditerranéennes
Collection dirigée par Jean-Paul Chagnollaud

Dans le cadre de cette collection, créée en 1985, les Éditions L'Harmattan se proposent de publier un ensemble de travaux concernant le monde méditerranéen des origines à nos jours.

Déjà parus

Guy FEUER, Kamel YAHMI, *Un dialogue pour la réconciliation, Un Algérien de France – Un Français d'Algérie*, 2012.
Abderrahman EL BERRHOUTI, *Outils médiatiques et populations du Moyen Atlas marocain*, 2012.
Fedj MAÂTOUG, *John F. Kennedy, la France et le Maghreb (1957-1963)*, 2012.
Abdelkrim SAA, *Migrants berbères marocains, De l'oasis de Figuig à Paris*, 2012.
Salah MOUHOUBI, *L'Algérie face aux chocs extérieurs*, 2012.
Jean-Michel SALGON, *Dictionnaire de l'islamisme au Maghreb*, 2012.
Mahmoud OURABAH, *Premiers pas. Souvenirs autour d'un projet de développement de l'Algérie,* 1963-1980, 2012.
Xavier JACQUEY, *Ces appelés qui ont dit non à la torture,* 2012.
Daniel LAGOT, *Responsabilité de protéger et guerres « humanitaires ». Le Cas de la Libye*, 2012.
Michel BUR, *Algérie 60. Mascara-Sétif, 1er janvier 1960-16 février 1961*, 2012.
Ali ABASSI, *Espace francophones tunisiens ou Main de fatma*, 2011.
Chokri BEN FRADJ, *Oliviers et oléiculture en Tunisie*, 2011.
Guillaume D'HOOP, *Les Algériens dans le prisme des faits divers, Une lecture de la guerre d'Algérie (1954-1962)*, 2011.
Sébastien ABIS et Damien CORDIER-FERON, *Bizerte, otage de l'histoire. De la Seconde Guerre mondiale aux indépendances du Maghred*, 2011.
Fabien SACRISTE, *Germaine Tillion, Jacques Berque, Jean Servier et Pierre Bourdieu. Des ethnologues dans la guerre d'indépendance algérienne*, 2011.
Abraham LAHNITE, *L'application du Traité de Fez dans la région du Souss*, 2011.
Abraham LAHNITE, *Le Souss géographique, historique et humain*, 2011.
Abraham LAHNITE, *Les conditions d'établissement du Traité de Fez*, 2011.
Arfaoui KHEMAIS, *Les élections politiques en Tunisie de 1881 à 1956*, 2011.
Hamid CHABANI, *Le printemps noir de 2001 en Kabylie*, 2011.
Makhtar DIOUF, *L'islam, un frein au développement*, 2011.

Adel Bousnina

Le littoral et le désert tunisiens

Développement humain et disparités régionales en Tunisie

L'Harmattan

5-7, rue de l'École-Polytechnique ; 75005 Paris

http://www.librairieharmattan.com
diffusion.harmattan@wanadoo.fr
harmattan1@wanadoo.fr

ISBN : 978-2-336-00636-9
EAN : 9782336006369

« **La révolution tunisienne est venue démontrer le fossé entre les promesses et la réalité**, mettant l'accent, à ce propos, sur la nécessité d'instaurer un dialogue entre le gouvernement de transition et toutes les forces vives pour réviser les différents aspects du modèle social tunisien, élaborer une feuille de route pour fixer les priorités de développement social et tracer un plan d'action bien clair à même de permettre de promouvoir les catégories défavorisées dans les différentes régions [...] Les jeunes qui ont déclenché la révolution de la liberté et de la dignité sans appartenance idéologique ou intellectuelle aucune, ni influence extérieure, habitent, en majorité, dans **les régions intérieures les plus démunies** et les moins chanceuses [...] 80 % des ressources de développement étaient orientées sous l'ancien régime vers les zones côtières et touristiques au détriment des régions intérieures qui bénéficient uniquement de 20 % du budget de développement ».

Béji Caïd Essebsi, Premier ministre du gouvernement provisoire (Février-Décembre 2011)

Dédicaces

Aux enfants de Gaza et à la population palestinienne

Au peuple irakien

À tous les opprimés et à tous les marginalisés dans ce monde

Au peuple tunisien qui a ‘‘destitué’’ la dictature

Aux fondateurs de l’Université tunisienne et à Mr le professeur Mohamed Talbi

À tous mes Professeurs

À mon père et à ma mère

À ma femme Souad et à mes chers enfants Nsira et Oumeima

À mes frères et à mes sœurs

À toute ma grande famille

À mes amis et à tous ceux qui me sont très chers

Aux développeurs de la Tunisie

À tous ceux qui croient à la nécessité d’une action volontaire de développement en dépit de la mondialisation et de l’impérialisme

Je dédie ce modeste travail
(Sousse, octobre 2011)

Dédicace

Avant-propos[1]

Ce texte[2] est tiré d'un autre travail, celui d'une thèse de doctorat, relative au développement humain et aux disparités régionales en Tunisie[3]. Le texte de base a été repris et fortement **allégé** (notamment des passages trop spécialisés et des annexes statistiques)[4] et il a été **actualisé** en se référant à des données statistiques récentes[5].

Ce travail[6] n'a été possible que grâce aux aides multiformes de plusieurs personnes.

Je tiens à remercier Monsieur le Professeur Khemaies Taamallah qui a bien voulu diriger ce travail. Je lui sais gré de m'avoir permis de développer mes idées en toute liberté.

Ma gratitude est très grande envers Monsieur le Professeur Mongi Bchir qui a suivi ce travail et dont l'aide a été très appréciable. Qu'il trouve ici l'expression de tout mon respect.

Je dois remercier tous les Professeurs qui ont bien voulu prendre part à la publication de cette recherche par leurs conseils très précieux, notamment Monsieurs les Professeurs: Moncef Ouannes, Amor Belhedi, Mahmoud Seklani, Khelifa Chateur et Alfred Dittgen, ainsi que mon cher ami Saber Mathlouthi pour ses commentaires judicieux.

Enfin, je ne peux pas oublier les enquêtés (notamment les directeurs des DDR) qui, à travers leur amabilité de vouloir répondre à mes questions, m'ont permis de mener ce travail à bout.

---

[1] Nous empruntons le titre à l'ouvrage de Jean François Gravier : ***« Paris et le désert français »***. Flammarion Paris 1972

[2] Ce texte a été finalisé en décembre 2008. Il n'a pas subi de modification pour intégrer la révolution tunisienne (cette dernière a montré la primauté de la question régionale, l'importance des disparités interrégionales et la pertinence des analyses menées dans cette recherche avant le déclenchement des événements à partir de Sidi Bouzid et Kasserine).

[3] Adel Bousnina (2009) : « Développement humain et disparités régionales en Tunisie ». Thèse de doctorat es-Démographie économique (525 pages). Faculté des Sciences Humaines et Sociales. Université de Tunis. Elle a été soutenue en juillet 2009 à la Faculté des Sciences Humaines et Sociales de Tunis devant un Jury composé de Messieurs les Professeurs : Mahmoud Seklani (Président), Khemaies Taamallah, Alfred Dittgen, Khelifa Chateur et Houcine Dimassi. Elle a été obtenue avec la mention très honorable avec la félicitation unanime du Jury.

[4] Pour alléger le texte et le rendre plus accessible, nous avons supprimé plusieurs tableaux (ainsi que quelques graphiques et cartes) et quatre chapitres : le cadre méthodologique, les assises théoriques du développement humain, les assises stratégiques du développement, le chapitre 9 (consacré à l'analyse statistique) ainsi que les annexes statistiques. Donc, pour comprendre certains développements, il faut se référer au texte de base.

[5] Les dernières données utilisées dans la thèse sont celles du recensement de 2004 ; pour actualiser ce texte, on a utilisé des sources statistiques récentes, notamment l'Enquête population Emploi 2008 (dont les résultats ont été publiés en février 2010) et les résultats de l'Enquête Emploi 2010 (publiés en juin 2011).

[6] Une partie de ce travail a fait l'objet d'une publication ou d'une communication. Elle a été actualisée et reformulée ici de manière à s'intégrer dans l'ensemble de l'ouvrage.

INTRODUCTION GÉNÉRALE

INTRODUCTION GÉNÉRALE

Le rôle du facteur humain dans le développement économique et social est primordial à plus d'un titre. L'homme est souvent le bénéficiaire ultime de ce processus et l'intrant du mouvement de la croissance économique.

En dépit de la complexité des facteurs du développement, le rôle des ressources humaines et leur contribution dans le décollage de chaque pays restent indéniables, c'est pourquoi on assiste de plus en plus à la confirmation des stratégies relatives à l'investissement dans le capital humain et à la valorisation des ressources humaines.

Outre les ressources en capital et l'élément matériel (lié aux investissements intérieurs et extérieurs, à l'épargne, aux flux des capitaux, à la production et aux échanges…), le développement demeure inhérent au facteur humain qui est le principal catalyseur du processus ce qui explique l'intérêt accordé à l'étude des ressources humaines (à travers la population, le travail, l'éducation, la santé…).

En effet, on s'accorde de plus en plus à considérer que la population dotée de ressources humaines suffisantes a plus de chances de générer des richesses et que l'appréhension des stratégies du développement doit dépasser la vision simpliste d'une croissance économique perpétuelle et doit intégrer la dimension humaine et sociale, ce qui pourrait faciliter l'amélioration de la qualité de vie de la population.

Il s'agit, en fait, d'analyser les politiques de développement « par rapport à leur finalité ultime, à savoir : l'épanouissement de l'être humain sous toutes ses dimensions, tant économiques, sociales que culturelles, rappelant implicitement que la personne humaine est avant tout un être social ».[7]

Cette prééminence du facteur humain s'est confirmée davantage sur la scène politico-scientifique durant la dernière décennie (en particulier grâce aux spécialistes du développement) après la publication du PNUD du premier rapport mondial sur le développement humain en 1990 qui consacre officiellement la primauté — ou du moins la nécessité - de la dimension humaine dans les approches et les politiques de développement.

---

[7] MDE et PNUD (2001), *« Rapport national sur le développement humain en Tunisie –1999 »,* Tunis, 2001, p.7.

Selon la définition du PNUD, il s'agit d'un processus qui implique « que soient réalisées trois conditions essentielles : Vivre longtemps et en bonne santé, acquérir un savoir et avoir accès aux ressources nécessaires pour jouir d'un niveau de vie convenable [...] L'amélioration du revenu, pour importante qu'elle soit, n'est jamais qu'une aspiration parmi d'autres ; le développement doit donc être bien plus qu'une accumulation de revenus et de richesses. Il doit être centré sur les personnes ».[8]

Par conséquent, le développement humain ne concerne pas seulement la croissance économique, mais également une répartition équitable des fruits du développement et une considération de l'homme comme maillon essentiel. Ce développement se mesure, outre le revenu, par d'autres indicateurs que l'Organisation des Nations Unies définit dans son rapport annuel. Ce processus élargit ainsi les possibilités de choix au-delà de la simple augmentation de la production : le revenu, tout en continuant à faire partie, n'est pas tout. Il doit être combiné à d'autres indicateurs sociaux pour comprendre comment une société évolue et utilise son revenu.

A cet égard, les trois éléments essentiels -formant le fameux IDH ou l'Indicateur du Développement Humain- concernent la longévité (mesurée par l'espérance de vie), le savoir (mesuré par les taux de scolarisation et d'alphabétisation) et le niveau de vie (mesuré par le pouvoir d'achat, c'est-à-dire le PIB réel par habitant).

Cependant, cette approche du PNUD recèle de nombreuses lacunes relatives notamment à l'aspect « simplificateur » et « réductionniste » de l'IDH. En effet, cet outil - se limitant à trois critères uniquement- exclut les critères politiques, juridiques et institutionnels tels que la stabilité des institutions, la démocratie, les droits de l'homme...Étant une moyenne nationale, il masque, en outre, les disparités et les inégalités entre les régions, les classes de revenus, les sexes...

Néanmoins, et bien que le concept de développement humain soit plus large que l'IDH, l'existence d'un indicateur synthétique et composite permet de focaliser l'attention sur certains critères et sur quelques problèmes particuliers. L'IDH permet, à cet égard, de mesurer trois éléments fondamentaux du développement humain qui

---

[8] PNUD (1990), *« Rapport mondial sur le développement humain 1990 »,* New York, PNUD, 1990, p.5.

reflètent les progrès réalisés au niveau des revenus et dans les secteurs éducatif et sanitaire.

En résumé, l'approche internationale du développement est globale et restrictive à la fois. Globale parce que la définition englobe les aspects humains et sociaux en général, et restrictifs, car l'indicateur choisi se limite à quelques éléments relatifs à trois secteurs seulement.

Pour ces raisons, notre approche tentera de traiter la problématique du développement humain dans sa globalité en intégrant plusieurs indicateurs sectoriels (qui débordent la vision simplificatrice de l'IDH) et en prenant en considération la multiplicité des indicateurs humains et sociaux relatifs aux domaines démographique, social et économique. Elle essaiera de mettre en exergue la complexité de cette problématique en analysant aussi bien les performances que les limites socio-économiques et démographiques.

D'autre part, et en tenant compte de la spécificité de la zone ou du pays à étudier, il est nécessaire d'utiliser d'autres indices (voire *un nouveau IDH*) afin d'intégrer certaines particularités de la politique tunisienne du développement humain.

Ainsi, il s'agit dans notre travail d'adopter — puis de tester - plusieurs approches qui permettraient de mesurer les résultats et les inégalités de la stratégie du développement humain en Tunisie. En fait, on devra procéder à une approche sectorielle classique qui tentera de tracer l'évolution du développement humain à travers les changements enregistrés dans les divers indicateurs et secteurs socio-économiques.

En outre, l'approche du PNUD (procédant essentiellement à l'IDH, à l'IPH ou l'indicateur de la pauvreté humaine...) est conjuguée à l'analyse spécifique (qui essaiera d'intégrer certaines particularités de l'expérience tunisienne) et à l'approche synthétique et globale (qui prendra en considération la complexité de la question du développement humain et ses interrelations avec le système et avec l'environnement).

1- Problématique :

Dès le lendemain de son indépendance, la Tunisie s'est engagée dans un processus de modernisation et de développement visant aussi bien l'accroissement de la richesse que le relèvement du niveau de vie du citoyen.

Dans cette optique, l'approche tunisienne s'est toujours caractérisée par l'harmonisation entre les facteurs sociaux et économiques puisque la stratégie du développement — dont l'objectif primordial est la promotion de l'homme - focalise son intérêt sur la composante humaine qui demeure à la fois le moyen et la fin du développement.

En effet, la politique de développement correspond à une approche globale qui considère l'homme comme acteur et bénéficiaire du développement et qui cherche à réaliser le progrès pour la population (c'est-à-dire répondre aux besoins de tous et offrir des chances à tous) et le développement de la population grâce à la satisfaction des besoins essentiels et à l'investissement dans les secteurs sociaux ce qui facilite la réalisation du bien-être de tous les citoyens. La finalité ultime étant l'épanouissement de l'être humain, les politiques de développement s'articulent ainsi de plus en plus sur la valorisation du capital humain en garantissant tous les droits humains fondamentaux et en facilitant l'accès aux services primordiaux (tels que l'éducation, la santé...).

Prise dans ce sens, cette stratégie du développement — devenue une revendication inéluctable et une aspiration universelle des populations comme des États - dépasse largement la vision simpliste de l'augmentation des richesses pour focaliser son intérêt sur la répartition équitable des dividendes de la croissance et sur la satisfaction des besoins élémentaires de la population.

Même si la croissance demeure une condition préalable et indispensable, il s'agit d'abord de donner une ‘‘signification humaine’’ au développement visant la solidarité sociale et le bien-être des citoyens et cherchant la concrétisation de l'équité, la juste affectation des ressources et le progrès humain inhérent à la justice sociale et au développement économique.

Cette conception reflète un engagement profond vers la considération de ces principes en tant que droits primordiaux de l'homme qui ne peuvent être dissociés des autres droits et qui sont à la fois compatibles et complémentaires avec la vision actuelle du développement humain. Cette dernière ne peut négliger les droits économiques, sociaux et culturels et la jouissance des services fondamentaux de l'individu qui sont une composante capitale du progrès social.

Cependant, si le développement humain est une aspiration collective et un souci majeur pour tous les citoyens, ses fruits demeurent inégalement répartis et les richesses restent inéquitablement distribuées. En fait, **il s'agit d'un développement humain inégal** qui reflète le clivage entre plusieurs franges de la population et entre diverses parties du pays et qui montre des disparités interrégionales et sociales importantes en dépit de tous les efforts de développement. En effet, ce dernier a favorisé certaines zones au détriment d'autres et quelques couches sociales aux dépens d'autres ce qui explique le développement inégal caractérisé par la centralisation administrative et économique et l'inégale répartition des ressources et des opportunités.

Malgré les efforts de l'État, on assiste à une aggravation des écarts interrégionaux et sociaux et à une marginalisation plus poussée de certaines couches sociales d'une part et des espaces périphériques d'autre part, ce qui constitue une réelle entrave à la poursuite du processus de croissance économique et ce qui a généré de nombreux effets pervers et de multiples blocages empêchant le développement harmonieux au niveau national.

Par conséquent, on formule l'énoncé de notre problématique dans les termes suivants :

Pourquoi enregistre-t-on une réussite de la politique du développement humain au niveau national (global ou sur l'ensemble du pays) et en même temps des disparités et des inégalités incontestables au niveau social et surtout régional ? Et si on suppose que les performances du développement sont nécessairement inégales, quelles sont les inégalités les plus flagrantes et les limites indéniables de la politique de développement humain ? Est-ce que le développement humain en Tunisie est un développement inégalitaire notamment au niveau régional ? Peut-on parler d'une Tunisie développée et d'une Tunisie sous-développée (ou d'une Tunisie à plusieurs vitesses) ? Quels sont les déterminants de cet inégal développement ? Ce déséquilibre est-il conjoncturel ou structurel ? L'inégalité (régionale notamment) est-elle conjoncturelle ou structurelle inhérente au système et aux structures socio-économiques ?

C'est la problématique centrale de l'étude, de laquelle résultent les problématiques secondaires (ou sectorielles) suivantes :

D'abord, quelle est l'articulation entre le développement humain et les différentes politiques et stratégies adoptées (avec leurs différentes dimensions : économique, sociale et démographique) et comment ont évolué les indicateurs du développement humain en Tunisie et quelles sont les principales composantes de cette politique ?

Par ailleurs, quelles sont les inégalités générées par la politique de développement humain et quelles sont les limites de cette expérience ?

Enfin, quelles sont les origines et les explications de l'inégal développement ? S'agit-il de l'État qui a consolidé ces disparités ou seulement des mécanismes du marché qui sont à l'origine de la distribution spatiale et sociale inégale ? Quelles sont les conséquences et les répercussions de cet inégal développement ? Face aux contraintes du développement humain inégal, quel était le comportement de l'État et est-il urgent de rechercher d'autres solutions plus radicales et plus efficientes pour ces déséquilibres ?

2-Les objectifs :

Notre objectif principal dans cette recherche est la contribution à l'étude et à l'analyse des inégalités régionales du développement humain.

Ainsi, notre finalité dans cette étude n'est pas de procéder à une étude détaillée de tous les résultats et de toutes les performances de la politique de développement en général, mais il s'agit de cerner l'efficacité de la stratégie de développement humain en Tunisie à travers l'étude de certains éléments centraux de cette expérience et de quelques composantes essentielles de ce processus (et ce, sans viser l'établissement d'un bilan exhaustif qui déborde le cadre de cette recherche).

Pour cette raison, certains facteurs explicatifs du développement ne sont pas analysés ici puisqu'il est difficile de dresser un inventaire de toutes les actions entreprises et de toutes les stratégies préconisées depuis l'indépendance. Étant donné la primauté de l'aspect humain, plusieurs éléments dans la problématique du développement ne seront pas traités tels que la production matérielle (l'industrialisation, le secteur agricole…), le commerce extérieur...Ce qui nous intéresse le plus c'est :

-d'analyser les composantes économique, sociale et démographique du développement humain

-de montrer les différentes lacunes et limites de l'expérience du développement humain

- d'analyser l'inégal développement (lié notamment aux inégalités régionales) et de montrer ses origines et ses répercussions.

Ces trois objectifs secondaires ou intermédiaires peuvent nous aider à réaliser l'objectif principal sus-cité et les objectifs spécifiques ou immédiats de l'étude tentant de dresser un bilan de la politique tunisienne en matière de développement humain, et ce, en analysant aussi bien les performances que les limites de cette politique. Bien entendu, les facteurs humains et sociaux constituant la pierre angulaire de la stratégie du développement ce qui explique l'intérêt accordé aux variables y afférentes (entre autres la formation, la santé, les conditions de vie, l'emploi ...).

Par ailleurs, l'étude des indicateurs et des lacunes de la stratégie sus- invoquée touchera aussi bien un champ géographique vaste (en visant la totalité de la population) qu'une partie du territoire en mettant l'accent sur certaines régions du pays. Ainsi, la combinaison de l'approche macro et micro peut être très bénéfique puisqu'elle facilite l'étude simultanée d'une partie géographique restreinte ou vaste et l'analyse de plusieurs variables démographiques, sociales et économiques dans certaines régions ou sur l'ensemble du territoire. En fait, une telle combinaison permet notamment de comparer les indicateurs de développement régional et surtout de cerner l'ampleur des inégalités régionales et sociales et par conséquent de déceler les limites et les lacunes de la stratégie de développement humain.

Ainsi, notre hypothèse centrale est la suivante : **le développement humain en Tunisie n'est pas fondamentalement réducteur des inégalités.**

C'est l'hypothèse centrale de l'étude, de laquelle résultent les hypothèses secondaires suivantes :

— Les performances de la politique de développement humain sont probantes au niveau global (national)

— Les inégalités de développement humain persistent (et s'aggravent parfois) reflétant un inégal développement régional (et social) indubitable

-L'inégal développement humain est inhérent à de multiples écarts interrégionaux, à des disparités sociales très importantes et à certaines limites de la politique socio-économique tunisienne. Cet inégal développement est déterminé par certains facteurs qui président à l'émergence des disparités sociales et interrégionales alors que ses répercussions sont multiples et touchent aussi bien le démographique, l'économique, le social et le spatial.

3- Plan :

L'accent est mis dans la première partie sur les composantes du développement humain, en l'occurrence la composante économique et les secteurs éducatif et sanitaire.

En premier lieu, l'amélioration de l'efficacité économique constitue une préoccupation inéluctable pour les pouvoirs publics, ce qui explique l'importance du souci de l'augmentation des revenus et de l'accélération du rythme de la croissance, ceci est inhérent à la capacité de l'économie à générer des emplois et à la satisfaction des demandes additionnelles, ce qui pourrait faciliter la résorption du chômage et en conséquence valoriser les ressources humaines.

En second lieu, les secteurs éducatif et sanitaire — dont l'impact est incontournable sur la promotion de l'homme - ont enregistré une évolution constante et un progrès considérable depuis l'indépendance. Plusieurs indicateurs dénotent cette amélioration incontestable et ce développement significatif des performances sociales, que ce soit grâce à l'augmentation de la protection sociale et l'amélioration des conditions de vie ou grâce à la satisfaction des demandes accrues d'éducation.

Cependant, les variations régionales du développement humain montrent des disparités importantes et des écarts indéniables en particulier au niveau régional. C'est le sujet de la deuxième partie consacrée à l'étude des variations régionales du développement humain ou à l'inégal développement régional. Pour ce faire, on a utilisé plusieurs approches, notamment l'approche sectorielle (les inégalités éducatives et sanitaires et les inégalités économiques), les indicateurs synthétiques (IDH et IPH) et l'approche empirique.

L'approche sectorielle va concerner l'analyse de la répartition régionale des services sociaux, en l'occurrence la santé, l'éducation et les conditions de vie, et ce, avant d'étudier les inégalités économiques au niveau de l'emploi et des investissements. Quant aux deux derniers chapitres, ils seront consacrés aux indicateurs synthétiques du développement humain (à savoir l'IDH et l'IPH) puis on va mener une analyse statistique de quelques méthodes classificatoires telles que la méthode des scores fractionnels et surtout l'analyse factorielle en composantes principales.

Les explications de ce développement inégal sont multiples et sont liées à de nombreux facteurs tels que l'action ambivalente de l'État, l'inégale accumulation spatiale et la répartition des investissements, les politiques de développement et l'action complexe des pouvoirs publics, le facteur historique…

Ce problème génère de nombreux effets indéniables et souvent inéluctables. En premier lieu, il s'agit de la concentration de la population et de la croissance urbaine rapide dans les régions favorisées, et ce, à côté de la migration interne et de l'exode rural. Quant aux répercussions économiques, elles concernent la centralisation de l'activité et de l'emploi et notamment la concentration des activités secondaires et tertiaires sur l'axe littoral du pays. Ceci est conjugué à une concentration poussée des revenus et surtout à une concentration de l'industrie et du tourisme, ce qui rend la question de l'efficacité des politiques de développement de plus en plus préoccupante.

L'acuité de ce problème qui devient très épineux ne peut laisser l'État indifférent. À ce titre, certaines politiques de développement ont parfois réussi à empêcher l'aggravation des disparités (grâce à certains programmes spécifiques) sans pour autant réussir à atténuer certains clivages régionaux et sociaux.

Les données sus-citées, en particulier celles concernant les composantes du développement humain et celles relatives au développement régional, seront complétées par les résultats de 2 enquêtes qui tenteront de fournir des informations de nature qualitative sur le développement humain et régional, sur l'efficacité de la politique développementiste et sur les explications et les répercussions de l'inégal développement régional.

À cet égard, l'objectif fondamental des enquêtes (et de la troisième partie) est l'analyse des perceptions de la population et des acteurs de développement -ou plus précisément des cadres de l'administration tunisienne- sur divers aspects relatifs au développement humain et au développement régional.

Livre premier
Les performances et les indicateurs du développement humain

Chapitre 1 : La composante économique

Pour comprendre l'expérience tunisienne du développement humain, il est nécessaire de tenter de dresser un bilan de la politique tunisienne et d'étudier l'évolution des principaux indicateurs économiques et sociaux.

À cet égard, la composante économique a été -et reste encore- l'un des éléments centraux de la politique de développement humain notamment grâce aux retombées positives de l'efficacité de l'économie et de la croissance soutenue des richesses, dont les effets sur l'homme et sur la société sont importants à plus d'un titre.

Il s'agit, en effet, d'analyser plusieurs éléments inhérents à la composante économique et qui ont impact inéluctable sur le développement des ressources humaines. On peut évoquer, entre autres, l'évolution du PIB et de la croissance économique qui a connu un rythme irrégulier durant ces dernières décennies (en dépit de l'accroissement régulier de la production).

D'autre part, on s'intéressera dans ce chapitre à l'étude du pouvoir d'achat et de l'amélioration des revenus suite à l'augmentation des salaires, ce qui s'est répercuté sur la qualité de vie et sur le niveau des dépenses et de la consommation.

Enfin, la valorisation des ressources humaines est étroitement liée à la capacité de l'économie à générer des emplois et à satisfaire des demandes additionnelles, ce qui montre l'importance de l'étude du fonctionnement du marché du travail et de l'analyse des répercussions des différents programmes d'emploi.

Section 1 : La croissance économique et le pouvoir d'achat :

Paragraphe 1 : L'évolution de la croissance économique :

L'approche développementiste tunisienne s'est attelée à soutenir le rythme de la croissance économique afin d'endiguer la pauvreté et d'intégrer les populations vulnérables dans le circuit productif d'une part, et en vue de générer des emplois et des sources de revenus facilitant l'amélioration du niveau de vie et l'augmentation du revenu par habitant d'autre part.

La réalisation d'un tel objectif dépend de la stratégie économique adoptée qui a connu de nombreux modèles qui ont conduit à la gestion autoritaire dirigiste et socialiste avant l'engagement dans l'ouverture et l'affermissent des mécanismes du marché, ce qui a découché sur des performances alternant le bon et le moins bon malgré la recherche constante de la pérennité du développement économique.

Néanmoins, et en dépit de ce souci permanent de l'accélération du rythme de la croissance, l'évolution de cette dernière a été irrégulière bien que la progression soit souvent positive.

En effet, le PIB (à prix constants) a évolué à un rythme dépassant généralement 5% entre 1960 et 2000. Et c'est surtout pendant le quinquennat 1997-2001 que ce rythme de la croissance a été élevé et régulier puisqu'il s'est souvent situé entre 4,7 % et 5,4 % ce qui a permis de réaliser un taux de croissance annuel moyen de 5,3 % grâce à l'évolution soutenue de certains secteurs économiques et en particulier celui des services (6,9 %), des industries manufacturières (6,1 %) et des transports (16,6 %).

Graphique n°1 : Évolution de la croissance du PIB (1990-2006):

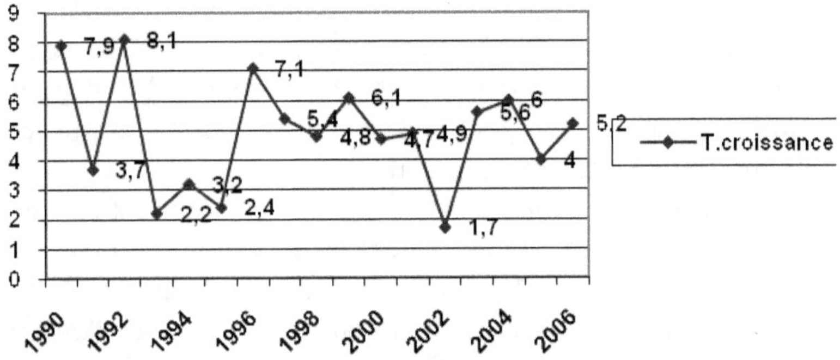

Source : INS : Annuaires statistiques de la Tunisie

La réalisation d'un tel niveau appréciable de croissance est inhérente à l'amélioration de l'efficacité économique suite à l'augmentation sensible de la contribution de la productivité globale des facteurs dont l'apport dans la croissance a dépassé 36% au cours de la période 1997-2001 (contre un niveau négatif de -33% entre 1982 et 1986) témoignant ainsi des effets positifs des réformes engagées et d'une meilleure utilisation des ressources (grâce à la maîtrise de la technologie et à la modernisation des méthodes d'organisation et de gestion).

D'autre part, et étant donné que le développement humain (qui est la finalité ultime dont la croissance économique est le moyen) a pour fin d'enrichir la vie des personnes, cette croissance n'est pas restée sans effets sur l'amélioration des ratios par habitant et notamment sur l'accroissement du PIB/ habitant qui est passé de 119.2 (en dinar courant) à près de 4000 D entre 1966 et 2006. Cette amélioration a été importante surtout durant la dernière décennie puisque ce taux a dépassé 7.1 % entre 1990 et 2003 contre 0.87 % entre 1961-1971 et 0.82 % entre 1982-1988.

Nonobstant cette amélioration indéniable du PIB par habitant, le rythme de la croissance économique a été irrégulier puisqu'il est inhérent au climat social et à la conjoncture économique au niveau international.

Primo, le climat de tension sociale - en générant des grèves et des journées de travail perdues - affecte directement le système de production ce qui peut expliquer la décélération de l'accroissement du PIB (par exemple, entre 1982 et 1986, le taux annuel moyen de croissance économique n'a pas dépassé 2,2 % contre 5,3 % entre 1997 et 2001 ; en 2011, il est même négatif égal à -2).

Secundo, certaines fluctuations économiques et politiques (entre autres : les crises financières, la hausse des prix du pétrole, les incidences des événements du 11 septembre 2001...) ont été à l'origine de la chute substantielle du rythme de la croissance passé de 5 % en 2001 à 1,7 % en 2002. Par contre, la croissance peut être favorisée par certains facteurs conjoncturels positifs, comme c'était le cas pendant le début de l'ère libérale (1971-1976) durant laquelle le taux de croissance du PIB avait dépassé parfois 10%. Cette conjoncture a été possible grâce à la conjugaison de certains facteurs tels que : « une conjoncture internationale favorable caractérisée par le redéploiement industriel et l'essor du tourisme, une conjoncture économique favorable (années pluvieuses, hausse des cours du phosphate, du pétrole...), un contexte social propice (un moment de répit après le mouvement coopératif qui a touché toutes les couches sociales) ».[9]

A ce titre, l'évolution favorable des termes de l'échange des produits exportés par la Tunisie a joué un rôle prépondérant « et en l'absence de cette rente pétrolière, la régulation du processus d'accumulation aurait été impossible. Par ailleurs, cette importance

---

[9] Amor Belhedi (1992), *« Société, espace et développement »,* Publication de l'Université de Tunis I, Tunis, 1992, p.64.

croissante prise par la rente pétrolière a permis d'amortir le coût de régularisation supportée par les fractions sociales antérieurement sacrifiées (à savoir la paysannerie, la classe ouvrière...) ».[10]

Tableau n°1 : Évolution de la croissance économique (en %) depuis l'indépendance

Période	1966-1970	Vème plan (77-81)	VIème plan (82-86)	VIIème plan (87-91)	VIIIème plan (92-96)	IXème Plan (1997-2001)	Xème Plan (2002-2006)
T. Croissance	4,6	6,3	2,2	4,2.	4,6	5,3	5,7

Source : MDE : Les plans de développement

Bien entendu, la clef de voûte de la stratégie de développement économique est l'investissement qui constitue souvent un élément central et primordial dans l'expérience de développement grâce à son impact sur l'évolution de la croissance et sur les indicateurs socio-économiques.

À cet égard, la réalisation d'une croissance soutenue est étroitement liée à l'allocation optimale des ressources et à leur affectation dans des projets rentables, c'est ce qui explique l'intérêt accordé à cette orientation et le souci constant d'accroître le taux d'investissement et sa proportion dans le PIB. Entre 1956 et 1970, ce taux est passé de 13,6 % et 22,8 % et il a atteint 26,1 % en 2001, et ce, grâce à la croissance rapide de l'investissement privé (dépassant annuellement 13%) et à l'accroissement des investissements dans le secteur des industries manufacturières et du transport (respectivement 10,8 % et 19,4 %).[11]

Par ailleurs, et puisque la croissance n'est pas une fin en soi, cette dernière ne doit pas être envisagée « sous l'angle de l'abondance de biens qu'elle engendre » mais « il faut se demander dans quelle mesure la croissance améliore la vie des individus [...] et l'évaluer en fonction de ce qu'elle apporte sur le plan humain »[12]. C'est pourquoi nous nous pencherons, dans ce qui suit, sur l'analyse de l'impact de ces performances de l'économie tunisienne (en particulier les

[10] Houssine Dimassi (1984), *«La crise économique en Tunisie: une crise de régulation»,* Maghreb machrik n°103, 1984.

[11] MDE (2002), *« Xème Plan de développement. Contenu global », Tunis 2002,* p.33.

[12] PNUD (1996), *« Rapport mondial sur le développement humain 1996. Croissance économique et développement humain »,* New York, Programme des Nations Unies pour le Développement, 1996, p.48.

retombées de la progression de la croissance du PIB) qui peut être saisi à travers certains indicateurs relatifs à l'amélioration du pouvoir d'achat et à l'augmentation des revenus.

Paragraphe 2 : L'amélioration du pouvoir d'achat et l'évolution des salaires :

L'accès à de nouveaux paliers de croissance et l'accroissement rapide du PIB (aussi primordial soit-il) n'est pas suffisant s'il n'est pas accompagné d'une politique salariale efficace et d'une stratégie de redistribution équitable, c'est pourquoi un intérêt particulier a été toujours accordé à la préservation du pouvoir d'achat des travailleurs et à l'amélioration de leurs revenus.

Cependant, la gestion du coût salarial et la politique des revenus dépendent du modèle économique et de la stratégie adoptée, c'est ce qui explique la métamorphose qu'a connue l'évolution des salaires et du pouvoir d'achat durant les 4 dernières décennies.

Si la première période était caractérisée par la centralisation excessive des règles d'ajustement des salaires et par un salaire réel inférieur à la productivité, la deuxième phase concrétisait la décentralisation et la promotion de la concertation sociale (ce qui a facilité l'augmentation des salaires qui était supérieure à celle de la productivité des facteurs), et ce, avant d'enregistrer à partir de 1983 un retour à la tendance constatée lors de la première période avec la mise en œuvre du PAS.[13]

2.1 : Le resserrement de l'éventail des salaires (1961-1970) :

La phase dirigiste socialiste était caractérisée par une stagnation du pouvoir d'achat, voire par une baisse drastique des revenus et par un blocage systématique des salaires (entre 1962 et 1969, le salaire moyen et le SMIG avaient enregistré un recul significatif de 6,2 % et de 16 % respectivement).

En dépit de l'incorporation de l'idéologie syndicale (et des programmes des ouvriers) la période dirigiste renfermait une gestion autoritaire du coût salarial puisque « le socialisme destourien n'avait en réalité conféré au salariat qu'un statut de producteur dévoué à la

[13] MDE (1996), *« Adaptation du marché du travail au nouveau contexte économique. Note de synthèse »,* Étude stratégique n°10, Tunis, 1996, p.10.

nation dont le coût ne devait aucunement obérer la croissance économique ».[14]

La régulation administrée du rapport salarial signifiait que la révision des salaires était l'apanage du pouvoir central qui avait cherché constamment à minimiser les coûts salariaux. Et c'est à cause de l'intervention massive de l'État et de l'exclusion des partenaires sociaux que le code du travail (promulgué en 1966) stipule, dans son article 51, que « les conventions collectives ne pourront contenir aucune disposition relative aux salaires ou aux indemnités accessoires aux salaires. Elles ne pourront non plus contenir des dispositions relatives à la classification professionnelle ».

Certains indicateurs sont éloquents à ce titre et montrent que le pouvoir d'achat des salariés a pratiquement diminué pendant la première décennie de développement. Selon une étude comparée effectuée par le ministère des Affaires sociales sur l'évolution du salaire minimum légal et de l'indice des prix à la consommation familiale (dans les régions de Tunis, du Centre et du Nord) entre 1961 et 1971, le salaire minimal passe de l'indice 100 en 1961 à 136,8 en 1971 alors que l'indice des prix passe de l'indice 100 en 1962 à l'indice 139,5 en 1971 ce qui reflète le resserrement des salaires et la baisse des revenus durant la phase dirigiste.[15]

2.2 : L'amélioration substantielle du pouvoir d'achat pendant la phase libérale (1970-1983) :

L'importance de la question salariale et son impact sur le processus du développement ont été à l'origine de la métamorphose de la stratégie durant la période libérale, en particulier à cause des incidences nocives de la gestion autoritaire qui a été à l'origine même du blocage du système d'accumulation dirigiste (qui s'est heurté au problème de la demande solvable locale, et la compression de cette demande — existante ou potentielle - a été expliquée par de multiples

[14] A. Guelmani (1996), *« La politique sociale en Tunisie de 1881 à nos jours »,* Éditions L'Harmattan, Paris, 1996, p.193.

[15] Mohamed Ennaceur (1990), *« La politique sociale de la Tunisie depuis l'indépendance et sa place dans le développement »,* in : CERES (1990), *«Le développement en question. Dimension, bilan et perspectives »,* Actes du séminaire, Tunis 24-29 novembre 1986, Tunis, Centre d'Études et de Recherches Économiques et Sociales, (Cahiers du CERES, série sociologique n°16, p.362.

facteurs dont notamment la faiblesse relative de la masse salariale distribuée et le blocage des salaires).[16]

La politique de relèvement du pouvoir d'achat se trouve ainsi justifiée simultanément par des motifs économiques (déblocage du processus d'accumulation) et par des raisons sociales (partage des fruits de la croissance) ; et pour ce faire, l'État a recouru aux deux volets nécessaires pour toute politique des revenus, à savoir la politique de prix et la politique des salaires.

Si le premier instrument visait la stabilisation du coût de la vie grâce à l'encadrement du système des prix et à la subvention des produits de première nécessité, l'instauration d'une politique salariale partenariale avait permis la « contractualisation » du rapport salarial et le déblocage des salaires au moyen de certaines mesures dont les principales sont l'institution du SMIG (par le décret n°74-63 du 31 janvier 1973 réalisant une majoration de 25%), l'institution du SMAG (par le décret n° 74-571 du 22 mai 1974 réalisant 33% d'augmentation) et la conclusion de la convention collective cadre (du 20 mars 1973 agréée par l'arrêté du 29 mai 1973) et de plusieurs conventions sectorielles apportant, entre autres, des avantages appréciables en matière de rémunération (il en est de même pour le secteur public grâce au décret du 10 août 1973 qui a été à l'origine de l'amélioration du statut des agents et des fonctionnaires de l'État, des collectivités publiques et locales et des établissements publics à caractère administratif).

Cette nouvelle approche et ce nouveau contrat de progrès constituent un véritable tournant dans la politique salariale dans la mesure où l'on recherche à gérer les conflits d'intérêts « par la concertation en réhabilitant les acteurs sociaux promus dorénavant au rang de partenaires sociaux et l'on s'inscrit dans la logique de recherche d'équité, dans la mesure où l'on reconnaît que le facteur travail n'a pas eu la rémunération qu'il était en droit d'attendre ».[17]

Dans ce cadre, et grâce au décret 73-247 (26 mai 1973) qui a abrogé l'article 51 du code de travail de 1966, les partenaires sociaux ont acquis le droit de négocier les rémunérations salariales. En effet, le

---

[16] Dimassi Houssine (1983), *« Répartition des revenus et accumulation du capital. Essai sur la reproduction de la formation sociale post-coloniale »,* Thèse de Doctorat d'État es- sciences économiques, Tunis, 1983 (Introduction générale) p.VIII.

[17] Abdeljelil Bedoui (1995), *« La politique salariale en Tunisie »,* (Texte polycopié), p.3.

décret sus-invoqué stipule dans son article premier que « les conventions collectives de travail pourront à l'avenir contenir valablement des dispositifs relatifs aux salaires, aux indemnités et accessoires de salaires, à la classification professionnelle… ».

Par conséquent, les différentes mesures de la politique contractuelle et partenariale ont agi positivement sur l'éventail des salaires et sur le pouvoir d'achat qui a connu un accroissement significatif et une augmentation rapide en particulier pour les tranches inférieures des revenus (à titre d'exemple, le gain de pouvoir d'achat a été de : 58,8 % pour le salaire moyen de l'ensemble de l'économie, de 90 % pour le SMIG et de 91 % pour le SMAG).

Tableau n° 2 : Évolution indiciaire du pouvoir d'achat des salaires (1971-1983)

Année	A1	B2	B3
71	100	100	100
72	108,49	97,96	97,96
73	107,01	93,75	93,75
74	114,18	101,14	120,07
75	116,86	108,50	123,37
76	123,13	108,68	117,09
77	140,36	132,79	146,30
78	138,80	138,00	154,07
79	137,44	139,83	154,71
80	135,36	138,75	154,21
81	141,49	153,20	179,19
82	151,85	181,87	189,15
83	158,84	190,53	191,103

A1 : Salaire moyen de l'ensemble de l'économie, B2 : le SMIG et B3 : le SMAG

Sources : A. Guelmani (1996) : «La politique sociale en Tunisie de 1881 à nos jours » ; IEQ (1991) : « Banque des données sur les revenus »

2.3 : La stratégie néolibérale et la politique de désinflation salariale (1983-1991) :

Nonobstant les performances réalisées durant la phase libérale faste et les gains de pouvoir d'achat enregistrés, l'aggravation des déséquilibres macro-économiques a nécessité la mise en place d'un Plan d'ajustement structurel[18] qui a préconisé notamment la compression de la demande interne et la maîtrise de « l'inflation salariale ».

La concrétisation de cette nouvelle stratégie a été rendue possible grâce à la nouvelle politique des revenus focalisée sur trois

[18] Cf, pour plus de détails, l'ouvrage pré-cité de Amor Belhedi (1992) et le VIIème Plan de développement.

orientations essentielles : « une politique des prix tournée (à partir de 1983) vers la libéralisation totale et la réduction progressive des taux de subvention des produits de première nécessité, une politique des salaires dont la nouvelle norme de référence devenait la productivité et la personnalisation de la rémunération et une politique de rationalisation des transferts sociaux ».[19]

Comme le montre le tableau suivant, cette phase néolibérale s'était singularisée par une dépréciation des salaires réels et par une détérioration du pouvoir d'achat des salariés.

Tableau n° 3 : Indices du salaire réel moyen (sur l'ensemble de l'économie) et du salaire réel moyen agricole (1983-1991)

Année	SRM	SRMA
83	100	100
84	94,2	93,9
85	90,4	87,4
86	88,5	86,1
87	84,6	83,0
88	83,6	82,8
89	84,6	79,2
90	83,7	78,0
91	87,1	78,2

Sources : A. Guelmani (1996) : «La politique sociale en Tunisie de 1881 à nos jours » et IEQ (1991) : « Banque des données sur les revenus »

Ainsi, la libéralisation des prix, la restructuration économique et la réhabilitation des mécanismes du marché ont généré un blocage des salaires et une dévalorisation des revenus salariaux. Entre 1983 et 1991, et hormis le revenu non salarié moyen (qui s'était accru de 33,6 %), le salarié a subi une paupérisation absolue et une régression significative de son pouvoir d'achat réel qui a diminué de 12,9 %, de 21,8 %, de 25,1 % et de 21,7 % respectivement pour le salaire moyen général, pour le salaire réel moyen agricole, pour le SMIG et pour le SMAG (à noter que l'indice général des prix à la consommation familiale avait augmenté de 41,2 % entre 1983 et 1988 tandis le salaire moyen annuel nominal s'était accru seulement de 18,1 % durant la même période).

Toutefois, et avec l'arrivée du nouveau régime politique (fin 1987), la situation a commencé à se débloquer et on a enregistré une nouvelle augmentation des salaires en 1989, et ce, parallèlement pour les smigards et pour les salariés du secteur public et privé.

[19] A. Guelmani (1996), Op. Cit, p.199.

2.4 : Le nouveau relèvement du pouvoir d'achat (1992-2006) :

Après la phase « difficile » de l'ajustement structurel dont les retombées ont été souvent nocives en particulier sur le pouvoir d'achat des salariés, la période du VIIIe Plan (1992-1996) a été caractérisée par un nouvel accroissement des salaires et par une nouvelle amélioration substantielle des rémunérations, et ce, grâce à « la poursuite d'une politique de promotion des revenus qui concilie entre les impératifs de préserver les équilibres globaux et ceux de la nécessité d'améliorer les niveaux de vie, que ce soit par l'amélioration des salaires et des revenus non salariaux ou par le renforcement de leurs effets redistributifs par le biais des transferts sociaux ».[20]

À cet égard, la politique de concertation (au lieu de la gestion autoritaire) a de nouveau joué un rôle prépondérant, et ce, à travers l'engagement des négociations collectives « qui ont conduit notamment à la signature de trois accords-cadres (février 1993, avril 1996 et février 1999) aboutissant à la révision de la convention collective cadre et de toutes les conventions collectives sectorielles ainsi qu'à l'augmentation des salaires dans tous les secteurs sous forme de 3 programmes triennaux couvrant, de façon ininterrompue, la période de 1990-1998 ».[21] Ces mesures ont permis aussi aux salaires minimaux d'accroître leurs gains de pouvoir d'achat d'une manière positive, et ce, grâce à leur revalorisation systématique à l'occasion de chaque ajustement des prix.

Tableau n° 4 : Évolution indiciaire du pouvoir d'achat des salaires (1992-2006)

Année	SMIG (régime 40 h)	SMIG (régime 48 h)	SMAG
92	100	100	100
93	107,30	107,39	107,38
94	109,06	108,93	109,85
95	114,04	114,17	114,77
96	120,04	120,18	122,16
97	126,04	126,19	128,06
98	128,09	128,04	130,73
99	134,09	134,05	138,11
2000	138,34	138,52	143,04
2001	144,34	144,83	149,19
2002	147,33	148,29	153,97
2003	153,08	154,38	160,12
2004	157,86	159,43	165,04
2005	161,94	163,74	169,96
2006	166,71	168,79	175,37

Source : Calculs élaborés par nos soins à partir des données des annuaires statistiques de la Tunisie (INS : 1992-2006)

---

[20] MDE (1997), *« IXème Plan de Développement. (Tome 1. Contenu global) »*, Tunis, 1997, p.178.

[21] MDE et PNUD (2001), Op. cit, p.44.

Il ressort de ce tableau que le gain de pouvoir d'achat durant la dernière décennie a été de 53 % pour le SMIG et de 54 % pour le SMAG suite à la progression rapide des salaires minimaux qui a avoisiné 4,4 % pour le SMIG (régime de 48 heures) passé de 134,9 D à 207,5 D et 4,38 % pour le régime de 40 heures (passant de 128,4 D à 181,8 D). Quant au SMAG journalier, il a été porté de 4D61 millimes à 6D259 millimes, soit un taux de croissance de près de 4,4 % en moyenne par an entre 1992 et 2002.

Il en est de même pour les salariés de l'administration publique dont le salaire moyen a connu (entre 1989 et 1999) un accroissement annuel de l'ordre de 2,6 % en termes réels (7,9 % en nominal).

Cette amélioration générale du pouvoir d'achat des salaires -aussi bien au secteur privé que public - n'est pas restée sans effet sur le niveau des dépenses et sur l'augmentation de la consommation des ménages.

Paragraphe 3 : Le niveau des dépenses et de la consommation :

3.1 : Évolution du niveau des dépenses :

La consommation constitue un élément primordial de la promotion de l'homme et un indicateur majeur de la qualité de vie et du bien-être matériel de la population. Les notions de pouvoir d'achat et de niveau de vie sont, à ce titre, étroitement liées au niveau de la consommation : le premier étant la qualité des biens et services qu'on peut se procurer sur le marché avec un revenu déterminé alors que le second désigne les biens et services effectivement procurés et achetés par le ménage.

L'évolution du niveau des dépenses nous permet ainsi d'avoir de précieux indicateurs sur l'amélioration du niveau de vie des ménages ; à cet effet, les résultats de l'enquête sur la consommation et le budget des ménages 2005 ont permis d'estimer la dépense annuelle moyenne par personne et par an à 1820 dinars. Exprimée en valeurs courantes, la dépense moyenne par tête a été 25 fois plus élevée en 2005 qu'en 1967 passant de 72 D à 1820 D, ce qui correspond à un taux de croissance annuel moyen de 8,87 % par an.

Tableau n° 5 : Évolution de la dépense annuelle moyenne par habitant (1967-2005) :

Année	Dépense annuelle par personne							
	1967	1975	1980	1985	1990	1995	2000	2005
En dinars courants	72	147	248	471	716	966	1329	1820
En dinars aux prix de 1995	405	595	729	876	924	966	1145	1362
A prix constants (base 100 en 1967)	100	147	180	216	228	239	282	336
Année	Taux annuels moyens d'accroissement de la consommation (en %)							
	1967	67-75	75-80	80-85	85-90	90-95	95-2000	2000-2005
En dinars courants	-	9,4	11,0	13,7	8,3	6,5	6,6	6,5
En dinars constants	-	4,9	4,1	3,7	1,0	0,8	3,4	3,5

Sources : Élaborés par nos calculs, à partir des enquêtes nationales sur le budget et la consommation des ménages

Exprimée en valeurs constantes, la dépense annuelle moyenne par personne a enregistré un taux d'accroissement annuel moyen de 3,5% au cours du quinquennat 2000-2005 contre seulement 0,8% entre 1990 et 1995 et 1 % entre 1985 et 1990 (la période difficile de l'ajustement structurel et de la désinflation salariale).

Cette amélioration substantielle du niveau des dépenses en termes réels (au cours de la période 1995-2005) « s'explique d'une part par une amélioration des revenus grâce à une croissance économique appréciable et d'autre part par la maîtrise des prix à la consommation qui ont connu un taux d'accroissement annuel moyen de l'ordre de 3,1 % entre 1995 et 2000 contre 5,7 % entre 1990 et 1995 ».[22]

Cet accroissement de la dépense moyenne est tributaire des différents schémas de développement et des politiques économiques préconisées qui ont façonné l'évolution de la consommation. Durant la première décennie, et avec le blocage des salaires et la sévère austérité dans le domaine économique, on a enregistré une quasi-stagnation de la consommation (à prix constants) avec un taux de croissance annuel moyen de 3,9%, contrairement à la période libérale au cours de laquelle ce taux a dépassé 8% (grâce au relèvement du pouvoir d'achat), et ce, avant d'enregistrer un nouveau fléchissement durant la phase difficile de l'ajustement structurel (le taux de croissance de la consommation durant le VIIème Plan était de 2,6 %).[23]

---

[22] INS (2004), *« Enquête nationale sur le budget, la consommation et le niveau de vie des ménages 2000 »,* volume A, Tunis, 2004, p.19.

[23] Rachid Barouni (1990), *« La planification de la consommation : l'expérience tunisienne», in : IREP : «Population et consommation »,* Cahier de l'IREP n°3, Tunis, 1990, pp15-16.

3.2 : L'amélioration qualitative de la structure et de la distribution des dépenses :

L'étude comparative dans le temps de la structure des dépenses est révélatrice de l'évolution du niveau de vie des ménages, car les coefficients budgétaires (ou la part d'un type de dépenses dans l'ensemble du revenu) permettent de relever les changements opérés et les nouveaux comportements de consommation des ménages.

Avec la progression -voire le bouleversement - des modes et du niveau de vie, la part relative de la consommation alimentaire s'amenuise et, en corollaire, le coefficient budgétaire des dépenses alimentaires tend vers la baisse au profit de celui d'autres rubriques.

Il s'agit d'une nouvelle hiérarchisation des priorités dont le souci est beaucoup plus qualitatif, puisque « le Tunisien ne situe plus ses besoins au niveau alimentaire, mais à un autre degré plus élevé [...] les besoins de base ne constituent plus la priorité première. D'autres aspirations se sont développées. Elles sont nécessairement d'ordre qualitatif ». [24]

Tableau n° 6: Évolution des coefficients budgétaires des dépenses des ménages (en %)

Fonction de consommation	1975	1980	1985	1990	1995	2000	2005
Alimentation	41,7	41,7	39,0	40,0	37,7	38,0	34,8
Logement	27,9	29,0	27,7	22,0	22,2	21,5	22,8
Habillement	8,8	8,5	6,0	10,2	11,8	11,1	8,8
Hygiène et soins	5,4	5,7	7,0	8,7	9,6	10,0	10,3
Transports et télécommunications	4,7	4,9	9,0	8,2	8,7	9,7	14,4
Enseignement, culture et loisirs	8,0	7,7	8,5	8,2	8,5	8,3	8,4
Autres dépenses	3,5	2,5	2,8	2,7	1,5	1,4	0,5
Total	100	100	100	100	100	100	100

Sources : INS : Enquêtes nationales sur le budget et la consommation des ménages

Cette évolution montre la baisse significative de la proportion des dépenses d'alimentation, ce qui peut corroborer la célèbre loi d'Engel sur la consommation et le niveau de revenu : « Lorsque notre niveau de vie est bas, nous commençons par satisfaire les besoins les plus urgents (nourriture, logement...). Les augmentations du niveau de vie

---

[24]Bchir Mongi et Youzbachi Moncef (1999), *«L'approche tunisienne population-développement : du quantitatif au qualitatif»,* Texte polycopié, actes de la Conférence Nationale Population et Développement, Tunis, 10 et 11 septembre 1999, p.9.

se portent ensuite sur les biens les moins indispensables (comme le loisir, le transport, les vacances…). Et en raison de cette loi, les sociétés riches évolueront de plus en plus vers des sociétés de services ».[25]

Au niveau de ces dépenses de services et des dépenses non alimentaires, on enregistre une augmentation de la part des dépenses réservées au transport et aux communications, qui est passée de 4,7% en 1975 à 9,7 % en 2000 et à 14,4 % en 2005. Ceci reflète la mobilité croissante de la population en particulier avec l'élévation sensible des taux d'urbanisation. Cela montre aussi que cette évolution « traduit des caractéristiques du modèle économique qui prend place dans la société. Ce ne sont donc pas des choix individuels et subjectifs qui ont façonné la structure de la consommation. Ce serait plutôt la conséquence des conditions objectives de l'existence et de la vie sociale que l'industrialisation, l'urbanisation (mais également l'appauvrissement des campagnes) ont impliqué ».[26]

On remarque aussi un accroissement du coefficient budgétaire des dépenses des soins médicaux et de l'hygiène qui a atteint 10 % en 2005 contre seulement 5,4 % en 1975. Cette évolution montre l'importance accordée par le Tunisien à sa santé, car on doit noter que l'enquête consommation ne saisit que la dépense de ménage financée par son propre budget et ne prend pas en considération les soins médicaux pris en charge par l'État (à titre d'exemple, « grâce à l'assistance médicale, 120 000 familles bénéficient de la gratuité totale des soins et 770 000 familles ne paient qu'un droit annuel d'affiliation et une modique contribution aux frais de soins […] Il faut ajouter la contribution des organismes de sécurité et d'assistance mutuelle à la couverture des dépenses de santé de la population active qui y adhère »).[27]

De même, cette amélioration qualitative a touché également l'évolution des classes de dépenses. En effet, la proportion des

[25] Cf. Michel Didier (1995), *« Économie, les règles du jeu »,* Ed. Economica, Paris, 1995.

[26]Lotfi Bouzaiene (1990), *« La consommation, une étape de la production : bilan de l'évolution de la consommation non alimentaire »,* in : Cahier de l'IREP n°3 : Op.cit, p.49.

[27] Abdelmajid Oueslati (2001), *« L'évolution de la consommation des ménages »,* in: Vallin Jacques et Locoh Thérèse (2001), *«Population et développement en Tunisie : la métamorphose,.* Cérès Éditions, Tunis, 2001, p.451.

dépenses dont le montant est inférieur à 400 D[28] (par an et par personne) est passée de 28,1 % en 1980 à 3,8 % en 2005, contrairement aux dépenses supérieures à 1200 D dont la proportion est passée de 18,4 % à 40,4 % (durant la période 1975-2000). Ceci dénote d'une amélioration indubitable de la distribution des dépenses, et ce d'autant plus que la proportion de la classe supérieure ayant une dépense dépassant 2400 D est en croissance continue passant de 4,2 % en 1980 à 11,2 % en 2000 et à près de 22 % en 2005.

Par ailleurs, si l'amélioration du niveau des dépenses durant ces dernières décennies est indéniable, elle demeure inhérente à plusieurs facteurs qui influent directement sur le niveau de la consommation. On peut évoquer, entre autres, le souci de la maîtrise de l'évolution des dépenses pour que le rythme de la progression de la consommation soit compatible avec la croissance du PIB, la politique des prix (visant essentiellement la stabilité des prix et un approvisionnement régulier) et la politique des revenus dont l'impact peut être appréhendé à travers le recul de la pauvreté et l'amélioration du pouvoir d'achat.[29]

D'autre part, si le niveau de revenu est vraisemblablement le déterminant le plus important (ce qui explique le recours fréquent à la mesure de la propension moyenne à consommer ou le rapport du montant de la consommation et du montant de revenu), ce dernier est, de son côté, déterminé par la catégorie socioprofessionnelle du soutien principal du ménage. Comme le montre le tableau suivant, la C.S.P (en combinant la profession, le statut dans la profession et le secteur économique d'activité) est un indicateur déterminant du niveau de vie des ménages :

[28] Le seuil de 400D représente la dépense moyenne par personne et par an pour un ménage composé de 5 personnes dont un seul membre est actif occupé ayant un salaire proche du SMIG, régime 40h, en l'an 2000 et égal à 168 D par mois (INS (2004) : Op.cit p 24).
[29] Rachid Barouni (1990), Op. cit, pp21-22.

Tableau n° 7 : Dépense annuelle moyenne par ménage et par personne selon la CSP du soutien du ménage en 2005 (en dinar)

CSP du soutien principal du ménage	Dépense par ménage	Dépense par personne
Cadres et professions libérales supérieures	17 958	4 104
Cadres et professions libérales moyennes	13 139	2 851
Autres employés	8 888	1 930
Patrons des petits métiers dans l'industrie, commerce et services	9 929	2 060
Artisans et indépendants dans l'industrie, commerce et services	7 133	1 456
Ouvriers non agricoles	6 263	1 263
Exploitants agricoles	6 788	1 281
Ouvriers agricoles	5 133	1 020
Actifs sans travail	4 446	933
Retraités	9 771	2 348
Autres inactifs	5 803	1 848
Soutiens résidents hors ménage	6 259	1 659
Ensemble	8 211	1 820

Source : INS : « Enquête nationale sur le budget, la consommation et le niveau de vie des ménages 2005»

Il ressort de ce tableau que la catégorie des ménages qui enregistre les niveaux de dépense les plus faibles (ne dépassant pas 933D par personne et par an) est celle dont le soutien est sans travail au moment de l'enquête, ce qui pose avec acuité le problème de l'emploi à cause de ses multiples répercussions (aussi bien économiques que sociales) et de son impact sur le niveau de vie et sur le développement humain.

Section 2 : L'emploi et l'activité économique

L'emploi productif est l'un des instruments clés de la réalisation de l'équilibre entre l'économique et le social et il est l'une des composantes essentielles du développement grâce à son impact sur la promotion de l'homme en particulier et sur l'intégration sociale en général. L'emploi est considéré comme « la principale passerelle entre la croissance économique et les opportunités de développement humain » et comme « la plus fondamentale de toutes les opportunités économiques » car il fournit aux individus « un revenu qui leur permet d'accéder à toute une gamme de biens et de services nécessaires à un niveau de vie convenable ».[30]

En Tunisie, l'emploi a occupé -depuis l'indépendance - le premier rang des priorités de l'action de développement et a été -et reste encore - l'élément central du modèle économique préconisé. C'est pourquoi la dynamique du fonctionnement du marché du travail a été souvent indissociable de la stratégie de développement, ce qui peut expliquer l'évolution du marché de l'emploi (et de l'offre et de la

[30] PNUD (1996), Op.cit, p.98.

demande de travail) tributaire des différentes politiques de développement économique.

Dans ce qui suit, il sera question d'analyser le fonctionnement du marché de travail et l'évolution de ses composantes, et ce, avant de mettre l'accent sur la structure d'emploi et d'activité et sur la politique de l'emploi et ses multiples instruments.

Paragraphe 1 : L'évolution du marché du travail :

1.1 L'offre de travail :

1.1.1 : Évolution de la population active :

Le concept de l'offre de travail est lié à la population active et à ses composantes qui ont évolué à un rythme irrégulier au cours des quatre dernières décennies à cause des mutations démographiques et socio-économiques qu'a connues le pays, ce qui a été à l'origine de plusieurs changements importants de la structure de l'offre aussi bien au niveau quantitatif que qualitatif. Ces différentes transformations peuvent être explicitées par les données du tableau suivant :

Tableau n°8 : Évolution de la population active (1966-2008)

Année	1966	1975	1980	1984	1989	1994	2004	2008
Population active (en milliers)	1 093,7	1 621,8	1 810	2 137,2	2 360,6	2 772,4	3 328,56	3677.8
Hommes (en milliers)	1 027,26	1 318,31	1 446	1 681,6	1 866,3	2 119,3	2 444,1	2672.6
Femmes (en milliers)	66,47	303,51	364	455,5	494,3	653,1	884,5	1005.2
Période	-	66-75	75-80	80-84	84-89	89-94	94-2004	2004-2008
Croissance totale par période (en milliers)	-	528	188	327	223,5	411,8	556,2	349.24
TAAM par période (en %)	-	4,4	2,2	4,2	2,0	3,5	1,85	2.53

Sources : INS : Recensements de la population et de l'habitat (1966, 1975,1984, 1994 et 2004)-Enquêtes sur l'emploi (1980, 1989,1997, 1999 et 2008)

Cet accroissement rapide de la population active peut être expliqué par l'importance du rythme de la croissance démographique. De ce fait, l'importance des demandes additionnelles et la croissance de la population d'âge actif sont imputées à la fécondité élevée qui a eu des répercussions directes sur la structure de la population.

Avec des taux d'accroissement naturel qui ont toujours dépassé 2,5 % avant 1984 (3,5%, 3,01%, 2,6% et 2,58% respectivement en 1956, 1966, 1975 et 1984), la population totale a connu une augmentation importante et la population active s'est accrue en conséquence à un rythme rapide (évalué actuellement à 2,5% par an) générant une pression très forte sur le marché du travail.

La conséquence la plus alarmante de cette évolution de la population active -consécutive à la croissance démographique - est l'accroissement considérable de la demande additionnelle annuelle moyenne d'emploi. Cette demande ne dépassait pas 51500 emplois au cours de la période 1975-1984 tandis qu'elle dépasse 74300 emplois entre 1994-1999 et 77200 entre 1999 et 2002 et elle dépasse actuellement 80 000 (et vraisemblablement 100 000 au cours du XIIème plan).

L'accélération du rythme des demandes additionnelles d'emploi est confirmée davantage par la croissance continue de la proportion du groupe d'âge 15-59 ans (le groupe d'âge actif), qui dépasse en 1999 : 60 % de la population totale et qui est supérieure en 2006 à 65 % de la totalité de la population contre seulement 48 % en 1966.

D'un autre côté, et outre le facteur démographique, cette augmentation de la population active est souvent attribuable à l'accroissement très rapide de l'activité féminine, qui constitue une caractéristique essentielle de l'évolution de l'offre de travail au cours des dernières décennies.

1.1.2- Caractéristiques de la population active :

L'évolution de la population active et des taux d'activité par sexe montre un développement de l'offre de travail émanant des femmes et reflète leur entrée massive sur le marché de travail. À titre d'exemple, la part de la population active féminine dans la population totale (ou le taux de féminisation) a connu une croissance vertigineuse et elle est passée de 6% à 25,6 % entre 1966 et 2001 (et elle a même dépassé 27 % en 2008). De même, le taux global d'activité des femmes (défini comme le rapport de la population active à la population d'âge actif) a fortement augmenté et a atteint 25,5 % en 2008 tandis qu'il ne dépassait pas 5,6 % en 1966.

De nombreux facteurs se conjuguent pour expliquer cette entrée massive des femmes dans le marché de l'emploi.

En premier lieu, il s'agit des facteurs économiques qui ont favorisé la présence féminine sur le marché du travail grâce au développement des services ayant recours à l'activité féminine telle que l'éducation et la santé et surtout grâce à l'expansion du secteur des industries manufacturières (en particulier le textile et la confection) qui est un secteur compétitif recourant aux femmes et aux catégories de main-d'œuvre moins exigeantes en matière de rémunération.[31]

En second lieu, l'augmentation de l'offre de travail féminine est déterminée par certains facteurs socioculturels qui sont inhérents à l'évolution des mentalités (qui ne sont plus hostiles au travail féminin notamment grâce à l'importance économique du revenu de la femme), à la législation du droit du travail (qui accorde à la femme les mêmes chances d'accès au travail que l'homme) et à l'amélioration du niveau d'instruction ou à une meilleure valorisation de la scolarisation féminine qui a une influence capitale sur le niveau d'activité des femmes contrairement aux hommes.[32]

En troisième lieu, certains facteurs démographiques peuvent expliquer la percée des femmes sur le marché du travail, entre autres l'augmentation du taux de célibat qui oblige les célibataires à se prendre en charge financièrement contrairement aux femmes mariées subissant les contraintes de la vie familiale (les taux d'activité des célibataires est de 36 % contre 16 % chez les femmes mariées en 1994).[33]

Tableau n° 9 : Répartition de la population active (en %) et taux global d'activité[34] (en %) selon le sexe (1966-2008):

Répartition de la population active	1966	1975	1984	1989	1994	1999	2001	2004	2008
Hommes	93,9	81,3	78,7	79,1	76,4	75,4	74,4	73,4	72.7
Femmes	6,1	18,7	21,3	20,9	23,6	24,6	25,6	26,6	27.3
Taux global d'activité	1966	1975	1984	1989	1994	1999	2001	2004	2008
Hommes	85,5	81,1	78,6	75,4	73,8	72,6	71,9	67,8	69.1
Femmes	**5,6**	18,9	21,8	20,3	22,9	23,7	24,0	24,2	**25.5**

Sources : INS : RGPH (1966, 1975,1984, 1994 et 2004) ; Enquêtes sur l'emploi (1980, 1989,1997, 1999, 2001 et 2008)

---

[31] Faiza Kefi et Salma Zouari-Bouattour (1990), *« La femme et l'emploi », in : IFID (1990), «Politique de l'emploi en Tunisie »,* actes du séminaire organisé par L'Institut de Financement du Développement du Maghreb Arabe, du 13 à 16 juin 1990, IFID, Tunis, 1990, p.694.

[32] Khemais Tamallah (1987), *« Population et emploi »,* Publication de l'Université de Tunis, 1987, pp178-182.

[33] Fethi El Bekri (2001), *«Les déterminants de l'activité féminine en Tunisie »,* Revue famille et population n° 2-3, Juin, 2001, p.129.

[34] On différencie entre taux brut d'activité (qui concerne le rapport de la population active à la population totale) et le taux global d'activité (qui concerne le rapport du nombre des personnes actives à la population d'âge actif soit le groupe 15-59 ans).

Par ailleurs, et en ce qui concerne la répartition de la population active selon le niveau d'instruction, il y a lieu de mentionner l'impact positif du progrès de la scolarisation qui a donné lieu à une augmentation rapide de la main-d'œuvre éduquée grâce à une demande sociale intense d'éducation. En effet, la proportion des analphabètes est passée de 73,9 % en 1966 à 19 % en 1999 et à 10.8 % en 2008 alors que les actifs ayant le niveau d'études secondaires et supérieures représentent en 2008 respectivement 37,2 % et 16,2 % (contre 7,1 % et 1,2 % en 1966).

Enfin, il importe de préciser que l'accroissement très rapide de la population active connaîtra une régression progressive à partir des prochaines années notamment suite à la décélération du taux de croissance naturel de la population (passé de 3% en 1966 à 1,03% en 2008). « Cette tendance s'est produite sous l'effet de la généralisation de l'éducation, de la politique d'incitation à la planification familiale, de la scolarisation [...] Combiné à une plus grande rétention du système scolaire grâce à la mise en place de l'école de base, l'ensemble de ces effets ne manquera pas de réduire la croissance de la population active ».[35]

1.2 : La demande de travail :

Selon les données de l'Enquête Emploi de 2001, la population active occupée s'est élevée à 2 788 800 personnes contre 927 300 en 1966, soit une augmentation totale sur cette période de 1 861 500, correspondant à 53 185 créations d'emplois en moyenne par an. En 2008, le nombre d'occupés a atteint 3 155 400 personnes, soit une création annuelle d'emplois de plus de 70.3 mille.

Quant au taux d'occupation (ou le rapport du nombre de personnes actives occupées au nombre total d'habitants), il est passé de 20 % en 1966 à 28.8 % en 2001 et à 30.6 % en 2008 ce qui reflète l'évolution rapide de l'effectif de la population occupée durant cette période.

D'autre part, l'analyse de la demande de travail montre une irrégularité de la création d'emploi, et ce, selon la période étudiée, la conjoncture économique et les différentes stratégies préconisées. À ce titre, la conjoncture défavorable et la crise économique durant la phase du VIe Plan expliquent l'importance de l'écart entre les demandes additionnelles et les emplois créés, ce qui n'a pas manqué d'alimenter

[35] MDE et PNUD (2002), *« Rapport sur le développement humain en Tunisie 2001»*, Tunis, décembre 2002, p.48.

le stock initial des sans emplois et d'augmenter subséquemment le taux de chômage.

Il en est de même pour la période de restructuration et d'ajustement structurel caractérisée par la saturation de la demande et par le rationnement de l'emploi dans le secteur public ce qui s'est répercuté sur le rythme des créations d'emploi et en conséquence sur le taux de couverture qui n'a pas dépassé 68% durant la période du VIIe Plan (1987-1991).

Par contre, les phases d'expansion économique et de la croissance soutenue des richesses sont souvent génératrices d'emploi et s'accompagnent en général d'un volume important de postes d'emploi permettant l'allègement ou du moins la stabilisation de la progression du chômage.

Par ailleurs, la répartition sectorielle est généralement déterminée par le schéma de développement et par les investissements publics et privés consentis dans les différents secteurs. Concernant le dernier quinquennat, cette répartition indique que deux secteurs se sont distingués par l'importance de leurs créations d'emploi, en l'occurrence les industries manufacturières (95 mille emplois) et surtout les services avec leurs différentes rubriques (prés de 206 000 durant le IXe Plan).

Cette répartition montre le développement du secteur secondaire et surtout du secteur tertiaire ce qui reflète la modification des structures d'emploi notamment au niveau sectoriel mais aussi au niveau de la structure par sexe et par niveau d'instruction.

Paragraphe 2 : Les structures de l'emploi :

2.1 : L'emploi selon l'âge, le sexe et le niveau d'instruction :

L'évolution de la population occupée a été bénéfique beaucoup plus pour les femmes que pour les hommes. Entre 1966 et 1999, cette population est passée de 927,3 mille personnes à 2 635 mille et elle a dépassé 2 854,6 mille en 2004 et 3155.4 mille en 2008, soit un taux d'accroissement annuel moyen de plus de 3% tandis que ce taux est de 6,9% pour le sexe féminin contre seulement 2,4% pour le sexe masculin.

Cette évolution est confirmée par le développement de la proportion des femmes dans la population occupée puisque les femmes ne constituaient en 1966 que 6,2% de l'ensemble des occupés contre 24,4 % en 1999 et 26,2 % en 2006 ; l'augmentation de la population féminine occupée durant cette période est très importante car ce nombre a été multiplié de plus de 14 fois en passant de 57 600 à 642 900 puis à 73 3289 femmes en 2004 et à plus de 818 mille en 2008.

Néanmoins, les hommes continuent à occuper une part importante de la population occupée malgré l'amélioration de la proportion des femmes. À titre d'exemple, les 2/3 de la création annuelle moyenne d'emploi entre 1994 et 1999 concernent les hommes (41300 sur 62900 emplois) même si cette part est en train de diminuer puisque la proportion des femmes a dépassé 46% en 2006 (35 mille sur 76,4 mille emplois ; alors qu'entre 1984 et 1994, 72,5 % des créations annuelles concernaient le sexe masculin soit 38750 sur 53420 emplois).

Tableau n° 10 : Évolution de la population active occupée et création annuelle moyenne d'emploi selon le sexe (en milliers) :

Sexe	population active occupée						création annuelle moyenne d'emploi			
	1975	1984	1994	1999	2004	2008	75-84	84-94	94-99	99-2004
Masculin	1105,9	1388,2	1785,5	1992,1	2121,4	2336.8	32,5	38,7	41,3	25,8
Féminin	260,6	388,2	534,9	642,9	733,3	818.6	14,2	14,7	21,6	18,0
Total	1366,5	1786,4	2320,6	2635	2854,6	3155.4	46,7	53,4	62,9	43,8

Source : RGPH 1975, 1984,1994 et 2004 et Enquêtes Population Emploi 1999 et 2008

Quant à la ventilation de la population active occupée par âge, l'occupation est concentrée dans la tranche d'âge 20 à 45 ans. En effet, la part de cette tranche dépasse les 2/3 des actifs occupés (67,5%) alors que les jeunes âgés de moins de 30 ans représentent 35,6 % du volume global d'emploi contrairement aux personnes âgées (60 ans et plus) qui ne représentent que 6,8% de ce volume.

Cette tendance persiste surtout chez les femmes. À cet égard, le pourcentage des personnes occupées des groupes d'âge jeune (moins de 30 ans) est plus élevé chez les femmes (49,5%) que chez les hommes (13,3%). Cette différence est attribuée « à une scolarisation plus poussée chez les garçons que chez les filles qui se trouvent de ce fait plus disponibles sur le marché du travail ».[36]

D'autre part, la répartition de la population occupée selon le niveau d'instruction montre qu'il y a encore une proportion relativement élevée d'analphabètes, même si celle-ci diminue d'une enquête à l'autre. En 1975, les illettrés représentaient déjà prés de 56% de la population active occupée et ils ne représentent plus en 2008 que 11.9%. Cette diminution est due essentiellement à l'augmentation de

[36] Khemais Taamallah (1987), op. cit, p.231.

la proportion des occupés ayant le niveau secondaire ou supérieur. En effet, cet accroissement dépasse 23,7 points en 1999 et 32 points en 2004 pour cette catégorie disposant d'un niveau au moins égal à celui de l'enseignement secondaire puisque sa part est passée de 14,8 % en 1975 à 38,5 % en 1999, à 47,6 % en 2004 et à 51.5 % en 2008.

Toutefois, et en dépit de la progression du degré d'instruction, l'emploi reste marqué par le poids important des occupés de faible niveau éducatif, étant donné que les proportions de ceux qui sont analphabètes ou qui ont un niveau primaire sont respectivement de 20,5 % et de 41 % en 1999 (et de 11.9 % et de 36.6 % en 2008).

2.2 : Structure de l'emploi selon le secteur d'activité et le statut dans la profession :

L'analyse de la structure de l'emploi par branche d'activité économique montre l'augmentation sensible de la part de l'emploi dans le secteur tertiaire aux dépens de l'emploi agricole, puisque la proportion du premier passe de 33,2 % en 1966 à 45,1 % en 2002 et à 48,5 % en 2008 (contrairement au second dont la part chute durant cette période de 48,4 % à 21 % puis à 17 % en 2008). Cette modification de la physionomie de l'économie tunisienne confirme les études théoriques de Colin Clark et d'Alain Fisher qui ont estimé que « le développement économique conduit à la croissance proportionnelle successivement du secteur secondaire puis du secteur tertiaire au détriment du secteur primaire, la main-d'œuvre se déplace de l'agriculture vers l'industrie puis de l'industrie vers le commerce et les services ».[37]

Tableau n° 11 : Répartition (en %) de la population occupée par grand secteur d'activité de 1966 à 2008 :

Secteur d'activité	1966	1975	1984	1994	2002	2004	2008
Agriculture	48,4	39	28,1	21,9	21	16,3	17.7
Industrie	18,4	30	36,7	34,9	33,9	34,3	33.8
Services	33,2	31	35,2	43,2	45,1	49,2	48.5
Total	100	100	100	100	100	100	100

Source : INS : RGPH 1966, 1975, 1984,1994 et 2004 et Enquête Population Emploi 2008

En termes d'évolution, l'emploi dans l'agriculture présente une tendance à la stagnation qui profite au secteur industriel et surtout au secteur tertiaire. De ce fait, les effectifs des occupés employés dans le

[37] *Ibid*, p.240.

secteur agricole ont augmenté seulement de 164 000 personnes durant 35 années avec une création annuelle moyenne de moins de 4700 emplois sur toute la période 1966-2001. Quant au secteur secondaire, l'augmentation est élevée puisque la création d'emplois a été en moyenne de 22140 emplois par an. L'évolution la plus remarquable concerne évidemment le secteur des services dans lequel les créations d'emplois ont été de 26344 emplois en moyenne par an.

Par ailleurs, cette attraction des services est d'autant plus importante que le niveau d'instruction des occupés soit élevé ; c'est ce qui explique la concentration très poussée de l'occupation des diplômés du supérieur dans le secteur tertiaire. A cet égard, la structure de l'occupation des diplômés n'a pas connu une modification considérable grâce à la stabilisation des recrutements dans les services (dont la part dans l'emploi des actifs ayant un niveau supérieur a toujours dépassé 80% depuis 1975). L'attraction du secteur tertiaire est imputée aux attentes des diplômés qui espèrent accéder à la fonction publique et à une profession d'élite (carrières politiques, chercheurs et scientifiques, cadres supérieurs, enseignants...).[38]

2.2.2 : Le développement du salariat

D'une façon générale, on enregistre une forte progression du salariat puisque la proportion des salariés ne cesse d'augmenter en passant de 59,3 % en 1975 à 71,5 % en 1994 et à 76,1 % en 2004. Ce statut se renforce de plus en plus surtout grâce au développement du secteur tertiaire.

Tableau n° 12 : Évolution de la population occupée selon le statut (1975-2008) :

Statut	1975	1984	1994	1997	1999	2004	2008
Salarié	59,3	65,9	70,6	67,9	68,7	76,1	70.1
Patron et indépendant	30	26,2	22,8	24,4	23,4	20,3	25.5
Aide familial	8,2	6,6	5,7	6,8	7,9	3,6	4.4
Apprenti	2,5	1,3	0,9	-	-	-	-
Total	100	100	100	100	100	100	100

Source : INS : RGPH 1975, 1984,1994 et 2004 et Enquêtes Population Emploi 1999 et 2008

[38] Seloua Zouari Bouattour (1998), *« L'enseignement supérieur en Tunisie : les enjeux »,* in : Jean Michel Plassard et Said Ben Sedrine (1998), *« Enseignement supérieur et insertion professionnelle en Tunisie »,* Presses de l'Université des sciences sociales de Toulouse, 1998, p.64.

Bien entendu, la part du salariat dans l'emploi total est plus importante chez les diplômés qui sont employés souvent dans le secteur des services. En effet, cette proportion dépasse en général 90% et ce aussi bien durant les années quatre-vingt-dix que pendant la dernière décennie, ce qui confirme la stabilité de cette tendance chez les diplômés.

On remarque, néanmoins, une diminution de cette part (évaluée à 67,9% en 1997) durant les dernières années à cause de l'amélioration de la part du travail indépendant qui passe de 22,8% en 1994 à 24,5% en 2001 et à 25.5% en 2008. En outre, si 90% des créations d'emplois était salarié entre 1984-1994, la dernière décennie marque un renversement de la tendance puisque 44% des emplois créés entre 1994 et 1999 sont des emplois non salariés.

Ce développement de l'emploi indépendant est le résultat de la conjugaison de plusieurs facteurs tels que l'encouragement de l'État de l'initiative privée, la recherche des jeunes d'une solution provisoire au chômage, le choix de certaines grandes entreprises d'externaliser quelques activités afin de réduire leurs coûts fixes, l'option de certains promoteurs pour des projets flexibles de petite taille faciles à gérer et à financer. [39]

Paragraphe 3 : La politique de l'emploi et ses instruments :

La politique de l'emploi doit être généralement multidimensionnelle agissant à la fois sur les variables économiques, démographiques, sociales, institutionnelles… Parmi ces actions, on peut évoquer, à titre d'exemple, l'introduction de plus de flexibilité au niveau du marché du travail (que celle-ci soit salariale ou quantitative ou fonctionnelle), le développement des programmes d'emploi des jeunes, l'action sur la fécondité (afin de maîtriser les demandes additionnelles d'emploi), le renforcement et l'amélioration du système d'éducation et de formation professionnelle et l'amélioration du système d'information au niveau du marché du travail. [40]

La plupart des suggestions sont reprises dans la stratégie « officielle » de l'emploi telle que citée dans les différents plans de développement. En effet, les axes principaux de cette stratégie sont liés :

---

[39] MDE et PNUD (2002), Op.cit, p.51.

[40] Ridha Ferchiou (1990), *« Synthèse générale et recommandations »,* in: IFID (1990), op. cit, p.728.

- à la consolidation de la croissance et de la capacité de l'économie à générer des emplois et au développement de l'entreprise en tant que structure de base de la promotion de l'emploi

- au relèvement du niveau de la formation et son adaptation aux besoins de l'économie

-au développement des qualifications des ressources humaines et de l'initiative privée et à la promotion du travail indépendant et de la petite entreprise

-au développement des programmes de soutien à l'emploi (l'organisation des stages d'initiation à la vie professionnelle, la consolidation des efforts visant à sauvegarder les emplois menacés à travers le renforcement de la formation continue et du recyclage, la protection des travailleurs dont la réinsertion dans le circuit économique s'avère difficile…)

- au développement d'un système d'information relatif à l'emploi (par un suivi permanent des mutations intervenues sur le marché du travail)

- au renforcement des capacités des régions à mobiliser toutes les potentialités humaines et matérielles et à trouver les solutions adéquates aux problèmes d'emploi

- à la consolidation des placements à l'étranger (afin de résorber les demandes additionnelles non satisfaites).[41]

La concrétisation de ces différentes politiques dépend de l'efficacité des mesures mises en place et des instruments mis en œuvre pour assurer la meilleure utilisation des ressources et pour promouvoir l'emploi.

3.2 : Les principaux instruments de la politique de l'emploi :

3.2.1 : Les programmes d'encouragement à l'emploi des jeunes :

Plusieurs raisons justifient l'intervention des politiques d'emploi spécifiques et elles s'articulent autour d'un objectif essentiel visant l'utilisation et surtout l'adaptation des qualifications disponibles aux besoins des entreprises. Ceci reflète implicitement l'existence des difficultés d'insertion professionnelle des jeunes imputées à l'interférence de plusieurs phénomènes.

---

[41] Ces mesures sont citées dans: le VIIIème Plan de développement (contenu global) pp209-210, le IXème Plan de développement (contenu global) pp170-178 et le Xème Plan de développement (contenu global) pp89-98.

En premier lieu, le système de formation diffuse généralement des savoirs et rarement du savoir-faire ce qui est contradictoire avec les exigences des employeurs qui considèrent l'inexpérience comme un handicap sérieux pour l'accès à un emploi. À cet égard, « le passage du système scolaire au monde productif pose des problèmes d'adaptation qui ne s'apprécient plus en termes de savoir et de savoir-faire, mais aussi en termes de capacités d'intégration du demandeur [...] l'adaptation au poste et l'intégration dans la culture de l'entreprise doivent être assurées au moment de l'entrée dans la vie active ».[42]

Pour rompre ce cercle vicieux (la nécessité du travail pour acquérir de l'expérience et en même temps la quasi-impossibilité de travailler sans cette expérience), il est urgent de lever ces contraintes qui entravent l'insertion des jeunes en leur offrant l'opportunité d'avoir une expérience professionnelle en milieu réel du travail grâce aux stages d'initiation à la vie professionnelle. L'entreprise va jouer un rôle important dans la formation et l'adaptation des jeunes à travers les stages en alternance ce qui peut faciliter leur insertion plus tard.

En second lieu, l'imperfection du marché du travail peut être considérée parmi les principales raisons qui justifient l'intervention des pouvoirs publics. Les bureaux de placement spécialisés dans le rapprochement de l'offre et de la demande de travail ne couvrent pas la totalité des demandeurs d'emploi : « l'information imparfaite sur le marché du travail contribue à la coexistence du chômage et d'offres d'emploi non satisfaites [...] la rationalité des acteurs dans l'utilisation du temps explique l'existence d'un chômage frictionnel dont l'ampleur dépend des délais d'ajustement entre l'offre et la demande »[43].

Les répercussions positives des programmes d'encouragement à l'emploi et leur contribution active dans l'insertion professionnelle des jeunes primo-demandeurs d'emploi expliquent le recours accru à ces programmes et l'utilisation de plus en plus fréquente de ces instruments. A cet effet, on distingue entre trois programmes principaux d'insertion, en l'occurrence le Contrat Emploi-Formation (CEF) destiné aux diplômés de la formation professionnelle, le stage d'initiation à la vie professionnelle ou SIVP I (institué par le décret n° 87-1190 du 26 août 1987) destiné aux diplômés de l'enseignement

---

[42] Taoufik Baccar et Messoud Rejiba (1990), *« Le chômage des jeunes »,* in : IFID (1990), Op.cit p.608.

[43] Lazhar Ben Salem et Said Ben Sedrine (1998), *« Le dispositif tunisien SIVP I »,* in : JM. Plassard et S. Ben Sedrine (1998), Op.cit, p.349.

supérieur et le stage d'initiation à la vie professionnelle ou SIVP II (institué par le décret 88-175 du 31 mars 1988) au profit des jeunes ayant au moins le niveau de la troisième année secondaire ou le niveau de premier cycle de l'enseignement supérieur.

Outre les avantages économiques sus-invoqués (l'amélioration du savoir-faire, l'insertion professionnelle), ces programmes peuvent être bénéfiques - en particulier sur le plan matériel - aussi bien pour le stagiaire (indemnités) que pour l'employeur (exonération sociale).

Ainsi, les avantages économiques et matériels des programmes d'insertion peuvent expliquer l'augmentation rapide du nombre des stagiaires qui est passé (pour les SIVP I) de 1774 à 36638 jeunes entre 1988 et 2008.

3.2.2 : La promotion de l'emploi indépendant :

La croissance des demandes additionnelles d'emploi et les flux croissants des diplômés du supérieur, conjugués à l'incapacité du tissu économique à absorber ces jeunes (en dépit des programmes d'insertion) a nécessité le recours à d'autres alternatives facilitant l'insertion professionnelle des jeunes. À cet égard, l'encouragement du travail indépendant et le financement de la micro-entreprise s'avèrent comme des solutions primordiales favorisant cette intégration professionnelle et comme des axes principaux de la promotion de l'emploi.

Le travail indépendant est souvent inhérent à deux structures essentielles qui visent non seulement à financer les initiatives privées, mais aussi à former et à encadrer les jeunes « entrepreneurs » : il s'agit des programmes de développement et de quelques institutions spécialisées (telles que la BTS, le Fonds 21-21 et le FONAPRA).

En premier lieu, l'objectif des programmes de développement est de contribuer au développement équilibré des régions et d'encourager la création ou l'extension de micro-entreprises. À titre d'exemple, le FSN (Fonds de Solidarité Nationale) intervient dans les zones d'ombre[44] et finance des projets par ses propres fonds alors que le

---

[44] Le concept de zone d'ombre s'est développé, en Tunisie, à partir du début des années 1990, dans le cadre de la nouvelle politique de promotion sociale basée sur une solidarité active. Selon ce concept, la perception de la pauvreté est établie par zone géographique, les familles formant une unité indissociable, tant au niveau de l'analyse du phénomène qu'au niveau de son traitement. Le Fonds National de Solidarité (FNS) 26.26 retient les critères suivants d'intervention dans les zones d'ombre :

PRD (Programme Régional de Développement) finance les petits projets qui touchent les populations défavorisées dans les différentes régions. Quant au Programme de Développement Urbain Intégré (PDUI) et au Programme de Développement Rural Intégré (PDRI), ils concernent la population originaire des zones urbaines et celle rurale et visent l'amélioration des conditions de vie des populations ciblées d'un côté et l'assistance à la micro-entreprise de l'autre.

En second lieu, certaines institutions spécialisées sont en train de jouer un rôle capital dans la promotion de l'emploi indépendant. On peut citer notamment :

-le FONAPRA (Fonds National de Promotion de l'Artisanat et des Petits Métiers) institué en vertu de la loi 76-1981 pour financer les projets dans les secteurs de production et des services (dont le coût ne dépasse pas 50 mille dinars)

-Le Fonds National de l'Emploi 21-21 institué en 2000 en vue d'améliorer l'employabilité des demandeurs d'emploi et de faciliter leur réadaptation et leur insertion professionnelle

-La Banque Tunisienne de Solidarité (créée lors du conseil ministériel du 21 mai 1997) visant l'octroi de prêts aux personnes diplômées ou ayant une qualification professionnelle, mais dépourvues des moyens de financement

-Le microcrédit institué par la loi 67-99 qui le définit comme étant « tout crédit visant l'aide à l'intégration économique et sociale » et accordé « pour financer l'acquisition des petits matériels nécessaires à la production ».

Les effectifs des bénéficiaires des programmes de développement et des institutions spécialisées n'ont pas cessé de croître grâce à l'amélioration des prestations des différents instruments d'une part et à la croissance du nombre des demandeurs de service d'autre part

---

i) la pauvreté de la population de la zone faiblesse des ressources naturelles et de la diversification des activités économiques ; ii) l'isolement, l'absence ou l'insuffisance des moyens de communication de la zone ; iii) absence d'équipements de base et de commodités collectives eau potable, école, électricité, routes, hôpitaux et logements ; iv) la non éligibilité de la zone aux interventions des programmes retenus par les plans de développement ; v) l'existence dans la zone d'un nombre minimum de familles fixé à 30 familles. (Voir, pour plus de détails : Zitouni Belgacem : « Le développement local moyen de lutte contre l'exode et l'émigration : l'expérience tunisienne » Institut National Pédagogique et de Formation (Texte polycopié).

(pour la BTS, le nombre de bénéficiaires est passé de 7298 à 11234 entre 1998 et 2008 ; quant au FONAPRA, les projets financés par ce fonds ont dépassé 53666 entre 1982 et 2008).

3.2.3 : La politique de formation et d'adaptation qualitative de la main d'œuvre :

Cette politique n'est pas dénuée de fondements théoriques. Comme le suggère la théorie du capital humain, la hausse du niveau de l'éducation et de la formation entraîne un accroissement de l'efficacité des facteurs de production et exerce un effet positif sur la croissance et en conséquence sur l'emploi. L'éducation entraîne, en effet, « des externalités positives qui rejaillissent sur l'ensemble du processus de production (et de reproduction). Les individus éduqués utilisent le capital de façon plus efficace, de telle sorte que sa productivité s'accroît ».[45] Subséquemment, l'amélioration de la productivité et de la compétitivité et l'accroissement de l'employabilité des diplômés - des déterminants essentiels de la promotion de l'emploi - sont tributaires du développement des ressources humaines et de la mise à niveau des qualifications. Dans ce cadre, le secteur de la formation en Tunisie a fait l'objet de plusieurs réformes, notamment durant la dernière décennie en vue d'évaluer la politique de l'État en matière de formation professionnelle et d'emploi, et ce d'autant plus que la plupart de la population active occupée n'a pas de qualification professionnelle.

Parmi les principales mesures préconisées, le développement de la capacité d'accueil du dispositif national de la formation professionnelle, et ce, concomitamment pour la formation résidentielle (assurée à plein temps dans les établissements de formation) ou pour l'apprentissage (en milieu professionnel) ou également pour la formation par alternance (entre l'établissement de formation et le milieu professionnel). À cet égard, certains chiffres sont éloquents et montrent l'importance de l'évolution des effectifs en formation, puisque ces derniers sont passés de 4321 en 1985 à 38800 postes résidentiels en 2001 (soit un taux de croissance annuel moyen de 14,7%). Ceci est conjugué à une consolidation de la formation d'autres catégories de demandeurs de formation ce qui a permis d'offrir une capacité d'accueil dépassant 4000 postes répartis entre l'apprentissage et les centres relevant du secteur privé (chacun 2000

---

[45] PNUD (1996), Op.cit, p.56.

postes). En outre, l'accent a été mis sur l'amélioration du taux d'utilisation des capacités de formation créées, et ce, grâce à certains moyens particuliers tels que la consolidation du partenariat avec l'entreprise, l'introduction d'un système de suivi des objectifs et de contrôle de leur réalisation et la mise en place d'un système de qualité dans les structures chargées de la gestion du dispositif.[46]

Au niveau qualitatif, ces réformes ont été consolidées par le démarrage du projet de développement et de mise à niveau des dispositifs de formation professionnelle et d'emploi (appelé MANFORM), dont l'objectif global est le développement d'un système de formation de qualité mis au service de l'économie. La réalisation de cet objectif passe par la concrétisation de quatre objectifs spécifiques [47] :

-renforcer la participation du secteur productif dans le processus de détermination de la demande en compétences

-renforcer la qualité et l'efficacité de la formation professionnelle

-mettre en œuvre une gestion active du marché de l'emploi et de la formation continue (grâce à l'intervention de l'Observatoire National de l'Emploi et des Qualifications, du PRONAFOC et du FIAP)

-mettre en œuvre une démarche qualité qui soit intégrée dans chaque processus lié à l'élaboration et à la réalisation des programmes de formation initiale et continue.

Il importe de noter, à ce titre, le rôle accordé à la formation continue dans le projet MANFORM, et ce, eu égard à son rôle primordial dans l'amélioration de la productivité. Certaines études menées par la MFPE corroborent cette constatation et montrent que « l'élasticité de la valeur ajoutée par rapport à la dépense en formation continue est comprise entre 0,035 et 0,07 selon la méthode d'estimation, ce qui signifie que, toute chose étant égale par ailleurs, une augmentation des dépenses de formation continue de 100 % permet d'augmenter de 3,5 % à 7 % la valeur ajoutée ».[48]

---

[46] MDE (2002), *« Xème Plan de développement. Contenu sectoriel »,* Tunis, 2002, pp259-262

[47] Voir, pour plus de détails, sur le programme MANFORM et sur ses objectifs l'étude stratégique du Ministère de la Formation Professionnelle et de l'Emploi intitulée : *« Réforme de la formation professionnelle en Tunisie : problématique, objectifs, résultats attendus et mécanismes de mise en œuvre »*, Tunis, juillet 1997, pp 24-39

[48] MDE et PNUD (2002), op. cit, p.59.

CONCLUSION

Au terme de ce chapitre, on ne peut manquer de noter l'existence de certaines performances économiques indéniables en dépit de l'irrégularité de l'évolution de plusieurs indicateurs économiques. Ces performances s'expriment d'abord par l'amélioration des ratios économiques et par l'accroissement du PIB par habitant suite à l'augmentation sensible des taux d'investissement et à la réalisation d'une croissance importante des richesses (quoique la croissance économique demeure souvent irrégulière et déterminée par la conjoncture internationale et par la politique économique préconisée).

La progression du revenu national n'est pas restée sans effets sur le pouvoir d'achat et sur l'éventail des salaires dont l'évolution a connu une réelle métamorphose en fonction de la stratégie économique adoptée qui a alterné la « désinflation salariale » et la politique de relèvement du pouvoir d'achat. Bien entendu, l'accroissement des salaires génère souvent une augmentation du niveau des dépenses et, subséquemment, une amélioration de la distribution des dépenses et une transformation de la structure de la consommation.

D'autre part, l'analyse du fonctionnement du marché du travail a montré l'importance de la demande additionnelle, une conséquence incontournable de l'accroissement de la demande féminine et de la croissance démographique, ce qui a nécessité la mise en place de nombreuses politiques et de plusieurs programmes d'emploi dont les répercussions principales concernent la consolidation du rythme des créations d'emploi et la progression des taux de couverture (cependant, ceci est conjugué souvent à une irrégularité de la couverture de la demande et à une recherche de la satisfaction de la demande additionnelle seulement).

Par ailleurs, il s'est avéré que l'efficacité économique -et la valorisation de l'emploi en particulier - reste inhérente à la valorisation du capital humain et au développement des ressources humaines dont les éléments les plus essentiels sont relatifs à la formation et à la santé. C'est pourquoi nous nous pencherons, dans le chapitre suivant, sur la composante sociale et sur l'évolution de ses indicateurs durant les dernières décennies.

Chapitre 2: La composante sociale

Comme le stipulent les différentes définitions du développement humain, la considération de l'homme comme maillon essentiel nécessite inéluctablement la satisfaction de ses besoins fondamentaux et la valorisation des ressources humaines, et ce, notamment grâce au relèvement de la qualité de vie et à la progression des indicateurs sanitaires et éducatifs. La prééminence de ce « capital humain » trouve son origine non seulement dans son impact positif sur la production et sur la productivité, mais aussi et surtout dans sa valeur intrinsèque qui le rend une condition sine qua non de l'amélioration du bien-être individuel et social.

Les éléments principaux de cette composante sociale concernent d'abord le secteur éducatif qui a un rôle déterminant et un effet capital sur le développement des ressources humaines et des qualifications, c'est pourquoi il a toujours fait l'objet d'une attention particulière qui s'est traduite par l'allocation des moyens importants ce qui a été à l'origine de la réalisation de quelques résultats appréciables tant au niveau quantitatif que qualitatif.

En outre, la Tunisie a érigé le secteur de la santé en une véritable priorité nationale et a accordé un intérêt particulier à l'amélioration des performances sanitaires, ce qui s'est sensiblement répercuté sur les indicateurs de la mortalité et de l'espérance de vie et sur les moyens humains et matériels consentis.

Dans ce qui suit, on examinera d'abord l'évolution des services éducatifs pour focaliser l'attention ensuite sur le secteur sanitaire.

Section 1 : L'éducation:

Paragraphe 1 : Les répercussions de l'éducation sur le développement humain :

Comme on l'a précédemment invoqué, l'intérêt accordé au secteur éducatif est expliqué par son impact sur les différentes composantes du développement et par ses incidences majeures aussi bien au niveau économique que sur le plan social.

En premier lieu, les effets économiques les plus manifestes de la formation sont souvent liés à l'amélioration de la productivité de la population active : selon certaines études, « un allongement d'un an de la durée moyenne de la scolarisation de la population active accroît le PIB de 9%. Cela ne vaut toutefois que pour les trois premières années d'études supplémentaires. Au-delà, la hausse du PIB est de 4% par année d'études supplémentaires ».[49]

Par ailleurs, les recherches menées par les théoriciens du capital humain (et surtout les travaux de Becker) ont montré que les taux de rendement des investissements éducatifs sont à peu près comparables à ceux des investissements matériels (de même durée et de même risque). De même, Schultz a montré que les coûts de l'éducation supérieure sont totalement un investissement (contrairement aux dépenses d'éducation primaire qui sont une consommation à 100 %) et a considéré la totalité du coût de l'éducation (avec ses 3 niveaux) comme un investissement rentable. En outre, Weisbrod a analysé les externalités positives de la formation et a estimé qu'elle facilite l'information et en réduit le coût et elle est dans ce sens une condition nécessaire pour créer un environnement institutionnel propice au développement de la recherche scientifique et technologique[50].

En second lieu, les effets positifs de l'éducation sont également sociaux étant donné que l'enseignement accroît l'égalité et l'insertion sociale des pauvres et des femmes, en particulier grâce aux investissements dans l'éducation de base (primaire et secondaire) qui permettent de scolariser un grand nombre d'enfants issus de familles défavorisées. Comme le stipulent certaines recherches, « une augmentation d'un point de pourcentage de la population active accédant à l'enseignement secondaire entraîne une hausse de 6 à 15 % du revenu perçu par les plus pauvres [...] Ces investissements sont globalement plus rentables pour les femmes que pour les hommes et constituent donc un facteur d'équité à prendre en compte ».[51]

De plus, l'éducation, féminine notamment, accélère la réalisation de la transition sanitaire et démographique. En effet, les filles instruites se marient souvent plus tardivement ce qui génère de nombreux effets positifs sur le ménage (avoir moins d'enfants avec un grand intervalle, faire appel plus rapidement au médecin, accroissement de la probabilité de survivre de chaque enfant, s'occuper mieux de la santé et de l'alimentation) et en conséquence pour la société (réaliser une transition vers une meilleure santé,

---

[49] PNUD (1996), op. cit, p.85.

[50] Voir, pour plus de détails sur la théorie du capital humain, l'ouvrage de : Selma Zouari-Bouattour (1986), *« Capital humain et salaires. Le cas de la Tunisie »,* Imprimerie officielle, Tunis, 1986, pp39-44.

[51] PNUD (1996), op. cit, p.86.

réduire la fécondité et opérer ainsi une transition démographique, améliorer la capacité d'apprentissage et l'instruction des enfants).[52]

Conscient de l'importance de ces répercussions positives de l'éducation et du rôle qui incombe au secteur de la formation, l'État a fait de la valorisation des ressources humaines une composante primordiale et un axe central de sa politique de développement, ce qui n'a pas manqué de se traduire par des performances -quantitatives et qualitatives - significatives.

Paragraphe 2 : Évolution des indicateurs quantitatifs :

2.1 : L'enseignement de base et le secondaire :

La recherche constante de réaliser un enseignement largement démocratisé et de concrétiser l'égalité de tous les enfants devant l'instruction (comme le stipule l'article 2 de la loi 58-118 du novembre 1958) a conduit à une scolarisation massive et à un accroissement soutenu de l'effectif des enfants scolarisés.

Néanmoins, le premier cycle de l'enseignement de base (ou l'ex-cycle primaire) a enregistré à partir de 1995 une baisse de ses effectifs en raison de l'accélération de la transition démographique (et de la baisse de la fécondité qui a réduit la population des enfants en bas âge et a permis par conséquent de diminuer la pression des enfants en âge de scolarisation) et suite à l'amélioration du rendement interne de ce cycle et donc la diminution du nombre des redoublements.

Tableau n° 13 : Évolution des effectifs des élèves au primaire (1956-2007)

Année scolaire	Effectifs
1956-1957	226 676
1965-1967	777 686
1975-1976	920 924
1984-1985	1 238 968
1994-1995	1 472 844
2000-2001	1 363 393
2006/2007	1 053 416

Source : M.E.F

Ainsi, les effectifs des élèves au primaire connaissent durant les dernières années une baisse remarquable et constante. Après l'instauration du planning familial en 1966, la croissance de ce nombre s'est stabilisée avant de connaître un recul substantiel à partir

[52] PNUD (2003), *« Rapport mondial sur le développement humain 2003 »,* Ed. Economica, Paris, 2003.

de l'année scolaire 1995-1996. Cette régression (qui a dépassé 6% en 2007) peut être constatée également durant toute la période 1995-2007 ce qui montre l'aspect structurel de cette évolution.

Par contre, les effectifs de l'enseignement secondaire continuent à croître de façon régulière et ce d'autant plus qu'on enregistre une amélioration des taux de passage dans ce premier cycle de l'enseignement de base, avec une légère diminution durant les dernières années.

Tableau n° 14 : Évolution des effectifs de l'enseignement secondaire (1956-2009):

Année scolaire	Effectifs
55-56	31 095
60-61	40 317
65-66	82 548
70-71	179 527
75-76	184 150
80-81	275 133
85-86	422 469
90-91	496 840
95-96	725 926
2007/2008	1 069 585
2008/2009	1 006 143

Source : M.E.F

2.2 : L'enseignement supérieur :

Le passage d'un enseignement élitiste à un enseignement de masse et le caractère public du système d'enseignement peuvent expliquer la progression spectaculaire et la croissance remarquable des effectifs des étudiants qui peuvent être confirmées par de multiples indicateurs. Entre 1956 et 2010, cet effectif est passé de 2268 à 357472 enregistrant une croissance annuelle moyenne de près de 10%. Cette croissance était très lente après l'indépendance tandis qu'elle est plus rapide entre 1987 et 2003 (12,1 %) et le taux de croissance le plus élevé (24,3 %) a été enregistré entre 1988 et 1989, alors que ce taux va se stabiliser aux alentours de 10% à partir de 1993 avant de reprendre la croissance à deux chiffres après 1996 avec un taux annuel moyen de plus de 10 % entre 1997 et 2005.

Tableau n° 15 : Évolution des effectifs étudiants entre 1956 et 2010 :

Année universitaire	Nombre d'étudiants
55-56	2 268
60-61	2 496
65-66	5 335
70-71	10 768
75-76	17 587
80-81	27 276
86-87	40 830
90-91	66 535
99-2000	180 044
2008-2009	349142
2009-2010	357472

Source : MESRST

Cette forte poussée des flux d'étudiants a été à l'origine de la transformation de la « structure » du système éducatif grâce à l'accroissement relatif des inscrits dans l'ES par rapport à l'ensemble des effectifs du système d'enseignement. En effet, le pourcentage des effectifs de l'ES est passé de 3,5 % en 1991 à 14.2 % en 2009 (349142 étudiants sur un ensemble des effectifs de 2453807) témoignant de l'accumulation soutenue d'intrants humains dans l'échelon le plus élevé du système éducatif.

Par ailleurs, la progression rapide des effectifs de l'ES peut être expliquée par des causes directes (liées à l'importance du nombre des bacheliers) et par des causes indirectes fondées sur certaines explications sociologiques.

D'une part, le développement de l'enseignement primaire et secondaire et l'amélioration sensible des taux de scolarisation ont généré un accroissement rapide du nombre des bacheliers qui a dépassé 60 000 en 2003 et qui a avoisiné 75 000 en 2009 (contre 16318 en 1990).

D'autre part, l'importance des espérances sociales constitue -selon Boudon - la principale explication de l'augmentation de la demande d'éducation puisque les individus cherchent souvent à conquérir - ou parfois à améliorer ou à préserver - une position sociale favorable.

Les flux croissants des étudiants ont généré un accroissement considérable du nombre des diplômés du supérieur notamment lors de la dernière décennie avec un taux de croissance annuel moyen de 15,6 % (66 405 diplômés en 2009 contre 5 552 en 1990).

Cet accroissement a dépassé toutes les prévisions, puisqu'en 1990 par exemple, l'hypothèse d'une croissance accélérée prévoyait un volume de diplômés du supérieur estimé en 2000 à 13 400 jeunes.[53]

Graphique n° 2 : Évolution des effectifs des diplômés du supérieur (1990-2009):

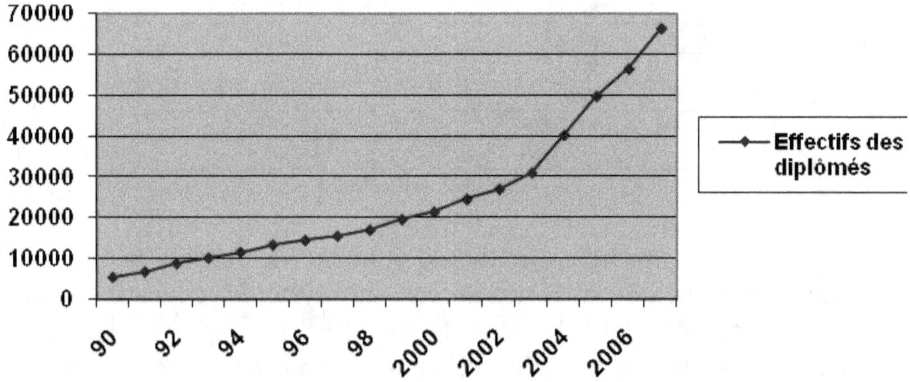

Source : MERST

2.3 : La « féminisation » des effectifs :

La part relative de l'effectif des filles tend à croître sensiblement et l'écart entre filles et garçons se rétrécit régulièrement, et ce, aussi bien pour l'enseignement de base que pour le niveau supérieur.

À ce titre, les effectifs féminins scolarisés au primaire sont passés de 46462 à 678820 entre 1956 et 1999 (soit une multiplication de l'effectif de plus de 14 fois et un taux de croissance annuel moyen de 6,4 %) faisant passer la proportion des filles dans le total des scolarisés de 25 % à 47,6 %. Il en est de même pour l'enseignement secondaire où cette proportion est passée de 17 % à 53,6 % (durant la période 1956-2009).

L'évolution la plus spectaculaire concerne le niveau supérieur où on enregistre une propension de plus en plus importante de la femme à accéder à l'enseignement supérieur et où la proportion des filles ne cesse d'augmenter et elle a même dépassé celle des garçons ces dernières années. Alors qu'elle n'était que de 15 % la veille de l'indépendance (et de 0 % en 1939 et de 2,3 % en 1953), cette

[53] Taoufik Bakkar (1990), *«L'adéquation formation emploi »,* in : IFID (1990), Op.cit, p.622.

proportion a avoisiné 54 % en 2003 et a même dépassé 60 % en 2009. En termes d'effectifs, on enregistre une croissance colossale du nombre des filles scolarisées au supérieur qui dépasse 214 000 en 2009 tandis qu'il n'atteignait pas 450 en 1956 et 730 en 1965.

Tableau n° 16 : Structure des effectifs des élèves et des étudiants par sexe (1956-2009) :

Année	1956	1966	1975	1984	1994	2001	2004	2009
Pourcentage des filles dans le primaire	28,8	35,7	39,6	44,1	47,0	47,6	47,7	48,0
Pourcentage des filles dans le secondaire	22,0	26,5	32,3	39,7	48,3	51,3	52,0	53,6
Pourcentage des filles dans le supérieur	15,7	19,4	25,7	36,0	43,1	51,9	56,5	60,1

Source : MEF

Cette progression accélérée des inscriptions féminines est inhérente d'une part au développement indéniable de l'infrastructure et à l'intensification du réseau des écoles et d'autre part à l'adoption d'un comportement moderniste et au dépassement des attitudes conservatrices, ce qui a permis à la femme de bénéficier, de la même façon que l'homme, des moyens mis en œuvre pour stimuler la scolarisation, et ce contrairement à la situation avant l'indépendance caractérisée par de nombreux obstacles qui limitaient l'accès des filles à l'école et qui sont souvent « d'ordre culturel et économique tels que le rôle joué par les filles dans les travaux ménagers, l'éloignement des écoles, la peur des parents d'envoyer leurs filles dans des écoles mixtes et la discrimination des parents ».[54]

Paragraphe 3 : Évolution des indicateurs qualitatifs :

3.1 : L'enseignement de base et secondaire :

3.1.1 : L'encadrement et la qualité de l'enseignement :

L'amélioration de la qualité d'enseignement est plus flagrante dans les écoles primaires, grâce à la « stabilisation » de l'évolution des indicateurs de l'infrastructure et du nombre d'enseignants, conjuguée à la diminution des effectifs des élèves. Le tableau suivant montre

[54] Habiba Ben Romdhane (1997), *« Impact de la planification familiale sur l'émancipation de la femme »,* in : N.Gueddana et M.Seklani, *« Impact du programme national de planning familial sur les secteurs sociaux »,* ONFP, Tunis, 1997, p.298.

cette amélioration qualitative, notamment à travers la diminution du nombre d'élèves par classe, par école et par enseignant.

Tableau n° 17 : Évolution de quelques indicateurs dans les écoles primaires :

Année	nombre d'élèves (en milliers)	Nbre. d'écoles	Nombre de classe-élèves (en milliers)	nombre d'élèves par école	taille classe-élève	Nbre. d'élèves par enseignant (ou taux d'encadrement)
1967	777,7	2 005	19	387,9	40,9	55,2
1975	898,5	2 277	24,8	394,6	36,2	41,4
1984	1 191,4	3 066	36,2	388,6	32,9	36,1
1994	1 467,4	4 164	47	352,4	31,2	26,3
2004	1 215,888	4 487	47,5	2710	25,6	20,7

Source : MEF

Parmi les principaux résultats recueillis de ce tableau, on remarque la diminution du nombre moyen d'élèves par classe de 41 élèves à une moyenne de 25 élèves par classe durant la période 1967-2004. Le nombre moyen d'élèves par enseignant (ou le taux d'encadrement) a été diminué aussi puisqu'il est passé de 55 élèves en 1967 à 20 élèves en 2004.

De même, on enregistre des progrès relatifs des conditions pédagogiques dans le secondaire tant en ce qui concerne le taux d'encadrement (qui n'a pas dépassé 20 en 2004) qu'en ce qui concerne la décélération du nombre d'élèves par classe (passé de 36,3 en 1996 à 32 en 2004).

3.1.2 : Les rendements et les réformes :

Bien qu'il soit en deçà des aspirations et en dépit du poids -encore lourd - des déperditions, le rendement interne de l'enseignement de base et du secondaire a connu une amélioration indéniable qui peut être confirmée par de nombreux indicateurs. À titre d'exemple, le taux d'abandon (au niveau du premier cycle de l'EB) a connu une diminution sensible en passant de 3,3 % en 1997 à 1,8 % en 2003 alors que le taux de réussite au baccalauréat a enregistré une augmentation significative en « gagnant » plus de 20 points de pourcentage en un laps de temps assez réduit (plus de 64 % en 2005 contre 41 % en 1996).

L'amélioration soutenue du taux de réussite -en particulier pour le premier cycle de l'EB - a été à l'origine de la relative résorption des déperditions notamment en ce qui concerne les redoublements dont le taux est passé (pour le primaire) de 21,8 % à 7,1 % entre 1997 et 2003 (tandis que cette régression est moins importante pour le deuxième cycle, passant de 23,4 % à 13,8 % durant la même période).

Par ailleurs, ces performances sont le résultat d'une panoplie de réformes et de mesures élaborées et mises en œuvre tout au long de la période écoulée et qui reflétaient la priorité de l'État et ses différents credo socio-économiques d'un côté et le souci de combler les lacunes de la période précédente d'un autre côté. À ce titre, la reforme de 1958 visait la formation rapide des cadres dont le pays avait besoin et la satisfaction des aspirations de plusieurs couches sociales longtemps exclues du savoir. Par contre, la réforme de 1972 — en visant la limitation des insuffisances de la première décennie, à savoir l'inadéquation entre la formation et l'emploi et le très faible rendement interne - s'était assigné deux objectifs fondamentaux : la rationalisation de l'effort de scolarisation et la professionnalisation - très poussée - de l'enseignement. Enfin, la réforme de 1991 (en vertu de la loi 91-65 du 29 juillet 1991) avait un souci plus qualitatif puisqu'elle s'était donné comme objectif capital le renouvellement du contenu des programmes et des méthodes d'enseignement pour pallier les difficultés identifiées et pour la réalisation des progrès sur le plan qualitatif grâce à la scolarisation obligatoire (de 6 à 16 ans) visant l'éradication de l'analphabétisme et de l'abandon scolaire précoce.[55]

Afin de concrétiser ces orientations et en vue d'améliorer le fonctionnement du système éducatif, le Xème plan a prévu certaines mesures qui s'articulent autour de certains axes principaux tels que la réduction de l'échec scolaire (par l'augmentation des taux de passage et de réussite), l'amélioration des méthodes au niveau des classes et le renforcement des compétences, la modernisation du système par l'introduction des nouvelles technologies...[56] Ces différentes mesures auront vraisemblablement des retombées positives sur le rendement interne de l'enseignement puisqu'on s'attend à une décrue notable des redoublements et du taux d'abandon.

[55]Moncef Youzbechi (2001), « *Les politiques d'éducation* », in : J.Vallin et T.Locoh (2001), Op.cit, pp370-373.

[56] MDE : « *Xème plan de développement. Contenu sectoriel* », Op. cit, p.218.

3.2 : L'enseignement supérieur :

3.2.1 : L'encadrement et le rendement de l'enseignement supérieur :

La forte pression des flux d'étudiants a nécessité le renforcement des recrutements des enseignants dont le nombre a été multiplié par plus de trois entre 1990 et 2004, en passant de 4 550 à 16 671 (soit un taux de croissance annuel moyen de 9,7%). La progression des effectifs féminins a joué, à cet égard, un rôle primordial en faisant évoluer leur poids relatif dans le corps enseignant de moins de 20 % à plus de 40 % entre 1988 et 2005.

Il en a résulté une amélioration relative -pour certains secteurs - du taux d'encadrement des étudiants qui s'est situé en 2005 autour d'un enseignant pour 18 étudiants (qui est une moyenne somme tout acceptable). Les normes d'encadrement sont très satisfaisantes notamment pour le secteur des sciences médicales et biologiques et pour celui de la formation des maîtres qui enregistrent un taux d'encadrement (en 2000) respectivement de 7,5 et de 7,6. En revanche, la détérioration du taux d'encadrement général est indubitable surtout à cause du décalage entre le rythme d'évolution des recrutements et celui des étudiants (et ce plus particulièrement dans le secteur : droit, économie et gestion).

D'autre part, le rendement interne des établissements d'enseignement supérieur a connu une transformation significative grâce à l'accroissement du taux de réussite qui est passé (pour l'ensemble des diplômés) de 63.3 % en 1996 à 87.3 % en 2000.

Cette performance a été rendue possible par l'amélioration notable de l'efficacité interne de certaines branches dont les déperditions sont bien faibles grâce à la progression des taux de réussite dans les branches courtes et dans les institutions à faible concentration d'étudiants (en témoignent les taux de réussite dans les ISET ou dans la branche de sciences médicales atteignant respectivement 90 % et 82 % en juin 2000).

Toutefois, les déperditions demeurent importantes à cause des taux d'abandon et de redoublement — encore très élevés - surtout dans les établissements à forte densité d'effectifs ce qui montre la dichotomie entre les différents secteurs de formation.

3.2.2 La structuration par cycle et par secteur de formation :

Le système tunisien est marqué par l'hypertrophie des formations moyennes (bac +4 ans) où sont concentrés -depuis de longues années -

70 % des étudiants. Néanmoins, l'évolution de la répartition des étudiants par secteur de formation laisse apparaître une certaine transformation de la part relative de chaque branche et montre une ascension (quoique moyenne) des filières courtes.

Tableau n° 18 : répartition des étudiants par secteur de formation (en % du total de l'ES) :

Année	SF	LAHI	SM	DEG	ST	SA	ISET
90-91	13,6	31,9	10,9	28,5	9,9	2,5	-
96-97	13,1	30,0	8,4	34,1	10,3	2,1	3,3
2000-01	13,8	28,0	6,1	36	13,5	1,9	7,2
2001-02	13,2	28,5	5,9	33,3	9,6	2,0	7,5
2002-03	14,4	28,8	5,2	32,3	8,5	1,7	9
2006-07	15,6	27,2	4,0	30,4	9,4	1,6	11,8

Source : MESRT et MDE (Xème plan)

La relative ascension des filières courtes est redevable en particulier à l'éclosion des formations spécifiques dans les sciences techniques (de 3 700 à prés de 12 000 étudiants entre 1997 et 2001) et surtout à l'extension des ISET qui ont accueilli pendant l'année 2004-2005 plus de 27 000 étudiants contre seulement 4 000 en 1996-1997.

Cependant, les filières moyennes demeurent prédominantes notamment à cause de la stabilisation de la part relative des « grands secteurs », surtout celui des lettres et sciences humaines associées aux sciences juridiques et économiques qui accaparent ensemble 61,1 % des effectifs en 2002-2003 (60,5 % en 1990-1991).

La prédominance des filières « classiques » n'a pas, en revanche, empêché la progression des formations scientifiques et techniques (qui ont fait l'objet d'un intérêt particulier de la part des planificateurs) dont la part relative a dépassé 31 % en 2003 (contre 26 % en 1991 et 29 % en 2001). Dans ce cadre, les projections du Xème plan prévoient notamment la consolidation de ces filières scientifiques ce qui pourrait concrétiser l'objectif des planificateurs visant l'attraction de 35 % des étudiants grâce à la régression de la part des LAHI et à l'accroissement de celle des sciences techniques et plus particulièrement l'augmentation de celle des ISET qui ont attiré en 2010 prés de 28 000 jeunes (contre 4000 en 1996-97).

Parallèlement à ces mutations dans les structures de l'ES par secteur, on a enregistré une évolution significative de la structuration par cycle de formation. Ce changement s'est singularisé par un accroissement considérable du volume des étudiants de 3e cycle dont les effectifs ont plus que doublé en moins de 4 années en passant de

6900 en 1997 à 14300 en 2001 (soit un taux d'accroissement moyen de 20 % annuellement).

La forte demande des études postsupérieures est due souvent à deux raisons principales. Primo, elle s'explique par la pression des besoins en enseignants universitaires pour répondre aux flux croissants des étudiants. Secundo, plusieurs jeunes ne se présentent pas volontairement sur le marché du travail et préfèrent poursuivre des études de troisième cycle afin d'accéder à un emploi qui exige un degré de formation supérieure au diplôme obtenu ou être dans une situation d'attente dans laquelle le statut d'étudiant est préféré à celui de chômeur.[57]

En résumé, la dernière décennie a été marquée par une forte pression des flux d'étudiants et par une progression soutenue des effectifs de l'ES -et dans un degré moindre de ceux de l'EB et secondaire - ce qui s'est répercuté sur le développement des ressources humaines et sur la formation du capital humain grâce, entre autres, à l'amélioration de la scolarisation et à la régression de l'analphabétisme.

Paragraphe 4 : L'amélioration de la scolarisation et de l'alphabétisme :

4.1 : L'importance de la scolarisation :

La croissance rapide du nombre d'élèves et d'étudiants a eu en corollaire l'amélioration des taux de scolarisation tant au niveau primaire qu'au niveau secondaire et supérieur. En général, l'amélioration de la scolarisation est attestée par l'accroissement notable du taux de scolarisation de la classe d'âge 6-14 ans, un taux qui a dépassé 97 % en 2009 contre 59 % en 1975 (cette augmentation concerne surtout le taux féminin passé de 49 % à 98 % entre 1975 et 2009).

Tableau n° 19: Évolution de la scolarisation de la classe d'âge 6-14 ans (1975-2009) :

Année	1975	1984	1994	2004	2009*
Hommes	70,0	82,8	89,0	95,5	97,4
Femmes	49,3	68,7	83,2	94,7	98,0
Ensemble	59,9	75,9	86,2	95,1	97,7

*Taux 6-11 ans Source : INS : Annuaires statistiques et RGPH 1975-1984-1994, 2004 et 2009

[57] Said Ben Sedrine (2000), «Insertion professionnelle des diplômés du supérieur dans un contexte de transition libérale », Texte polycopié, p.5.

Cette amélioration générale de la scolarisation est due d'abord à la scolarisation des enfants âgés de 6 ans qui s'est stabilisée durant les dernières années autour de 99 %, c'est donc dire que toute cette population est scolarisée et que la quasi-totalité de la demande est satisfaite. De même, la scolarisation a été généralisée pour le premier cycle de l'EB grâce à l'accroissement de son taux pour le groupe d'âge 6-12 ans (97 % en 2009 contre 72 % en 1966).

Il s'agit, en outre, de l'extension de la scolarisation secondaire qui a touché plus de 73 % des enfants de la tranche d'âge 13-19 ans alors qu'elle concernait en 1966 seulement moins de 13 % de ces jeunes.

De plus, la très forte poussée des inscriptions d'étudiants s'est accompagnée d'une progression rapide du taux de scolarisation du groupe d'âge 20-24 ans. Alors qu'il n'a pas dépassé 1,9 % en 1966, ce taux a atteint 14 % en 1997 et a dépassé 37 % en 2009 témoignant ainsi d'une amélioration incontestable de la scolarisation supérieure, bien que cette dernière soit en deçà des aspirations et largement distancée par les pays développés.

Les données statistiques montrent aussi l'accroissement spectaculaire de la scolarisation féminine qui -conjuguée à la régression des abandons (passé de 100 801 enfants en 1987 à 41 783 en 2000) — explique, dans une large mesure, la progression de la scolarisation générale. Le développement des « inscriptions féminines » est attesté par l'augmentation rapide de leur taux qui a dépassé nettement celui des garçons notamment lors de dernière décennie durant laquelle le taux de scolarisation secondaire a été multiplié de plus de 2,3 alors que le taux supérieur a plus que triplé en 10 ans dépassant à partir de 1999 le taux de scolarisation masculin.

4.2 : Le recul de l'analphabétisme et l'amélioration du niveau d'instruction de la population :

Les répercussions de la progression notable de la scolarisation sont évidemment relatives à la régression de l'analphabétisme et à l'amélioration du niveau d'instruction de la population.

En premier lieu, on enregistre une réduction de plus en plus importante des taux d'analphabétisme. En effet, ce dernier est passé de **84,7 % en 1956** à 24,7 % en 2001, à 22,9 % en 2004, à 20,2 % en 2008 et à **19 % en 2010**. Ce recul concerne notamment le milieu urbain et les jeunes générations.

D'abord, ce taux ne dépasse pas en 2010 : 13.2 % en milieu urbain contre 30,6 % en milieu rural. Ensuite, ce taux ne dépasse pas **1,2 %**

pour les jeunes âgés de 10 à 14 ans alors qu'il dépasse 60 % pour les personnes âgées de 60 ans et plus. Par ailleurs, on constate une régression de l'analphabétisme au fur et à mesure que l'âge diminue (en 2010, seulement 4.7 % des jeunes âgés de 20 à 29 ans étaient analphabètes), ce qui préfigure, pour les années à venir, d'une tendance très nette au fléchissement de l'analphabétisme.

On doit souligner, à ce titre, le rôle joué par l'amélioration de la scolarisation féminine dans la baisse de l'analphabétisme, étant donné que ce taux était de **96 % en 1956** contre 33,9 % seulement en 2001, 31 % en 2004 et **26 % en 2010**. En d'autres termes, le développement de l'enseignement a généré une réelle métamorphose de l'éducation féminine, puisque la quasi-totalité de la population féminine était analphabète la veille de l'indépendance tandis qu'en 2010 ce fléau ne touche que le quart de l'ensemble des femmes.

Graphique n° 3 : La réduction du taux d'analphabétisme (1956-2010):

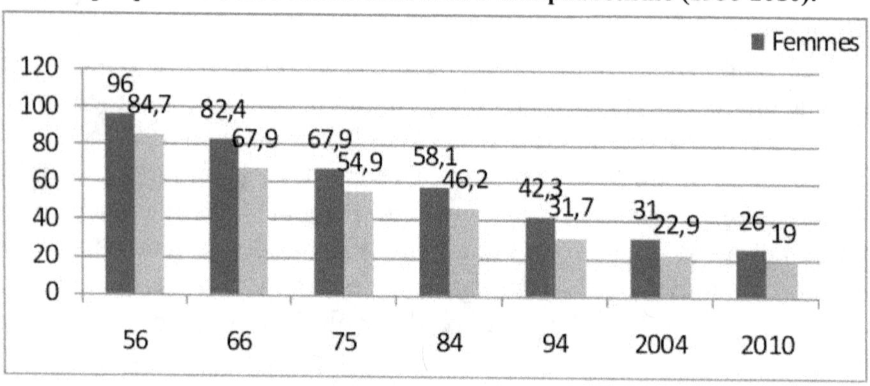

Source : INS

En second lieu, la hausse considérable de la scolarisation et le recul substantiel de l'analphabétisme génèrent inéluctablement une amélioration du niveau d'instruction de la population grâce à l'augmentation de la proportion des personnes du niveau secondaire et supérieur (au détriment des analphabètes) qui est passée de 4,5 % en 1966 à 32,7 % en 1999, à près de 40 % en 2004 et à 47,8 % en 2010.

A cet effet, on doit souligner -encore une fois - le rôle déterminant de l'amélioration du niveau éducatif féminin. Durant cinq années seulement (entre 1994 et 1999), l'accroissement du nombre des femmes ayant le niveau d'études supérieures a dépassé 70,4 % (en passant de 83,7 mille à 142,7 mille) alors que cette augmentation est évaluée à 48,3 % pour l'effectif féminin du niveau d'instruction secondaire (cet effectif est passé de 613,5 mille en 1994 à 909,6 mille en 1999).

Cette augmentation est encore plus importante pour la période 1999-2010 où on a enregistré un accroissement colossal des effectifs des femmes ayant le niveau supérieur (en passant de 142,7 mille à 487 mille). Pour celles ayant un niveau secondaire, l'augmentation est moins rapide (l'effectif est passé de 909,6 mille à 1447,5 mille).

Tableau nº 20 : Structure de la population (10 ans et plus) selon le niveau d'instruction (en %) entre 1966 et 2010

Niveau d'instruction	1966	1975	1984	1994	1999	2004	2010
Néant	67,9	56,1	47,2	33,0	28,1	23,1	19.0
Primaire	22,2	83,2	83,7	38,9	39,2	37,0	33.2
Secondaire	4,0	7,9	15,6	24,3	27,7	32,0	36.3
Supérieur	0,5	0,7	2,1	3,8	5,0	7,9	11.5
Total	100	100	100	100	100	100	100

Source : I.N.S

Section 2 : La santé :

Paragraphe 1 : Les effets de la santé sur le développement humain :

À l'instar de la formation et de l'éducation, les services sanitaires ont un impact positif sur le capital humain puisqu'ils accroissent souvent le niveau des ressources humaines. Mais, à la différence des dépenses éducatives qui n'augmentent que la qualité des ressources humaines, les frais de la santé « en accroissent également le volume à venir, en allongeant la vie active prévisible. De la sorte, elles complètent aussi l'investissement éducatif, car l'allongement de la période de travail et de gains des humains se traduira par une rentabilité accrue en matière d'éducation ».[58]

Outre l'accroissement qualitatif et quantitatif du capital humain, les dépenses de santé peuvent augmenter le potentiel et la productivité de l'homme. À titre d'exemple, « la lutte contre les maladies diarrhéiques et la rougeole a non seulement pour conséquence d'améliorer les conditions de santé, mais aussi de réduire la malnutrition. Cette malnutrition compromet gravement les capacités d'apprentissage et du

[58] Malcolm Gillis, Dwight Perkins, Mikael Romer et Donald Snodgress (1998), *« Économie du développement »,* Publication de l'Université de De Boeck, Bruxelles, 1998, p.357.

développement physique des individus, ce qui se répercute sur l'instruction et sur la formation d'une main-d'œuvre productive ». [59]

De plus, l'amélioration de l'état sanitaire et nutritif des enfants favorise directement les gains de productivité à venir, en aidant les enfants à se transformer en adultes plus forts et plus sains. Elle constitue, en outre, un apport indirect en renforçant l'aptitude des enfants à acquérir, grâce à la scolarité, des techniques et des attitudes productives. Par ailleurs, l'amélioration de la santé permet de réduire les dépenses consacrées aux soins curatifs et, dès lors, de libérer des ressources et d'avoir des moyens supplémentaires pour d'autres emplois.[60]

Ainsi, chaque pays doit assurer à sa population un niveau élémentaire de santé grâce aux incidences positives de ce secteur sur le développement humain, étant donné que ce domaine est considéré comme un véritable investissement dans toute son acceptation socio-économique et humaine. Subséquemment, l'amélioration de la santé a été toujours considérée par les planificateurs comme un moyen primordial pour combattre le sous-développement, et dès le premier plan de développement, on a considéré que « les actions (sanitaires) prévues tendent à satisfaire les besoins fondamentaux de tous les secteurs de production [...] et jouent par la même un rôle plus important dans le développement national ».[61]

Néanmoins, il importe de souligner que la valeur du secteur sanitaire ne dépend pas totalement de son impact sur la production et de ses incidences positives sur l'économie. Comme le stipule le concept de développement humain (et contrairement à celui de développement des ressources humaines), l'amélioration de l'état sanitaire représente un objectif important en tant que tel et le progrès dans ce domaine a une valeur intrinsèque en tant qu'exigence fondamentale de l'individu et que moyen principal de la promotion de l'homme.

L'importance de cet investissement et ses répercussions positives sur le développement humain expliquent l'intérêt accordé par les pouvoirs publics au secteur sanitaire, ce qui s'est répercuté sur les performances et les différents indicateurs, notamment grâce au

[59] PNUD (2003), op. cit, p.69.
[60] M. Gillis (et all.) (1998), op. cit, pp357-359.
[61] Ministère du Plan (1962), *« Le plan triennal 1962-1964 »,* p.53.

renforcement des domaines d'intervention et aux différentes réformes politiques préconisées.

Paragraphe 2 : Les assises réglementaires et politiques du système de santé :

Le cadre institutionnel et réglementaire concerne notamment le système d'offre de soins qui a été défini par la loi du 29 juillet 1991 relative à l'organisation sanitaire du pays et cherchant à assurer « à toute personne le droit à la protection de la santé dans les meilleures conditions possibles ».

L'ensemble des soins est produit dans des secteurs et établissements de soins et d'hospitalisation publics et privés. Les structures sanitaires publiques sont souvent classées en trois niveaux : un niveau primaire (constitué par les centres de santé de base et les hôpitaux de circonscription), un niveau secondaire (formé par des hôpitaux régionaux) et un niveau tertiaire constitué par les établissements sanitaires à vocation universitaire (qui ont pour mission, outre les prestations sanitaires, la formation universitaire des personnels de santé et le développement de la recherche scientifique). Quant aux établissements privés, ils sont classés par la loi de 1991 en 4 catégories : les hôpitaux privés, les cliniques pluridisciplinaires (ou polycliniques), les cliniques mono disciplinaires et les établissements sanitaires à but non lucratif.[62]

D'un autre côté, et grâce à l'étendue du système d'offre de soins, ce dispositif a permis de toucher la quasi-totalité de la population. Ceci est dû en particulier à l'importance de la couverture du risque maladie qui est pris en charge par :

- l'État (en particulier grâce à la gratuité totale des soins et de l'hospitalisation dans les structures publiques, notamment pour les enfants sans soutien familial et pour les familles et les personnes nécessiteuses)

-les mutuelles et les assurances groupes (liées à la couverture facultative du risque maladie)

-les caisses de sécurité sociale (grâce à la CNRPS couvrant l'ensemble des personnels du secteur public bénéficiant de la carte des soins et du remboursement limité des frais des longues maladies et des interventions chirurgicales, et grâce à la CNSS touchant les personnels du secteur privé, les étudiants, les travailleurs à l'étranger bénéficiant

[62] MDE et PNUD (2002), op. cit, p.28-29.

de la carte de soins permettant l'accès aux structures de santé publique).[63]

D'autre part, l'amélioration des performances du système de santé est inhérente aux différentes politiques sanitaires et aux réformes mises en œuvre. À cet égard, la politique de santé est passée par plusieurs phases qui reflètent les différentes priorités de l'État. En effet, la première phase (qui s'est étalée jusqu'à la fin du IVe plan) est caractérisée par des investissements sanitaires massifs et par le développement de l'infrastructure de base, et ce, parallèlement à la réduction des disparités entre les différentes régions. Les objectifs assignés aux différents plans concernent :

-l'accroissement des unités hospitalières de toutes les catégories

-l'amélioration de l'équipement et du niveau technique et humain des formations hospitalières

-la systématisation de la politique sanitaire régionale basée sur des pôles sanitaires interrégionaux polyvalents

-l'intégration du secteur privé (à partir du IVe plan) dans la création et l'équipement technique des unités hospitalières afin d'avoir une répartition plus équilibrée des charges entre toutes les parties.[64]

Cependant, la persistance de certains problèmes majeurs (tels que la mauvaise utilisation de l'infrastructure, les limites de la médecine préventive restant confinée à des campagnes souvent sporadiques..) a incité les planificateurs à changer leurs priorités en mettant l'accent (notamment lors du Vème plan) sur la mise en place d'une politique de santé préventive (grâce à la restructuration des services centraux de la médecine préventive et sociale), sur une meilleure distribution régionale des services de santé (grâce à l'équipement des régions sous-médicalisées et à la réalisation du programme de santé familiale intégrée au bénéfice des zones rurales) et sur une maîtrise des dépenses de santé (avec une utilisation plus rationnelle de l'infrastructure et un partage plus équilibré des charges de santé).[65]

Par ailleurs, l'adoption de la voie néolibérale et du libéralisme économique n'a pas épargné le secteur sanitaire, et dès le VIIème plan on a consacré un rôle primordial à la médecine privée qui voit ses

---

[63] Ibid, pp29-30.

[64]Cherifa Bakay (1990), *« La santé à travers les différents plans de développement »,* in : IREP (1990), *« Mortalité et santé de la population »,* Cahier de l'IREP n°2, Tunis, 1990, pp5-10.

[65] Hafedh Chekir et Jacques Vallin, *« Les déterminants de la santé et de la baisse de la mortalité »,* in : J. Vallin et T. Locoh (2001), Op. cit, pp116-117.

prérogatives s'élargir avec la prise en charge des soins courants ; selon les recommandations de ce plan, « les actions doivent obéir aux principes suivants : la confirmation du rôle prépondérant des structures publiques particulièrement en matière d'hospitalisation et la préservation du rôle de la médecine de libre pratique au niveau des soins courants ».[66]

D'autre part, les quatre derniers plans de développement sont caractérisés par un souci qualitatif focalisé sur une meilleure utilisation de l'infrastructure de base et sur l'amélioration des performances des différentes institutions sanitaires. La primauté des objectifs qualitatifs est confirmée par les orientations du Xème plan qui sont liées à :

— l'amélioration de la couverture sanitaire par la consolidation de la médecine préventive et le programme de soins de santé de base

- l'amélioration de la rentabilité des structures hospitalières et sanitaires publiques et la qualité des prestations sanitaires

- la réalisation d'un meilleur équilibre régional

- la mise à niveau du système de formation et la modernisation et le renforcement du système d'information sanitaire.[67]

Afin de concrétiser ces différentes orientations qualitatives, l'État a engagé une série de réformes qui ont touché, entre autres, l'assistance médicale gratuite (par la simplification des procédures de gestion et surtout le ciblage des populations démunies, grâce à l'établissement d'une base de données dite « fichier de la pauvreté » au MAS pour mieux cibler l'accès aux cartes de soins) et l'assurance maladie (suite à la mise en place d'un système de facturation des prestations aux assurés sociaux, à la rationalisation des relations des caisses avec le secteur privé et au renforcement des actions visant la maîtrise des dépenses de santé).[68]

Les différentes réformes engagées et les efforts déployés par l'État ont souvent abouti à une amélioration constante des prestations des différents services, en particulier grâce à la consolidation et au renforcement des moyens humains et matériels alloués au système de santé.

---

[66] Ministère du Plan (1987), *« VIIème Plan de développement »*, Tunis, 1987, p.233.

[67] MDE (2002) : *« Xème plan de développement »* (Tome 2, Contenu sectoriel), pp298-307.

[68] ONU (2001), *« Bilan commun de pays »*, ONU, mars 2001, p.61.

Paragraphe 3 : Le renforcement des moyens humains et matériels :

3-1 : Les ressources financières :

La part de la dépense publique de santé dans le budget de l'État n'a pas beaucoup changé (oscillant entre 7 et 8% dans la quasi-totalité des cas). De même, sa part dans le PIB est souvent restée constante avoisinant 2,5 % (bien qu'elle soit, durant les dernières années, généralement inférieure à 2,3 %).

Quant à l'évolution des dépenses globales de santé, elle est caractérisée par une progression rapide enregistrement un taux d'accroissement annuel moyen de 10 % entre 1990 et 2000 (en passant de 574 MD à 1500MD).

Parallèlement, la structure du financement des soins a connu des changements importants tels que la diminution de la part réservée aux dépenses d'équipement (passée de 21 % en 1980 à 12 % en 1994) et surtout la baisse de la contribution financière de l'État compensée par le rehaussement de la contribution des caisses de sécurité sociale et des ménages.

En effet, si la part de l'État dans le financement a régulièrement baissé (de 36 % en 1990 à 21 % en 2004), celle des caisses de sécurité sociale a, par contre, considérablement augmenté en passant de 75 MD en 1997 à 144,5 MD en 2001, ce qui a porté leurs parts durant cette période de 15 % à 20,3 % (et 23 % en 2004) de l'ensemble du budget de fonctionnement du secteur public de santé. De plus, les dépenses directes des ménages ont également augmenté à un rythme rapide avoisinant 10,3 % en moyenne par an.

Les explications de cette transformation de la structure de financement sont multiples. Il s'agit d'un côté de l'avènement de la facturation (depuis 1996) au niveau des hôpitaux universitaires et sa généralisation aux hôpitaux régionaux à partir de 2001 et de l'autre côté de la diversification des modes d'intervention des caisses de sécurité sociale (le développement de la prise en charge de certaines pathologies et de certaines catégories de soins telles que l'hémodialyse, les appareillages, les soins thermaux et les soins à l'étranger)[69].

[69] Cf. pour plus de détails sur ce sujet, le chapitre consacré au secteur sanitaire dans le Xème plan de développement pp 293-334 (Cf. aussi : MDE et PNUD (2002) : Op. cit p347).

Tableau n° 21 : Évolution de la dépense publique de santé entre 1984 et 2006 :

Année	1984	1990	1994	1999	2001	2006
Dépenses totales de santé (en % du PIB)	4,2	5,3	5,4	5,6	5,7	-
Dépenses publiques de santé (en % du PIB)	2,5	2,2	2,4	2,1	2,2	1,7
Dépenses publiques de santé (en % du budget de l'État)	7,1	7,5	8,6	8,7	6,9	7,1

Source : MSP

3-2 : L'équipement :

L'évolution de l'infrastructure sanitaire -qui représente la condition essentielle pour l'amélioration de l'accès des citoyens aux soins de santé - a été caractérisée par l'existence de deux faits saillants, à savoir la stabilisation -ou du moins le ralentissement - de la croissance des indicateurs dans le secteur public et le développement rapide du secteur privé.

En effet, si on est arrivé à doubler le nombre de lits entre 1956 et 1966 (en passant de 5 000 à 12 000), cette capacité d'hospitalisation publique a connu une certaine stagnation durant les dernières années puisque le nombre de lits supplémentaires n'a pas dépassé 2 000 lits (passant de 15 600 en 1990 à 17 600 en 2005) durant toute la dernière décennie, ce qui explique la stabilisation du nombre moyen de nombre de lits pour 1 000 habitants au niveau de 1.7 pour le secteur public.

Par contre, le secteur privé a connu un rythme de développement soutenu ce qui a profité à sa capacité d'hospitalisation qui a plus que doublé durant ces dernières années, vu la croissance rapide du nombre de lits qui a dépassé actuellement 2 000 lits (contre 950 seulement en 1989). De même, le développement considérable du secteur privé s'est manifesté par la progression très rapide du nombre des cliniques privées (mono et multidisciplinaires) qui ne dépassait pas 5 en 1970 et 35 en 1985 tandis qu'il dépasse 80 cliniques actuellement. Ce renforcement du rôle du privé s'est traduit également par le développement des différents lieux des prestations de base et spécialisées de ce secteur, et en laps de temps si réduit (entre 1997 et 2001), on a enregistré la création de 42 centres d'hémodialyse, de 348 cabinets de soins infirmes et de 597 cabinets médicaux[70]. Il est à noter que le nombre des cabinets des médecins de libre pratique ne

[70] MDE (2002), *« Xème plan de développement »* (Tome2. contenu sectoriel), pp298-307.

dépassait pas 262 en 1970 alors qu'il dépasse 5732 en 2008 (il en est de même pour les pharmaciens d'officine passés de 102 à 1775 durant la même période).

Toutefois, et nonobstant le développement indubitable du secteur privé, l'État demeure le principal fournisseur d'infrastructure et des services de santé, fournissant (en 1998) 90 % de la capacité en lits et assurant, en 1999, 83 % des surveillances prénatales, 81 % des accouchements en milieu assisté et 92% des surveillances postnatales.[71]

Par ailleurs, et en dépit du ralentissement de la progression de l'équipement public, l'importance des investissements a permis une extension indéniable de la couverture régionale et de l'infrastructure de base. À titre d'exemple, cette dernière a permis de multiplier le nombre de centres qui est passé de 463 à 2083 entre 1966 et 2008 alors que le nombre d'hôpitaux a dépassé 174 en 2008 contre seulement 78 en 1966.

Tableau n° 22 : L'infrastructure sanitaire et les ressources en équipements (1966-2008)

Année	1966	1975	1980	1990	1994	1999	2001	2005	2008
Nombre d'hôpitaux	78	-	91	156	162	164	167	171	174
Centres de santé de base	463	-	780	1506	1760	1957	2000	2074	2083
Nombre de lits actifs	1 374	12720	13571	15352	15812	16256	16659	17629	18771
Nombre de cliniques privées	-	5(en 1970)	35	42	44	67	79	81	-

Source : MSP

3.3 : Les moyens humains :

Le développement des ressources humaines et la formation du personnel médical et paramédical constituent un déterminant primordial pour la satisfaction des besoins sanitaires. À ce titre, les efforts ininterrompus de la formation et les actions mises en œuvre pour le renforcement et la promotion des personnels de santé expliquent l'accroissement rapide et l'amélioration substantielle de l'encadrement médical.

En premier lieu, le nombre des médecins a doublé à chaque décennie depuis 1966 et il a dépassé 11500 en 2008 contre seulement

[71] ONU (2001), Op. cit, p.62.

666 en 1966. Il en est de même pour le personnel paramédical qui est passé de 5659 à près de 32 mille entre 1966 et 2008 et qui reste souvent concentré dans le secteur public, contrairement aux professions juxta-médicales qui ont connu un développement important dans le secteur privé, et ce, aussi bien pour les pharmaciens (143 en 1966 contre 2114 en 2005) que pour les chirurgiens dentistes (dont le nombre est passé de 62 à 1393 durant la même période).

En second lieu, l'accroissement des effectifs du personnel de la santé a généré une amélioration de l'encadrement médical grâce à l'augmentation de la densité médicale. Alors qu'en 1966 il n'y avait encore qu'un médecin pour 7000 habitants, il y en avait un pour 2200 en 1986, un pour 1604 en 1993 et un pour 1036 en 2005, et grâce à la continuité de ce rythme de développement sanitaire, l'objectif tracé auparavant (en l'occurrence, avoir 1 médecin pour 1000 habitants en l'an 2000[72]) se trouve réalisé. De même, cette amélioration est observée également pour l'encadrement paramédical puisqu'on enregistre une baisse importante du rapport nombre d'habitants/paramédical qui est passé de 823 en 1966 à moins de 252 en 2008.

Tableau n° 23 : Évolution de la densité médicale durant la période 1966-2008 :

Année	1966	1975	1985	1991	2000	2005	2008
Nbre. De médecins	666	1210	2805	4500	8690	9422	11533
Nbre.D'habitants/ médecins	6996	4772	2483	1900	1100	1036	865
Paramédicaux	5659	10056*	18635	23823	27873	29607	31858
Nbre. D'habitants/paramédical	823	574	381	349	340	336	252
Pharmaciens	143	279	1042	-	1508	2114**	3050
Nbre.D'habitants/ pharmaciens	3258 7	20029	6827	-	6342	4745	3386

*en 1977 **en2004 Source : MSP

Paragraphe 4 : L'amélioration des indicateurs sanitaires :

Le développement de l'équipement et de l'infrastructure, le renforcement et la promotion des personnels de santé et la multiplicité des actions sanitaires entreprises ont été à l'origine de l'amélioration de l'état de santé de la population grâce à la réalisation de la plupart des finalités des politiques sanitaires. Cette amélioration peut être

[72] Évelyne Ben Jaafar (1990), *« Le développement de la santé en question »,* in : CERES (1990), op. cit, p.399.

appréhendée au moyen de certains indicateurs sociodémographiques tels que la mortalité générale et infantile, l'espérance de vie et la santé de la reproduction.

4-1 : Niveaux et tendances de la mortalité générale :

La mortalité a reculé sensiblement depuis l'indépendance. Si le taux brut de mortalité était supérieur à 24,8 % en 1956, il a depuis diminué très rapidement jusqu'au milieu des années 1970 pour atteindre 10 %, et ce, avant de connaître un ralentissement du rythme de la baisse durant les deux dernières décennies pour se stabiliser au niveau de 5,5 % ou 5,6 % depuis 1996.

Ainsi, et à l'instar de la plupart des pays sous-développés, le rythme de baisse de la mortalité a connu 3 périodes différentes :

« -période 1 et rythme 1: lendemain de la Deuxième Guerre

— période 2 et rythme 2 : les trois décennies 50, 60 et 70

-période 3 et rythme 1 : les années 80.

La période qui a connu la baisse la plus forte est celle de la phase 2, soit les années 50, 60,70. Le rythme actuel ne serait pas très loin de celui des années 45-50 ».[73]

Néanmoins, on peut ajouter à cette classification une autre phase, à savoir celle qui commence avec l'année 1996 et s'étale jusqu'aujourd'hui et qui est caractérisée non pas par une baisse de la mortalité, mais par une stabilisation de celle-ci puisque le taux brut oscille — depuis cette année — entre 5,5 % et 5,7 % sans connaître ni un accroissement ni une baisse substantiels.

Les explications de cette évolution de la mortalité sont multiples et sont liées, entre autres, à la transformation de la structure par âge de la population. En effet, et durant la période de forte croissance démographique, la base de la pyramide des âges tunisienne a eu tendance à s'élargir et la baisse du taux brut de la mortalité s'est accélérée notamment dans les années 1970. En revanche, et avec le fléchissement de la fécondité et la modération de la croissance naturelle (en particulier durant les années 1980 et 1990), « le phénomène inverse s'est enclenché et le vieillissement de la population a ralenti la chute du taux brut. En dépit de la poursuite probable du progrès sanitaire, il faut au contraire s'attendre à ce que le taux brut de mortalité remonte dans les prochaines décennies en raison

---

[73] Mongi Bchir (1990), *« La mortalité en Tunisie : évolution et tendances »,* in : IREP (1990), « Mortalité et santé de la population », op. cit, p.45.

du vieillissement de la population ».[74] C'est ce que confirment les projections démographiques (élaborées par l'INS) qui estiment que le taux de mortalité observerait une légère augmentation à partir de 2015 due à l'impact du vieillissement démographique sur la structure de la population.

D'autre part, on doit constater l'existence d'une véritable mortalité différentielle, car la mort dépend de plusieurs facteurs socio-économiques et culturels, mais aussi et surtout elle varie selon l'âge et le sexe, qui sont deux déterminants primordiaux de la mortalité.

En premier lieu, et à cause de la surmortalité féminine qui prédominait pour de longues périodes, le rapport de masculinité qui traduit la structure par sexe (qui est de sa part affectée par les effets de la mortalité) était souvent supérieur à 103 (à titre d'exemple, il était de 104,5 en 1966). Par contre, et avec le recul de la mortalité des femmes, la structure par sexe tend progressivement vers une certaine égalité (en 2001, ce rapport est de 101,4) « sinon vers une prépondérance des effectifs féminins. Ainsi, le rapport de masculinité qui est de 102,1 en 1995 baisserait à un niveau inférieur à 100 vers 2025 quelque soit l'hypothèse (de projection) ».[75]

En second lieu, l'examen plus approfondi -basé sur les taux de mortalité par âge et par sexe - montre la chute rapide de la mortalité féminine à tous les âges adultes dans les années 1970 et 1980. La veille de l'indépendance, la mortalité féminine touchait non seulement les adolescents et les femmes en âge de reproduction, mais était plus forte pour les enfants de 5-15 ans ce qui confirmait le statut défavorable de la femme inhérent à de nombreuses explications d'ordre culturel. En effet, « et en raison d'une préférence marquée pour les garçons, les familles prêtent moins d'attention aux filles, non seulement dans le domaine de l'amélioration des soins de santé, mais aussi de l'instruction et donc de l'éducation sanitaire [...] Avec le progrès sanitaire (et social surtout), les causes de surmortalité se sont progressivement effacées ».[76]

---

[74] Dominique Waltisperger, Jacques Vallin et Abdelhamid Ben Mrad (2001), *« La dynamique naturelle de la population depuis l'indépendance »,* in : J. Vallin et T. Locoh (2001), op. cit p.58.

[75] INS (1996), *« Projections de la population (1995-2030) »,* Vol.1, Niveau national, Tunis, 1996, p.18.

[76] Dominique Waltisperger, Jacques Vallin et Abdelhamid Ben Mrad (2001), Op. cit, pp70-71.

4-2 : La progression de l'espérance de vie :

Le recul substantiel de la mortalité s'est soldé par une élévation de l'espérance de vie à la naissance de la population tunisienne. De 40 ans au début de l'indépendance à 74.5 ans actuellement, l'espérance de vie a gagné plus de 34 ans au cours des dernières années.

L'allongement de l'espérance de vie à été bénéfique surtout pour les femmes dont la progression a dépassé 33 ans (contre 28,8 ans pour les hommes), c'est pourquoi l'espérance de vie a dépassé 76 ans en 2009 tandis qu'elle n'a pas atteint 73 ans pour le sexe masculin. Par conséquent, il semble que le phénomène de surmortalité féminine a pratiquement disparu et que « le pays rejoint de plus en plus le modèle de mortalité des pays développés et s'écarte de celui de culture arabo - musulmane grâce au net recul de la surmortalité féminine »[77], et ce, comme le confirme la progression spectaculaire de l'espérance de vie des femmes.

Par ailleurs, cette progression de l'espérance de vie aussi bien pour les hommes que pour les femmes pourrait se poursuivre dans le futur et il est fort probable, compte tenu de l'évolution actuelle de la mortalité, d'avoir en 2030 une espérance de vie qui avoisine 80 ans pour les femmes et 76,6 ans pour l'ensemble de la population.

Tableau n° 24 : Perspectives d'évolution de l'espérance de vie (2005-2030)

Année	2005	2010	2015	2020	2025	2030
Masculin	71,4	72	72,6	73	73,4	73,7
Féminin	75,8	76,8	77,6	78,4	79	79,5
Ensemble	73,6	74,4	75,1	75,7	76,2	76,6

Source : INS (1996) : Projections de la population (1995-2030). Vol.1 Niveau national. Tunis 1996 p14

Si le recul de la mortalité et l'allongement de l'espérance de vie sont indéniables, leur évolution demeure largement conditionnée par la baisse de la mortalité infantile et juvénile qui a un impact important sur les risques de mortalité et ce d'autant plus qu'elle permet de sauver beaucoup plus d'années à vivre que si elle porte sur des âges tardifs.

4-3 : Le fléchissement rapide de la mortalité infantile :

Le taux de mortalité infantile a connu une chute spectaculaire et une régression très rapide depuis l'indépendance. **Évalué à 203 % en**

[77] M. Bchir (1990), op. cit, p.51.

1950, ce taux a affiché une très forte baisse pour atteindre 22,8 % en 2001, 20 % en 2004 et **17,8 % en 2009**, soit une baisse significative de plus de 91 % en un laps de temps si réduit (en divisant le risque de mourir des enfants par 5, en passant de 158 % en 1968 à 34 % en 1995, la Tunisie a fait, en 25 ans, autant de progrès que la France en 60 ans, c'est à dire du tournant du siècle à la fin des années 1950).[78] Cette chute substantielle du TMI pourrait se maintenir dans le futur et ce taux baisserait au niveau de 10 % en 2020 et de 8 % en 2030 (soit le niveau actuel des pays développés).

L'évolution de la mortalité est marquée par l'existence de plusieurs phases : primo, une lente régression entre 1966 et 1970 (avec une baisse annuelle de moins de 1,5 %), secundo, une baisse très rapide de 8,5 % annuellement entre 1970 et 1978 et tertio une phase de ralentissement de la baisse du TMI durant les deux dernières décennies.

Cette évolution reflète la dynamique de développement économique et social de la Tunisie depuis l'indépendance. En effet, pendant la première période, la mortalité infantile stagnait à des niveaux élevés à cause de la lenteur de la croissance et de la faiblesse de l'infrastructure sanitaire et médicale. En revanche, la Tunisie a connu -au cours de la deuxième décennie - une croissance économique soutenue « et le revenu des ménages, l'infrastructure sanitaire et la densité médicale ont nettement progressé. Les programmes nationaux tels que la protection maternelle et infantile sont mis sur pied. Tous ces facteurs ont contribué à la réduction da la mortalité infantile »[79].

Par contre, le ralentissement de la baisse du TMI est expliqué par la réalisation d'un niveau très bas (voire d'un « seuil de saturation ») qu'il est difficile de dépasser.

D'autre part, les composantes de la mortalité infantile et juvénile concernent aussi la mortalité juvénile (1-4 ans) et la mortalité néo-natale (moins d'un mois). Et c'est la première qui a le plus baissé (de 110 % à 8,5 %) puisqu'elle peut être facile à réduire et à maîtriser grâce à l'action sanitaire, contrairement à la mortalité néonatale et post-néonatale (1-11 mois) qui, en dessous d'un an, demeure inhérente à des problèmes endogènes liés à la construction physique de la mère et de l'enfant. Ceci concerne notamment la mortalité néonatale qui n'a

---

[78] Dominique Waltisperger, Jacques Vallin et Abdelhamid Ben Mrad (2001), Op. *cit*, p.66.

[79] Habiba Ben Romdhane (1990), *« État de santé et consommation : bilan de deux décennies »,* in : IREP (1990), « Population et consommation », op. *cit*, p.148.

été divisée que par 2 durant cette période (en passant de 45 % à 22 %) contrairement à la mortalité post néonatale qui a davantage reculé pour atteindre 13 % contre 69 %[80].

La conséquence de cette progression relativement plus faible de la mortalité néo-natale (par rapport aux autres composantes de la mortalité infanto-juvénile) est l'augmentation de la part des décès néonatals dans les décès infantiles. De nombreuses études confirment cette constatation. A titre d'exemple, cette part est passée de 40 % à 60 % entre 1963 et 1987 selon l'EDS (l'Enquête Démographique de la Santé réalisée en 1988) et de 49 % à 63 % d'après l'ETSME (l'Enquête Tunisienne de la Santé de la Mère et de l'Enfant réalisée par l'ONFP en 1994-1995). Selon d'autres enquêtes, elle a même dépassé 71.3 % en 1986 et 70 % en 1995.[81]

Par ailleurs, cette baisse de la mortalité juvénile et néo-natale infantile est le résultat de la conjugaison de plusieurs facteurs qui ont été déterminants dans ce progrès sanitaire. Outre l'amélioration de l'infrastructure sanitaire, le rôle des programmes de lutte contre les maladies infectieuses et infantiles a été primordial à plus d'un titre. Parmi ces programmes, on peut citer :

-le programme élargi de vaccination (lancé en 1974 par l'OMS afin d'éradiquer les maladies infectieuses juvéniles)

- le programme national de lutte contre les maladies diarrhéiques

-le programme national de lutte contre les infections respiratoires aiguës

-le programme national de Planning Familial

-les soins de santé primaire (focalisée sur la prestation de soins essentiels accessibles à toutes les familles et notamment pour les plus démunies)

-le programme national de périnatalité (ayant comme objectif principal la réduction des mortalités maternelle et périnatale).[82]

---

[80] H. Chekir et J. Vallin (2001), op. cit, pp122-123.

[81] Il s'agit respectivement de l'étude de Soltani (et coll.) (1993), *« Facteurs associés à la mortalité infantile parmi une cohorte de 7661 naissances vivantes »* et de celle de Khrouf (1999), *« La néo- gnathologie dans les pays du Maghreb ».* Ces deux études sont citées dans l'article de : Hajer Aounallah Shiri (et al.) (2001), *« La mortalité néonatale en Tunisie : Évolution et stratégie de lutte contre ses causes »,* revue : « Famille et population », ONFP, juin 2001, pp106-109.

[82] Voir, pour plus de détails sur ces programmes, l'article de : Sofiane Bouhdiba (1999), *« Lutte contre la mortalité infantile : état des lieux »,* RTSS n°119, pp127-131.

4-4 : L'amélioration de la santé de la reproduction :

Si le concept de santé de la reproduction se réfère à l'état du bien-être physique, mental et social de la personne (pour tout ce qui concerne l'appareil génital), la réalisation de ce bien-être est liée à la protection de la femme en âge de reproduction contre la mortalité et à la protection de la santé de la famille en général grâce aux services offerts à la femme enceinte et à la planification familiale.

En premier lieu, et en dépit de sa baisse continue, le taux de mortalité maternelle est relativement élevé en comparaison avec l'amélioration de l'accès aux soins et avec le développement de l'infrastructure sanitaire. Ce taux a atteint 57 décès pour 100 000 naissances vivantes en 2000 (contre 151,9 en 1969). Plusieurs facteurs peuvent expliquer les décès maternels. Il s'agit, entre autres, de l'augmentation du risque de mortalité maternelle avec l'âge. La fécondité tardive et l'accroissement de la proportion des naissances chez les femmes âgées de plus de 35 ans (avec le recul important de l'âge au mariage) contribuent à l'augmentation de la mortalité maternelle.[83]

En second lieu, la mortalité maternelle peut traduire le faible accès des femmes enceintes aux soins ou la faible couverture des accouchements par un personnel qualifié, ce qui explique l'intérêt accordé par l'État à l'amélioration des différentes activités sanitaires.

Le tableau ci-dessous montre cette amélioration de la qualité des prestations en particulier grâce à l'intensification des activités sanitaires, à la progression des consultations prénatales et postnatales et à l'accroissement de la proportion d'accouchements en milieu assisté. À titre d'exemple, le nombre (en milliers) des visites de gynécologie, des visites prénatales et des visites postnatales est passé respectivement de 198.6,124.9 et 9.1 à 417.8, 418.1 et à 80.2 entre 1986 et 1998.

En outre, la consultation prénatale -qui ne touchait que 58 % des femmes en 1978 - dépasse 80 % des femmes depuis 1995 (et il en de même pour les femmes accouchées en milieu hospitalier).

[83] Habiba Ben Romdhane (et all.) (2001), *«Structure des naissances selon l'âge de la mère et surmortalité maternelle : cas de la Tunisie »,* Revue « Famille et population », ONFP, juin 2001, p.89.

Tableau n° 25 : Évolution des activités sanitaires (1984-2008):

Année	1984	1988	1995	1998	2008
Accouchements assistés (en %)	54,8 (en 1982)	69	80,5	85,2	96
Femmes enceintes bénéficiant au moins d'une consultation prénatale (en %)	54	-	79	85,3	-
Visites* gynéco.	-	233 804	378 380	417 868	-
Visites prénatales	-	205 336	379 341	418 065	592784
Visites postnatales	-	18 626	58 121	80 185	109 100

*aux centres de PF

Source : ONFP

En troisième lieu, le succès de la politique de santé reproductive demeure étroitement lié à la politique démographique et à la planification familiale. Avec une bonne politique de santé génésique « qui réduirait au maximum les risques de mortalité et de morbidité des FMAR, le seul facteur de réduction des générations de ces dernières restait alors la contraception pratiquée par la tranche d'âge des mères plus protégées, parce que sanitairement plus suivies et plus contrôlées ».[84]

L'importance de la dimension démographique de la santé de la reproduction et les programmes ciblés de planning familial ont abouti à des résultats significatifs et très probants.

À ce titre, l'intensification des activités du PF a généré une forte augmentation de ses prestations et une diffusion rapide de la contraception. En effet, le taux de prévalence contraceptive (défini comme la proportion des femmes parmi les FMAR qui utilisent une méthode contraceptive) dépasse 63,5 % en 2001 alors qu'il était seulement de 9 % en 1966.

Cette augmentation (estimée à plus de 200 % entre 1978 et 2001) du taux de prévalence contraceptive et l'adoption -de plus en plus importante - de la contraception sont dues notamment à la progression rapide de la diffusion des méthodes contraceptives au niveau du milieu rural. Durant un laps de temps assez réduit (moins de 20 ans), ce taux a grimpé de plus de 35 points en passant de 30 % en 1978 à 65 % en 1997. Cette amélioration est expliquée essentiellement par les interventions spécifiques dans certaines régions prioritaires, et tout particulièrement dans 405 zones d'ombres du Centre Ouest et du Sud.

---

[84] Mahmoud Seklani (2001), *« La dimension démographique et sociale de la santé de la reproduction »,* Revue « Famille et population », ONFP, juin 2001, p.36.

CONCLUSION

La progression des indicateurs éducatifs et sanitaires est incontestable et l'amélioration des services sociaux est indéniable.

D'une part, l'importance du capital humain et des moyens qui lui a été accordée explique l'accroissement considérable des effectifs des personnes scolarisées -notamment la progression soutenue des effectifs de l'ES - et l'amélioration des taux de scolarisation (surtout la scolarisation féminine). Ceci s'est nettement répercuté sur l'analphabétisation (qui a connu une régression substantielle) et sur le niveau d'instruction de la population qui a connu une nette amélioration.

D'autre part, les différentes réformes sanitaires engagées et l'intérêt accordé par l'État au secteur de la santé ont souvent abouti à une amélioration constante des prestations des différents services (en particulier grâce à la consolidation et au renforcement des moyens humains et matériels alloués au système de santé) et ont été à l'origine de l'amélioration de l'état de santé de la population. Cette amélioration peut être confirmée par de nombreux indicateurs sociodémographiques tels que la régression substantielle de la mortalité générale et infantile, l'amélioration sensible de l'espérance de vie et des prestations de la santé de la reproduction.

L'amélioration des performances socio-économiques et l'accroissement indubitable des indicateurs sociaux se sont répercutés sur l'évolution de l'IDH et de l'indicateur synthétique de développement humain qui a connu des progrès significatifs durant les dernières décennies.

CONCLUSION

Chapitre 3: La progression des indicateurs synthétiques de développement humain

Section 1- L'évolution récente de l'IDH :

L'IDH (ou l'Indicateur du Développement Humain) est un indicateur de synthèse qui permet de mesurer l'évolution des indices socio-économiques et qui reflète les progrès accomplis et les avancées réalisées en particulier en matière de développement humain.

À cet égard, les trois éléments essentiels -formant l'IDH - concernent la longévité (mesurée par l'espérance de vie), le savoir (mesuré par les taux de scolarisation et d'alphabétisation) et le niveau de vie (mesuré par le pouvoir d'achat, c'est-à-dire le PIB réel par habitant).

Cet IDH représente la moyenne arithmétique des trois composantes suivantes :

-l'indice économique ou du niveau de vie : représenté par le PIB par habitant en terme de parité de pouvoir d'achat.

-l'indice d'éducation : mesuré par une moyenne pondérée aux deux tiers du taux d'alphabétisation des adultes et à un tiers du taux de scolarisation à tous les niveaux.

-l'indice de longévité : mesuré par l'espérance de vie à la naissance.

Les indices se calculent sur la base de la formule suivante :

Indice= (Valeur réelle – valeur minimale) / (valeur maximale - valeur minimale).

Les valeurs minimales et maximales de chacun de ces éléments sont les suivantes :

Indicateur	Valeur minimale	Valeur maximale
Espérance de vie	25	85
Taux d'alphabétisation	0	100
Taux de scolarisation	0	100
PIB par habitant (PPA)	100	40000

Par exemple, l'IDH pour la Tunisie en 2000 (selon les données du PNUD en 2002) est calculé comme suit :

-Indice économique : (log 6363 – log 100)/(log 40000-log100)

-indice d'éducation : (72-0)/(100-0)

-indice sanitaire ou de longévité : (70,2 -25) / (85-25)

La moyenne arithmétique de ces trois indicateurs nous donne un IDH égal à 0,722.

Bien que le concept de développement humain soit plus large que l'IDH, l'existence d'un indicateur synthétique et composite permet de focaliser l'attention sur certains critères et sur quelques problèmes particuliers. L'IDH permet, à cet égard, de mesurer trois éléments fondamentaux du développement humain qui reflètent les progrès réalisés au niveau des revenus et dans les secteurs éducatif et sanitaire.

Comme on l'a précédemment invoqué, ces progrès -au niveau du revenu, de la santé et de l'éducation - ont été indéniables grâce, entre autres, à l'amélioration du pouvoir d'achat, au recul de l'analphabétisme et à la progression de l'espérance de vie. Subséquemment, cette amélioration des indicateurs socio-économiques a eu un impact indubitable sur l'évolution de l'IDH qui a connu un progrès très important durant les dernières décennies, et ce, comme le montre le tableau suivant :

Tableau n° 26 : Évolution de l'IDH (1960-2007) :

Année	IDH
1960	258
1970	340
1975	514
1980	588
1985	613
1990	646
1995	654
2000	678
2005	758
2006	763
2007	769

Source : PNUD : Rapports mondiaux sur le développement humain 1990-2009

En termes d'évolution, les progrès comparatifs de la Tunisie sont remarquables : « pour la période 1970-1980, la Tunisie est le 5e pays qui a fait le plus de progrès, en termes absolus, avec une amélioration de 191 points ; pour la période 1960-1992, le pays vient en 4e position après la Malaisie, le Botswana et la Corée (avec 432 points) »[85]. Enfin, pour la dernière décennie (1990-2000), la Tunisie est le 5e pays

[85] Mongi Bchir (1998), *« La politique tunisienne de population : caractéristiques, contenu et résultats »*, in : « Le livre de référence en communication en matière de population », IPSI/FNUAP, Tunis, 1998, p.49.

qui a fait le plus de progrès (avec une amélioration de 76 points) après la Guinée équatoriale, la Chine, le Cap-Vert et le Vietnam avec une amélioration respectivement de 123, 101, 89 et 83 points.

En termes de progrès relatifs (c'est à dire en termes de croissance annuelle moyenne de l'IDH), cet indice est passé de 258 à 722 entre 1960 et 2000, soit un taux d'accroissement annuel moyen de 2,6 %.

Pour la période 1975-2000, le tableau ci- dessous montre que la Tunisie est le pays qui a fait le plus de progrès (après l'Indonésie) en termes absolus avec une amélioration de 208 points et qu'il est en tête de l'ensemble de la communauté internationale et des pays ayant enregistré les progrès les plus notables.

Si on intègre les données du rapport mondial sur le développement humain en 2005, on trouve également une amélioration substantielle de 239 points, ce qui place la Tunisie à la tête des pays (avant l'Indonésie) ayant fait le plus de progrès de leur IDH, et ce, comme le montre le tableau suivant :

Tableau n° 27 : Les progrès de l'IDH (75-2003) en Tunisie et dans d'autres pays ((Les 10 meilleurs scores) :

Pays	IDH en 1975	IDH en 2000	Progrès de l'IDH Entre 75-2000	IDH en 2003	Progrès de l'IDH Entre 75-2003
1-Indonésie	469	684	215	697	228
2-Tunisie	514	722	208	753	239
3-Egypte	435	642	207	659	224
4-Chine	523	726	203	755	232
5-Algérie	501	697	196	722	221
6-Corée (Rép.de)	691	882	191	901	210
7-Maroc	429	602	173	631	202
8-Arabie saoudite	587	759	172	772	185
9-Inde	407	577	170	602	195
10-Malaisie	616	782	166	796	180

Source : Calculs élaborés par nos soins à partir des données du PNUD (Rapport mondial sur le développement humain 2002 et 2005)

Par ailleurs, et si l'on considère le niveau socio-économique de départ, une étude menée par les services de l'ONU a montré que « sur un échantillon incluant l'Algérie, la Bolivie, la Chine, le Honduras, le Swaziland, la Tunisie, la Turquie et le Zimbabwe, qui font état d'un point de départ similaire en 1975, la Tunisie affiche la progression la plus substantielle de son IDH, précédée uniquement par la Chine ».[86]

[86] ONU (2001), op. cit, p.12.

En termes de réduction de déficit de l'IDH (ce déficit étant la différence entre la valeur maximale de l'IDH -qui est égale à 1 - et la valeur obtenue par le pays), le taux annuel de réduction du déficit est passé de 1,2 % au cours de la période 1960-1970 à 2,7 % en 1970-1980 et à 4,4 % entre 1980 et 1995, ce qui a permis à la Tunisie d'améliorer son classement en passant de la 53e position au cours de la première décennie à la 20e position durant la période 1980-1995 (toujours en termes de réduction de défit de l'IDH).[87]

D'autre part, ces progrès significatifs enregistrés sur le plan de développement humain ne sont pas restés sans effets sur les indicateurs sociaux ce qui reflète encore une fois les performances socio-économiques de la Tunisie. Certains indicateurs sont éloquents à ce titre : selon les différents rapports mondiaux sur le développement humain, la Tunisie est l'un des pays qui ont réalisé les réductions les plus spectaculaires pour la mortalité des enfants de moins de 5 ans (passée de 184 % en 1970 à 37 % en 1995, soit une réduction de 80 % plaçant le pays à la 7e place) et pour le taux de pauvreté monétaire (passé de 33 % à 6,2 % entre 1967 et 1995, soit une baisse de 81 % plaçant la Tunisie à la première place puisqu'elle a enregistré la réduction la plus spectaculaire de la pauvreté).[88]

En résumé, l'évolution de l'IDH montre que la Tunisie a régulièrement figuré parmi les pays qui ont affiché les meilleurs résultats en matière de développement humain. Ces performances peuvent être explicitées également en recourant à d'autres indicateurs tels que les indices synthétiques de développement humain.

Section 2— L'importance d'un indice synthétique de développement humain ou d'un IDH synthétique :

L'analyse du niveau de développement humain peut être facilitée par l'utilisation d'une multitude d'indicateurs qui reflètent divers aspects socio-économiques, et ce, grâce à un indice synthétique qui prend en considération l'aspect multiforme de la problématique du développement et qui intègre les différentes manifestations de la réalité (l'économique, le social, le démographique...). Comme l'a montré Amor Belhedi, le problème est le suivant : « Comment saisir

[87] MDE et PNUD (2001), op. cit, p.55.

[88] PNUD (1997), *« Rapport mondial sur le développement humain. Le développement humain au service de l'éradication de la pauvreté »,* New York, Programme des Nations Unies pour le Développement, 1997, p.3.

l'unique et la multitude à la fois ? Comment mesurer la multitude par l'unique ? » et puisqu'on est devant une seule réalité, mais qui est multiforme (manifestations économiques, démographiques, sociales, mentales...), on peut mesurer les différents aspects par un indicateur unique qui est un coefficient de développement socio-économique[89] (ou dans notre cas un indice synthétique de développement humain).

Ainsi, en utilisant un IDH synthétique pour l'année 1966, et en se basant -dans le calcul de chaque indicateur - sur la méthodologie sus-invoquée (pour l'IDH), on trouve les résultats suivants

Tableau n° 28 : L'indicateur synthétique du développement humain en 1966 :

Indicateur	Score
Indice économique[90]	592
1- indice du chômage[91]	696
Taux d'Alphabétisation[92]	321
1- indice du TMI[93]	696
Taux de desserte en eau courante	149
Taux d'électrification	239
1- indice de la pauvreté[94]	389
Taux d'urbanisation	401
Indice de longévité[95]	451
IDH synthétique[96]	437

Source : Calculs élaborés par nos soins
(à partir des données de l'INS : RGPH 1966 et Enquête consommation 65-68)

---

[89] A. Belhedi (1996), op. Cit, p.56.

[90] Il est approximé par la dépense par personne (aux prix constants de 1995) et il est calculé selon la méthode citée précédemment. La DPA en 1966 est de 405 donc cet indice économique est calculé comme suit : (log 405 — log 40) / (log 2000-log 40) (2000 et 40 étant les valeurs maximale et minimale).

[91] Cet indice est calculé en se basant sur une valeur minimale (0) et sur une valeur maximale (50). Quant à la formule du calcul, elle est la suivante : Taux/50 (puisque la valeur minimale est de 0).

[92] Pour les taux, et comme on l'a souligné auparavant (pour l'indice d'éducation de l'IDH), cet indicateur reste invariable puisque la valeur minimale est de 0 et la valeur maximale est de 100.

[93] Cet indice est calculé en se basant sur une valeur minimale (0) et sur une valeur maximale (300). Quant à la formule du calcul, elle est similaire à celle de l'indice du chômage (Taux/300).

[94] Cet indice est calculé selon les mêmes formules citées précédemment (pour le TBM, TMI...) mais en changeant la valeur maximale qui est égale à 70 (indice de pauvreté=Taux de pauvreté/70). Il est à noter, à cet égard, qu'on a adopté la définition de H. Dimassi selon laquelle la population pauvre serait la catégorie « défavorisée » ayant une DPA inférieure à 50 D, ce qui nous donne un taux de pauvreté en 1966 égal à 42,8 % (et non 33 % comme le stipule les statistiques de l'INS).

[95] L'espérance de vie en 1966 est de : 51,1 donc cet indice est égal à : (51,1 -25) / (85-25).

[96] C'est la moyenne arithmétique des différents indicateurs.

Il semble que l'indicateur synthétique peut refléter les progrès du développement humain et les avancées socio-économiques plus clairement que l'IDH puisqu'il ne se contente pas de mesurer l'évolution des indices économiques, sanitaires et éducatif mais il intègre également de nombreux indicateurs relatifs à différents domaines démographiques, économiques et sociaux tels que l'emploi, l'infrastructure, la mortalité..., et ce, sans négliger les indices éducatifs, de niveau de vie et de longévité.

À cet égard, l'IDH synthétique s'est élevé en 1966 à 437 et ce en tenant compte de la DPA à prix constants au prix de 1995 (si on remplace la dépense moyenne par ménage aux prix constants par la dépense aux prix courants, on trouve évidemment un autre indice économique égal à 150 et en conséquence un autre IDH égal à 398).

En utilisant cette même méthode pour les autres périodes, et en se référant aux mêmes composants de notre IDH synthétique, on trouve les résultats suivants :

Tableau n° 29 : Évolution de l'indicateur synthétique de développement humain (1975, 1984, 1994, 2000 et 2005) :

Indicateur	1975	1984-85	1994-95	1999-2000	**2004-2005**
Indice économique	690	789	814	858	902
1- indice du chômage	742	738	688	684	722
Indice de longévité	655	702	773	793	808
1- indice du TMI	655	785	898	921	933
Alphabétisation	450	538	683	730	771
T. de desserte en eau courante	265	494	691	752	835
Taux d'électrification	377	634	859	946	949
Taux d'urbanisation	480	528	610	624	649
1-indice de pauvreté[97]	560	846	876	916	924
IDH synthétique	541	673	766	803	**832**

Source : Calculs élaborés par nos soins (à partir des données de l'INS : RGPH 1975-1984-1994 et 2004, Enquête Population Emploi 1999 et Enquêtes consommation 75-85-95-2000 et 2005)

Il ressort de ce tableau que l'évolution de notre IDH synthétique a été très proche de celle de l'IDH telle que calculée par le PNUD dans les différents rapports mondiaux du développement humain. En effet, l'IDH a dépassé -dans les deux cas - 500 en 1970, 600 en 1985 et il

[97] Cet indice est calculé selon les mêmes formules citées précédemment (par exemple pour le TMI) mais en changeant la valeur maximale qui est égale à 50 (indice de pauvreté=Taux de pauvreté/50).

avoisine 700 et 800 respectivement pour 1995 et pour 2000 alors qu'il a dépassé 832 en 2004.

Toutefois, les résultats des deux approches sont différents si on veut quantifier l'apport relatif des composantes des deux indicateurs. À ce titre, l'apport de la composante économique est primordial pour l'IDH, et ce, comme le montre le tableau suivant :

Tableau n° 30 : Apports relatifs des composantes de l'IDH en % (1985, 1995 et 1996)

Composante	1985	1995	1996
PIB/ hab PPA	29	37	38
Éducation	32	29	29
Espérance de vie	39	34	33
Total	100	100	100

Source : MDE et PNUD (2001) : « Rapport sur le développement humain en Tunisie 1999 »

Ainsi, l'apport du PIB montre l'importance de la dimension économique qui contribue par plus du tiers, et ce d'autant plus que cet apport a été -dans une optique longitudinale - à la hausse : « Cela signifie que les progrès réalisés en termes économiques sont relativement plus importants que ceux réalisés en termes de santé ou d'éducation ».[98]

Par contre, l'apport de la composante économique a été décroissant dans notre indicateur synthétique -en dépit de l'amélioration de l'indice du niveau de vie - à cause de l'intégration du taux de chômage dans nos calculs et de l'accroissement de ce taux durant les deux dernières décennies (en passant de 12,8 % en 1975 à 15,8 % en 1999) ce qui a affecté notre indice de l'emploi (1- indice de chômage) qui est passé de 742 à 684 entre 1975 et 2000.

Ceci est conjugué à l'importance des indicateurs sociaux dans notre approche (8 indicateurs sur 10) alors que ceux-ci constituent seulement le 2/3 pour l'IDH.

D'autre part, l'indicateur synthétique de développement humain peut intégrer d'autres variables socio-économiques qui peuvent représenter une combinaison de plusieurs paramètres reflétant l'évolution du niveau de développement en Tunisie. L'indicateur synthétique de développement est ainsi plus global intégrant près de 30 variables (selon la disponibilité des données) relatives aux différents domaines du développement humain, c'est-à-dire

[98] PNUD et MDE (2001), op. cit, p.59.

l'éducation, la santé, l'emploi (et l'économie) et les conditions de vie[99].

Tableau n° 31 : Indicateur synthétique de développement en Tunisie (1966-1975,1984, 1994, 2000 et 2004-2005) :

Indicateur	1966	1975	1984-85	1994-95	1999-2000	2004-2005
Indice économique	592	690	789	814	858	902
1- indice du chômage	696	742	738	688	684	722
Indice de longévité	451	655	702	773	793	808
1- indice du TMI	696	655	785	898	921	933
Alphabétisation	321	450	538	683	730	771
T. de desserte en eau courante	149	265	494	691	752	835
Taux d'électrification	239	377	634	859	946	949
Taux d'urbanisation	401	480	528	610	624	649
1-indice de pauvreté	389	560	846	876	916	924
Log. Rud	413	667	883	964	984	989
Scolarisation	597	599	759	862	942	951
Niveau (fem)	33	63	128	221	278	355
Niveau (masc)	99	150	252	340	374	442
Niveau (Ensemble)	57	111	191	281	327	399
Ind. Manf.	-	180	-	-	183	194
Pop.occ. Services	325	310	352	432	435	489
Lits. Hosp.	275	230	212	177	170	171
Densité	055	072	093	113	126	128
Alphab. Fem	176	321	419	578	637	690
Alphab. Masc.	461	577	654	788	823	852
ONAS	-	228	299	395	472	534
2 pièces et plus	394	518	679	860	901	931
SB	-	83	130	-	308	321
Contraception	-	314	411	597	655	-
Naissances assistées	-	-	548	794	852	-
Cuisine	406	468	597	806	898	-
Téléphone	-	-	060	152	268	356
TV	-	-	574	790	847	902
Voiture	-	-	95	157	172	210
Réfrigérateur	-	-	319	554	678	817
Radio	-	-	565	682	799	768
Parabole	-	-	-	21	183	468
Machine à laver	-	-	-	169	218	345
Indice synthétique de développement	**344**	**390**	**476**	**568**	**598**	**627**

Source : Calculs élaborés par nos soins (à partir des données de l'INS : RGPH 1975-1984-1994 et 2004, Enquête Population Emploi 1999 et Enquêtes consommation 75-85-95-2000 et 2005)

[99] Les variables se rapportant à ces domaines sont les suivantes :
— La santé : les lits hospitaliers, le TMI, les naissances assistées, la contraception et la longévité.
-L'éducation : le niveau d'instruction (hommes), le niveau d'instruction (femmes), le niveau d'instruction (ensemble), l'alphabétisation (hommes), l'alphabétisation (femmes), l'alphabétisation (ensemble) et la scolarisation (6-14 ans)
-L'emploi (et l'économie) : le chômage, la DPA, la population occupée dans les services, la population occupée dans l'industrie manufacturière
-Les conditions de vie : l'urbanisation, la pauvreté, la desserte en eau courante, le taux d'électrification, les logements rudimentaires, la proportion des logements ayant 2 pièces et plus, la proportion des logements disposant d'une salle de bain, la desserte en assainissement, l'équipement (téléphone, TV, voiture, réfrigérateur, radio, parabole et machine à laver).

CONCLUSION

L'analyse de l'évolution de la composante économique montre l'existence de certaines performances économiques indéniables qui s'exprime par l'amélioration des ratios économiques ce qui n'est pas resté sans effets sur le pouvoir d'achat et sur l'accroissement du PIB par habitant. De même, les indicateurs sociaux ont enregistré une amélioration indubitable qui se manifeste à travers la progression de l'espérance de vie d'une part et l'accroissement de l'alphabétisation et de la scolarisation d'autre part.

Subséquemment, cette nette amélioration des indicateurs socio - économiques s'est répercutée sur **l'évolution de l'IDH et de l'indicateur synthétique de développement humain qui ont connu des progrès significatifs** durant les dernières décennies, et ce, tant en termes absolus qu'en termes relatifs, ce qui a permis d'améliorer le classement de la Tunisie d'une façon plus substantielle que la plupart des autres pays.

Ces progrès comparatifs de la Tunisie et cette amélioration de sa position par rapport aux autres pays ont été vérifiés en dépit de la modification des indicateurs de mesure, et ce, aussi bien en se référant à l'IDH qu'en utilisant l'indice synthétique de développement humain.

Toutefois, ces performances et ces progrès ne doivent pas occulter l'existence de certaines limites incontestables de la politique tunisienne de développement, notamment la persistance des disparités régionales et la répartition géographique des différentes prestations de la politique développementiste. C'est pourquoi nous nous pencherons, dans la deuxième partie, sur les variations régionales du développement humain ou sur l'inégal développement régional.

Livre deuxième
Variations régionales du développement humain ou l'inégal développement régional

L'amélioration des conditions de vie et l'existence de certaines performances socio-économiques sont indéniables. Ceci est inhérent aux différents ratios économiques et à l'accroissement indubitable des indicateurs sociaux, ce qui s'est répercuté sur l'évolution de l'IDH et de l'indicateur synthétique de développement humain qui ont connu des progrès significatifs durant les dernières décennies.

Toutefois, ces performances ne peuvent pas occulter l'existence de certaines limites incontestables de la politique tunisienne du développement humain. Il s'agit notamment de la répartition géographique des différentes prestations de la politique développementiste. À cet égard, on peut se demander si cette répartition territoriale est égalitaire ou inégalitaire. S'agit-il d'un développement régional égal ou inégal et est-ce que la politique développementiste a favorisé certaines régions au détriment d'autres ?

Pour répondre à ces questions, on va focaliser notre intérêt sur les variations régionales du développement humain, et ceci à travers l'analyse de la répartition régionale des services sociaux, en l'occurrence la santé, l'éducation et les conditions de vie, et ce, avant d'étudier les inégalités économiques au niveau de l'emploi et des investissements. Quant au dernier chapitre, il sera consacré aux indicateurs synthétiques du développement humain (à savoir l'IDH et l'IPH par région) puis on va mener une analyse statistique de quelques méthodes classificatoires telles que la méthode des scores fractionnels et l'Analyse en Composantes Principales.

Chapitre 4: Le développement inégal des secteurs sociaux

Section 1 : Variations régionales des indicateurs sanitaires :

Paragraphe 1 : La répartition inégale des moyens humains et de l'équipement :

La répartition géographique du personnel médical est **très inégalitaire** sur le territoire tunisien et elle marque une **concentration très nette sur le littoral**. En dépit de l'accroissement spectaculaire du nombre de médecins (faisant augmenter sensiblement la densité médicale), les disparités régionales se sont maintenues et se sont même renforcées dans certains cas. En effet, le nombre d'habitants par médecin variait en 1972 de 2500 à Tunis à près de 23000 à Kasserine, soit un rapport d'extrêmes de près de 1 à 10. En 1987, ce rapport n'était plus que de 1 à 5 (de 1100 à Tunis à 5400 à Sidi Bouzid). En 2004, et bien que la densité médicale ait partout augmenté, le rapport est de 1 à 6 (417 à Tunis contre 2686 à Sidi Bouzid) ce qui montre la persistance, voire l'aggravation, des écarts interrégionaux en particulier entre le littoral (grâce à l'importance du personnel médical notamment à Tunis et au Centre Est) et l'intérieur (dans lequel plusieurs gouvernorats tels que Kasserine, Kairouan, Jendouba sont déficitaires enregistrant une réelle pénurie en médecins). Sur le plan qualitatif, les inégalités sont encore plus flagrantes et plus des 2/3 des spécialistes sont concentrés sur le littoral concernant non seulement les spécialités rares, mais aussi les plus courantes telles que la gynécologie et la pédiatrie.[100]

Pour la dernière décennie, nous constatons nettement la présence de trois groupes de gouvernorat :

-le premier groupe affiche la meilleure densité médicale de 1 médecin pour moins de 1000 habitants et ce groupe comprend seulement Tunis, Ariana, Sousse, Monastir et Sfax

-le second est un groupe intermédiaire dans lequel le nombre d'habitants par médecin est compris entre 1 000 et 2 300

---

[100] Évelyne Ben Jaafar (1990), *« Le développement de la santé en question »,* in : CERES (1990), Op.cit, p.412.

- enfin, le dernier groupe regroupe les gouvernorats qui enregistrent un nombre d'habitants par médecin dépassant 2 300. Il s'agit notamment de Jendouba, de Kairouan, de Kasserine et de Sidi Bouzid.

Cette typologie régionale reflète une nette dichotomie géographique qui -comme on va le voir dans les paragraphes suivants- caractérise la quasi-totalité des indicateurs économiques et sociaux montrant un déséquilibre régional flagrant au profit de Tunis et du Centre Est et au détriment du Nord Ouest et du Centre Ouest.

À l'instar du personnel médical, la répartition territoriale de l'équipement montre la place privilégiée du littoral et le déséquilibre de disponibilité et de l'accessibilité des services de santé (en 2008, cet axe littoral concentre plus de 63% des lits). Ces disparités régionales sont confirmées par la répartition inégalitaire des lits hospitaliers : les gouvernorats de Tunis et de Sousse ont les ratios les plus élevés en 2000 avec respectivement plus de 40 et 30 lits pour 10000 habitants et ils s'opposent aux autres régions ayant les ratios les plus bas inférieurs à 10 lits pour 10000 habitants (moins de 1 lit pour 1000 habitants) tels que Kasserine, Sidi Bouzid, Jendouba…Souvent les gouvernorats de l'intérieur du pays ont des ratios inférieurs à la moyenne nationale de 20 lits pour 10000 habitants.

Dans le secteur public (qui accapare la part la plus importante de l'équipement), les lits hospitaliers se répartissent d'une façon très inégalitaire, et si le nombre de lits pour 100000 habitants avoisine (en 2008) 400 à Tunis (500 en 1989), il ne dépasse pas 90 à Sidi Bouzid. En outre, le déséquilibre régional est renforcé par la présence quasi exclusive des lits privés sur le littoral et en particulier au District de Tunis et au Centre Est avec une nette domination de Tunis dans laquelle se concentre la plupart de l'équipement privé (en 2008, et parmi les 75 cliniques privées en Tunisie, 27 se trouvent à Tunis, 10 à Sfax, 4 à Ariana, 2 à Ben Arous, 5 à Medenine, 5 à Nabeul et 5 à Sousse alors qu'on remarque une absence quasi totale des lits privés à Sidi Bouzid, à Siliana, à Kasserine et à Tataouine).

Ces disparités sont encore plus importantes sur le plan qualitatif : « tous les instituts et les CHU offrant le maximum de spécialités et des équipements plus performants se concentrent sur le littoral. Les hôpitaux de l'intérieur, même les plus récents, souffrent généralement de sous-équipement ».[101]

---

[101] Ibid, p.412.

Ce problème est d'autant plus crucial que **la totalité des hôpitaux généraux se concentre à Tunis et au Centre Est** (en 2008, sur les 11 hôpitaux de la Tunisie, 5 se trouvent à Tunis, 2 à Sousse, 2 à Sfax et les 2 derniers à Monastir et à Mahdia) ! Il en est de même pour **les instituts, les centres et les hôpitaux spécialisés** (21 en 2008) qui sont totalement absents dans la quasi-totalité des régions sauf pour le District de Tunis (16) et pour Zaghouan, Sousse et Monastir.

Les déséquilibres en matière de personnel et d'infrastructure se sont répercutés sur la répartition de l'activité hospitalière qui est évidemment liée aux ressources en équipement. Les données relatives à 1982 montrent que le gouvernorat de Tunis -le mieux équipé - a enregistré 44 % des journées d'hospitalisation du pays alors qu'il ne concentre que 17,2 % de la population ce qui montre l'importance des malades non originaires du gouvernorat (durant la même période, le littoral oriental a concentré près de 75 % des hospitalisations).[102]

Actuellement, le déséquilibre régional ne s'est pas atténué puisque le District de Tunis et le Centre Est continuent à concentrer la plupart de l'activité hospitalière ce qui ne va pas manquer de créer plusieurs problèmes pour le secteur sanitaire tels que la qualité lamentable des services et surtout les conditions d'hébergement en particulier avec la diminution de la densité des lits offerts par habitant (le nombre des lits d'hôpitaux du secteur public pour 100 000 habitants est passé de 198 à 170 entre 1989 et 2000, puis à 180 en 2008).

Dans certains gouvernorats, non seulement l'indice lit-population est largement en dessous de la moyenne nationale, mais « une proportion importante des lits est représentée par les lits d'hôpitaux de circonscription (souvent peu équipés et faiblement dotés en spécialistes). Plus que le déséquilibre en capacité hospitalière, les disparités reflètent les inégalités en moyens de diagnostic, ce qui explique le recours élevé aux centres hospitaliers universitaires ».[103]

À ce titre, la faiblesse de l'équipement et des moyens dans les hôpitaux de circonscription a fait d'un bon nombre de ces centres « des structures intermédiaires incapables de résoudre les problèmes qui leur parviennent amenant les utilisateurs à court-circuiter ce niveau pour s'adresser aux niveaux secondaire et tertiaire (ou au secteur privé) [...] Cette pratique a été à l'origine d'une surcharge et

---

[102] Ibid, pp412-413.

[103] Bechir Zouari (1990), *« État de santé et déterminants de la santé en Tunisie »*, in : Cahier de l'IREP n° 2 : Op.cit, p.115.

d'un encombrement des niveaux secondaire et tertiaire même pour des pathologies ne nécessitant pas ces niveaux d'expertise ».[104]

Cette inégale couverture spatiale n'est pas restée sans effets sur les différents indicateurs sanitaires ce qui s'est traduit par des écarts indéniables au niveau de la mortalité infantile et de l'espérance de vie et au niveau de la santé de la reproduction.

Paragraphe 2 : Les indicateurs sanitaires et l'importance des disparités régionales :

2-1 : Niveau et tendances de la mortalité infantile :

L'évolution du taux de mortalité infantile montre la persistance des disparités régionales en dépit de l'amélioration significative de l'état de santé de la population. La dichotomie géographique et les écarts interrégionaux sont remarquables aussi bien en 1966 qu'en 2000 et en 2009. Bien que le TMI ait partout diminué (en passant de 130 %° à 23,6 %° en 2000 et à 15 %° en 2009), la répartition est très inégalitaire et les disparités demeurent encore très importantes. En 1968, le TMI variait de 114 %° à Tunis à 194 %° à Medenine, avec des taux très faibles -par rapport au sud - à Béja, Jendouba et au Kef (avec respectivement 113 %°, 116 %° et 127%°). Ce niveau relativement peu élevé de la mortalité infantile dans les gouvernorats du nord-ouest n'est pas dû à leur développement accéléré par rapport aux autres régions, mais « il s'explique par la fécondité relativement réduite observée dans cette région du fait de l'émigration de la population jeune vers les régions côtières ».[105]

Cette dichotomie géographique a persisté pour de longues décennies et elle est encore non négligeable. À titre d'exemple, le TMI en 2000 n'a pas dépassé 15,9 %° à Tunis et il a atteint 34,8 %° à Siliana. De même, ce taux oscille entre 13% $_{0}$ et 23 %$_{0}$ en 2009 à Tunis et à Kasserine.

Quoi qu'il en soit, il est évident de remarquer l'existence de 2 régions qui sont toujours aux antipodes l'une de l'autre en matière de développement sanitaire. Il s'agit d'un côté de Tunis et de l'autre côté de Siliana et du Centre Ouest (les gouvernorats de Kasserine, Kairouan et Sidi Bouzid): souvent, les premiers enregistrent le TMI le plus faible alors que les seconds ont les taux les plus élevés.

---

[104] ONU (2001), Op.cit, p.64.

[105] Bechir Zouari (1990), Op.cit, p.92.

Ainsi, l'inégalité est plus flagrante entre les régions côtières et l'intérieur du pays. Le premier groupe régional comprend les gouvernorats affichant (en 2000) des TMI compris dans une fourchette de 16 %° à 21 %° (D. Tunis, Nabeul, Bizerte, Sousse, Monastir et Sfax) tandis que le deuxième groupe affiche des taux de mortalité infantile souvent supérieurs à 26 %° et dépassant parfois 33 %° et 34 %° respectivement pour Kebili et Siliana (il s'agit de la même classification en 2005 avec des taux compris entre 14% ° et 18 %° pour le premier groupe et supérieurs à 24 %° pour le second groupe).

Le niveau peu élevé du TMI dans les régions côtières peut être imputé à plusieurs facteurs dont notamment le facteur économique (développement économique et social, renforcement des infrastructures et bonne couverture médicale et en conséquence un plus grand accès à une hygiène de vie et à une alimentation plus saine, toutes les deux déterminants du rallongement de la vie du nouveau-né) et le facteur climatique (le climat de type méditerranéen caractérisant les côtes et qui est plus doux que celui des régions sahariennes du sud tunisien ou des régions continentales froides des steppes du Nord-Ouest et du Centre-Ouest).[106]

2-2 : L'espérance de vie :

Si le recul substantiel de la mortalité générale et infantile s'est soldé par une élévation considérable de l'espérance de vie (passé de 40 ans à 74,5 ans entre 1956 et 2008), ceci n'a pas, en revanche, conduit à la résorption des inégalités régionales, même si ces disparités ont diminué durant la dernière décennie grâce à l'amélioration sensible de l'espérance de vie dans les régions de « l'intérieur ».

Selon les calculs de J.B. Pichat[107] (pour la période 1975-1978), la vie moyenne chez les femmes, qui a atteint 66,3 ans pour la Tunisie, varie de 70,8 ans à Monastir à 54,5 ans à Sidi Bouzid, soit une différence non négligeable de 16,3 ans. Durant cette période, on rencontre une espérance de vie féminine élevée (supérieure à la moyenne nationale) seulement dans les gouvernorats du Centre Est, à Nabeul, à Bizerte et à Tunis qui sont tous des gouvernorats côtiers,

---

[106] Soufiene Bouhdiba (1999), op. cit, p.123.

[107] Jean Bourgeois Pichat (1982), *« Énergie et population »,* Cahier du CERES, Série démographique n°5, p.44.

tandis que toutes les régions de l'Ouest enregistrent une vie moyenne inférieure à 63 ans (et même inférieure à 58 ans au Kef, à Kasserine et à Sidi Bouzid), soit une différence de 16,3 ans.

Cette mortalité peu élevée de la frange côtière du territoire national (par rapport à l'intérieur) n'est pas due seulement à l'action médico-sanitaire plus intense et au niveau de vie meilleur, mais elle est expliquée également par d'autres facteurs sociaux inhérents aux populations des régions pauvres et défavorisées qui sont -selon certains - « plus conservatrices et moins attachées au changement, notamment à la thérapeutique moderne et aux soins de santé préventifs ». [108]

Toutefois, les variations régionales actuelles de la mortalité montrent que les écarts interrégionaux sont en train de s'estomper puisque les inégalités -bien que non éliminées encore - ont été fortement réduites notamment durant la dernière décennie. Les différences par régions qui étaient très prononcées en 1975 (16 ans de différence entre les régions extrêmes), sont moins importantes aujourd'hui puisque l'écart entre la vie moyenne (pour les 2 sexes) la plus élevée et celle la plus faible est seulement de 3,5 ans en 2000 et de 3,7 ans en 2005 (74 et 75,2 ans à Tunis et 70,6 et 71,5 ans à Siliana en 2000 et en 2005 respectivement). Il en est de même pour l'espérance de vie féminine qui est égale (en 2000) à 76,4 ans à Tunis et à 72,2 ans à Siliana, soit une différence inférieure à 4 ans en 2000 et à 3,2 ans en 2005 (contre 16 ans en 1975 et 12 ans en 1980).

2-3 : La santé de la reproduction :

Les services de la santé reproductive visent essentiellement la protection de la santé maternelle et les méthodes de la planification familiale et de la protection de la famille. À ce titre, certains indicateurs peuvent être utilisés pour montrer la réduction ou l'aggravation des inégalités régionales sanitaires telles que le taux de mortalité maternelle, la prévalence contraceptive, les accouchements en milieu assisté…

En premier lieu, et en dépit de la baisse rapide de la mortalité maternelle (passée de 151,9 à 57 pour 100 000 naissances vivantes, soit une baisse dépassant 62% entre 1969 et 2000), les disparités entre les régions demeurent considérables, puisque le Centre Ouest

[108] Kh.Taamallah (1987), op. cit, p.100.

enregistre en 1994 un taux de 105 pour 100 000 naissances contre seulement 39,9 dans le District de Tunis.

Comme on l'a précédemment invoqué, ces inégalités sont expliquées évidemment par l'inégale couverture sanitaire et les disparités en matière de développement et d'infrastructure, mais pour la mortalité maternelle d'autres facteurs « endogènes » doivent être pris en considération tels que la fécondité tardive et l'accroissement de la proportion des naissances chez les femmes âgées de plus de 35 ans (à titre d'exemple, ces proportions étaient en 1994 de 11,8 % et de 25 % respectivement au District de Tunis et au Centre Ouest).[109]

En second lieu, l'efficience d'un programme de santé reproductive est inhérente à l'accès de la femme aux soins et à l'intensification des activités et des prestations sanitaires. Encore une fois, l'environnement socio-économique et l'inégale couverture sanitaire sont à l'origine des inégalités régionales qui expliquent les différences de la proportion des accouchements assistés, des écarts qui ont dépassé en 2000, 50 % (100 % à Tunis contre 49 % à Kasserine). Comme à l'accoutumée, les proportions les plus élevées (supérieures à la moyenne nationale) sont enregistrées au District de Tunis (95,5 %) et au Centre Est (94,4 %) contrairement aux autres régions du pays.

Déjà en 1982, cette inégalité régionale était encore plus prononcée à cause des écarts qui étaient beaucoup plus importants : le pourcentage de naissances se déroulant en milieu médical dépassait 80 % à Monastir et à Sousse contre seulement 15,5 % à Sidi Bouzid (et 25,6 % à Kasserine).

Cette dichotomie géographique se confirme pour la majorité des activités et des prestations sanitaires. À titre d'exemple, le taux de couverture prénatale en 2000 a dépassé 88.5 % au Centre Est alors qu'il n'a pas atteint 55 % au Centre Ouest.

Si la progression des indicateurs sanitaires a été relativement rapide et substantielle (le pourcentage des naissances se déroulant en milieu médical passant de 55 % en 1982 à plus de 90 % actuellement), cette performance n'en camoufle pas moins des disparités importantes entre les différentes régions. Certains indicateurs sont éloquents à ce titre, puisque la proportion des accouchements assistés a atteint la valeur maximale de 100 % à Tunis alors qu'elle n'a pas dépassé 49,4 % à Kasserine. De même, la couverture postnatale varie de 29 % à Kairouan à 87% à Sfax. Dans les deux cas, la différence entre les deux

---

109 H. Ben Romdhane (2001), op. Cit, p.90.

extrêmes dépasse 50% ce qui reflète l'importance des inégalités interrégionales.

Il ressort des statistiques également ''l'habituelle'' dichotomie entre les régions côtières et celles de l'intérieur, en particulier la répartition déséquilibrée de l'amélioration des conditions sanitaires entre le Centre Ouest d'un côté et le District de Tunis et le Centre Est de l'autre. Aussi bien pour la couverture prénatale et postnatale que pour les accouchements assistés, tous les gouvernorats du Centre Ouest enregistrent des ratios inférieurs à la moyenne nationale, ce qui est diamétralement opposé aux performances du grand Tunis, du Sahel et de Sfax.

D'autre part, le succès des programmes de la santé reproductive est redevable en grande partie à l'action des services de la planification familiale et à la diffusion de la contraception. À cet égard, les écarts entre les différentes régions en matière de prévalence contraceptive ont fortement régressé notamment durant la dernière décennie grâce à l'amélioration significative des indicateurs dans les régions de l'intérieur.

En 1978, les régions littorales bénéficiaient le plus du programme national de planning familial ce qui explique la faiblesse de l'adoption de la contraception en particulier au Centre-Ouest dans lequel le taux ne dépassait pas 10 %. Grâce au développement de la scolarisation féminine, à la modernisation sociale et aux interventions spécifiques dans certaines régions prioritaires (et tout particulièrement dans les zones d'ombre du Centre-Ouest et du Sud), la pratique des méthodes contraceptives a connu une amélioration sensible dans les régions sus-invoquées ce qui a été à l'origine de la réduction des disparités régionales. En 2000, le pourcentage le plus faible des femmes utilisant la contraception existe dans le Centre-Ouest (50 %), alors que le plus élevé est enregistré au Nord-Est (71%), soit un écart de 21% tandis que cette différence était évaluée en 1978 à 33 %.

Néanmoins, et nonobstant cette amélioration considérable de la contraception au niveau des régions, les écarts entre les différents gouvernorats demeurent indéniables puisque certains d'entre eux enregistrent encore des ratios largement inférieurs à la moyenne nationale. À titre d'exemple, le taux de prévalence contraceptive (en 2000) n'a pas dépassé 44,3 % et 49 % respectivement à Kasserine et à Sidi Bouzid (contre près de 75% à Bizerte).

Section 2: Le développement inégal du secteur éducatif :

Paragraphe 1: Les inégalités en matière de scolarisation et d'alphabétisme :

Les disparités en matière de scolarisation étaient considérables la veille de l'indépendance ce qui explique les écarts très importants entre certains gouvernorats durant cette période. À titre d'exemple, le taux de scolarisation en 1966 (pour la classe d'âge 6-14 ans) dépassait 77 % à Tunis contre seulement 40 % à Kasserine. Cette inégalité est observée également en 1975 avec des taux respectifs de 80 % et de 41 %. Cependant, la Tunisie a connu durant ces dernières décennies une large « démocratisation » de l'enseignement et une progression notable de la scolarisation ce qui s'est répercuté sur le taux de scolarisation dans tous les gouvernorats. A cet effet, même les régions intérieures enregistrent - en 2004 - un taux de scolarisation supérieur à 90 % (à l'exception de Kasserine et de Kairouan). Cette amélioration incontestable de la scolarisation reflète une relative atténuation des disparités en matière d'éducation des jeunes.

Néanmoins, les disparités en matière de scolarisation - qui étaient très importantes avant 2000 - se sont traduites inéluctablement par des inégalités au niveau de l'alphabétisme de la population. À cet égard, 10 gouvernorats sur 18 présentaient en 1999 un taux d'alphabétisme faible (inférieur à la moyenne nationale égale à 73 %). Les gouvernorats du Nord-Ouest ont des taux compris entre 59 % (à Jendouba) et 68 % (au Kef), mais ils sont dépassés dans « leur handicap » par la région du Centre-Ouest dans laquelle on enregistre les taux les plus faibles, en l'occurrence 55 % et 56 % respectivement à Kairouan et à Sidi Bouzid. Par contre, les gouvernorats du littoral ont des taux supérieurs à la moyenne nationale, notamment Tunis (84 %) et Monastir (81 %).

Il s'agit de la même dichotomie géographique en 2008 avec les taux les plus élevés enregistrés dans les gouvernorats littoraux (près de 89 % à Ben Arous et 87.5 % à Monastir) contrairement à Jendouba et à Kasserine ayant un taux d'alphabétisme ne dépassant pas 67 %. En 2008, les gouvernorats qui ont un taux inférieur à la moyenne du pays sont tous des régions intérieures du Nord-Ouest et du Centre-Ouest (avec Zaghouan et Mahdia) ayant des ratios inférieurs à 75 % (par exemple, 64 % à Kairouan, 67 % à Kasserine et 66 % à Sidi Bouzid).

Toutefois, le développement considérable de la scolarisation a été à l'origine de l'amélioration sensible des taux d'alphabétisme dans la plupart des régions et en particulier dans les gouvernorats de l'intérieur. Durant un laps de temps assez réduit (38 ans), ce taux a grimpé de plus de 43.6 points à Jendouba en passant de 21.7 % en 1966 à 60 % en 1999 et à plus de 65 % en 2004. Cette progression est encore plus spectaculaire dans la région du Sud, et durant cette période, ce taux a grimpé de plus de 54,1 % à Medenine et de 51,1 % à Gabes.

Néanmoins, ces progrès demeurent en deçà des aspirations notamment dans la région du Centre-Ouest à cause des écarts encore non négligeables entre le littoral et l'intérieur. Cette constatation est confirmée davantage par l'analyse des disparités en matière d'alphabétisme féminin qui reflètent une inégalité spatiale considérable notamment entre le Centre-Ouest d'une part et le District de Tunis et le Centre-Est d'autre part.

En dépit de l'amélioration incontestable de l'alphabétisme féminin (qui a connu une croissance colossale passant de 4 % en 1956 à près de 64 % en 1999 et à plus de 72 % en 2008), « la répartition proportionnelle de la population féminine alphabétisée par gouvernorat nous éclaire sur sa distribution limitée. Elle révèle la concentration de la population féminine alphabétisée dans les régions les plus dynamiques dont le développement économique et social est le plus avancé ».[110]

À cet égard, les taux les plus élevés sont enregistrés souvent dans les régions situées sur la bordure littorale, contrairement à Kasserine et à Sidi Bouzid dans lesquels les ratios sont largement en dessous de la moyenne nationale. La différence entre les taux extrêmes (enregistrés au Centre-Ouest et au District de Tunis) a atteint 33% en 1999 et 26,7% en 2004.

Il est à noter, à ce titre, que les écarts en matière d'alphabétisme féminin sont en train de s'estomper entre les régions littorales et les gouvernorats du sud qui ont connu une amélioration sensible de leurs ratios par rapport à la situation quelques décennies auparavant : en 1975, 3/4 de la population féminine du Sud n'a pas bénéficié d'un enseignement au moins rudimentaire alors que le taux d'alphabétisme

[110] Lamouria Taamallah (1982), *« La scolarisation et la formation professionnelle des femmes en Tunisie »*, RTSS n° 68/69, p.110.

de la femme en 1999 oscille entre 64% et 68%, et ce taux a dépassé 69% dans tous les gouvernorats du Sud en 2004 et en 2008.

Par contre, les taux enregistrés au Centre-Ouest -malgré leur accroissement- sont encore en deçà de la moyenne : sur tout le territoire tunisien, seulement dans les 3 gouvernorats de cette région et à Jendouba, on trouve quasiment moins d'une femme sur deux sait lire et écrire à cause des taux d'analphabétisme qui sont encore supérieurs à 40% au Nord-Ouest et au Centre-Ouest en 2008.

Tableau n° 32 : Taux d'alphabétisme selon le sexe et le gouvernorat (1975-2008) :

Gouvernorat	1975		1984		1999		2004		2008	
	H	F	H	F	H	F	H	F	H	F
D.Tunis	72,0	**52,5**	75,8	**57,9**	89,3	**76,2**	**90,3**	**78,7**	92,2	**81,6**
Nabeul	56,1	36,9	66,0	48,5	83,5	69,7	85,0	72,1	87,6	76,2
Zaghouan	52,9	26,1	60,0	32,5	75,4	52,3	79,4	59,4	82,6	63,4
Bizerte	53,5	33,8	63,4	44,8	80,6	64,9	82,9	68,6	86,9	71,8
Beja	47,0	24,5	54,7	42,5	75,2	53,8	77,4	58,4	78,6	59,2
Jendouba	45,7	20,8	53,7	28,8	73,6	46,7	76,5	54,8	77,4	**55,7**
Le Kef	54,4	26,1	56,7	35,8	80,1	56,8	79,6	60,8	81,9	64,6
Siliana	48,1	20,7	54,2	30,3	74,3	51,9	79,4	58,4	78,5	57,5
Kairouan	41,7	17,2	52,0	24,0	66,4	44,8	**75,4**	**53,7**	80,1	**57,3**
Kasserine	49,7	16,3	54,4	24,3	68,8	**43,3**	79,6	55,9	79,3	**56,1**
S.Bouzid	47,7	**12,9**	55,0	**22,5**	74,3	48,8	77,9	55,4	82,3	58,8
Sousse	63,0	36,3	71,2	46,7	86,5	68,8	88,8	74,6	92,1	78,3
Monastir	65,5	41,4	75,0	52,8	88,5	73,7	90,4	78,6	92,7	**82,2**
Mahdia	52,9	22,1	63,3	31,7	80,2	56,0	83,0	62,3	87,5	69,1
Sfax	67,2	37,7	72,4	46,9	87,3	68,1	88,2	71,6	91,4	75,9
Gafsa	58,0	28,6	65,6	40,4	86,0	65,7	86,7	69,4	87,0	71,4
Tozeur	-	-	64,9	43,5	86,4	67,6	87,8	74,1	90,4	78,3
Kebili	-	-	61,2	33,9	85,4	68,8	87,4	71,9	85,8	72,6
Gabes	57,1	26,7	67,6	40,0	83,6	65,9	87,1	71,2	88,7	74,7
Medenine	57,7	25,6	66,2	39,9	84,0	66,3	88,6	73,3	89,6	75,3
Tataouine	-	-	61,5	45,9	83,9	64,8	87,8	71,6	89,1	77,7
Tunisie	57,7	32,1	65,4	41,9	82,3	63,7	85,2	69,0	87,7	72,1

Source : INS : RGPH 1966-1975-1984 et 2004 et Enquêtes Population Emploi 1999 et 2008

Enfin, on doit noter qu'en dépit de la féminisation des effectifs dans l'enseignement (grâce à l'intensification du réseau des écoles et surtout à l'adoption d'un comportement moderniste dépassant les attitudes conservatrices), ce déséquilibre culturel entre la femme et l'homme demeure non négligeable puisque l'écart entre le taux d'alphabétisation masculin et celui féminin est encore de près de 20% en 1999. En outre, sur les deux millions d'analphabètes estimés en 1999, près de 67 % sont de sexe féminin (cette proportion a légèrement baissé en 2004 pour atteindre 64,7 % puis a augmenté de nouveau en 2008 pour atteindre 69.6 %). Toutefois, cette différence entre l'alphabétisme féminin et masculin ne cesse de se rétrécir puisqu'elle dépassait 28,5 % en 1966 et 25,6 % en 1975 (contre 16 % seulement en 2004 et 15 % en 2008).

Paragraphe 2: L'Enseignement supérieur, la formation professionnelle et la persistance des inégalités régionales :

2.1 : L'Enseignement supérieur et les disparités régionales :

Sur le plan quantitatif, la progression des effectifs d'étudiants a touché -depuis l'indépendance - toutes les régions sans exception. Cette progression a été même plus rapide dans les régions intérieures par rapport aux régions « favorisées » du pays. Ces dernières ont connu un accroissement relativement lent, car elles étaient en avance dès la première décennie après l'indépendance où la plupart des étudiants étaient concentrés au District de Tunis, au Nord-Est et au Centre-Est. Aussi bien en 1963 qu'en 1972, ces trois régions ont accaparé la plus forte proportion d'étudiants (71 % et 70 % respectivement) tandis que le nord-Ouest et le Centre ne fournissaient que 15% des étudiants en 1972 (et 11 % en 1963).

Cette inégalité en matière d'accès à l'enseignement supérieur est en réalité l'image de tout un système scolaire « où des régions favorisées d'un point de vue socio-économique connaissent une infrastructure culturelle plus solide à fort pourcentage d'étudiants que dans les autres [...] L'existence d'une élite originaire du Sahel a, sans aucun doute, suscité la tendance à la reproduction d'une autre. C'est une sorte d'accumulation de la culture qui se forme renforçant les inégalités avec le reste du pays ».[111]

Tableau n° 33 : Évolution des effectifs des étudiants par région entre 1963 et 1972 :

Région	1963-1964		1972-1973	
	Nombre d'étudiants	Étudiants pour 10000 habitants	Nombre d'étudiants	Étudiants pour 10000 habitants
D. Tunis	421	7,5	2 053	21,6
NE	233	3,6	1 047	14,6
NO	153	2,0	816	8,6
Centre	86	1,6	552	10,5
Sahel et Sfax	866	10,3	3 023	28,4
Sud	374	6,6	1 273	16,2
Tunisie	2 133	5,4	8 764	17,6

Source : Mongi Bousnina (1991): « Développement scolaire et disparités régionales en Tunisie » p 421

[111] Kh. Taamallah (1990), *«Mesures et différences de la scolarisation en Tunisie »*, RTSS n° 100, pp99-100.

Toutefois, la forte poussée des flux d'étudiants et le développement considérable de la scolarisation qui a touché tous les gouvernorats, conjugués à la politique de « décentralisation universitaire », ont eu des répercussions indéniables sur la répartition géographique des étudiants et des institutions universitaires. En valeur absolue, l'accroissement du nombre d'étudiants a été très important dans les régions intérieures grâce à la création de plusieurs universités dans ces gouvernorats. Pour l'année universitaire 2004/2005 par exemple, les effectifs d'étudiants ont atteint 11370 à Jendouba, 8399 à Kairouan et 6879 à Gafsa, soit au total près de 27 mille étudiants dans ces trois universités (contre 241 en 1963 et 1368 en 1972). En outre, on a enregistré la création de plusieurs nouveaux ISET dans plusieurs régions (Beja, Jendouba, Le Kef, Siliana, Kasserine, Sidi Bouzid...) ce qui confirme la généralisation -à partir de 2005 - des ISET dans tous les gouvernorats sans exception.

Cependant, la prééminence des régions littorales demeure incontestable avec le poids, encore écrasant, de la Capitale (plus de 50 % des effectifs) et du Centre-Est (plus de 30 %) ce qui signifie que la concentration est beaucoup plus importante que celle enregistrée quelques décennies auparavant (la proportion de ces deux régions dépasse 78 % en 2005 et en 2010 contre 60 % en 1963 et 1972).

Tableau n° 34 : Répartition des étudiants par université (2009/2010) :

Université	Effectifs des étudiants	Répartition en %
Ezzitouna	1573	0.44
Tunis	29465	8.2
Tunis El Manar	44178	12.4
Université de Carthage	49154	13.7
Manouba	27283	7.6
Jendouba	15136	4.2
Sousse	35022	9.8
Monastir	29019	8.1
Kairouan	14584	4.1
Sfax	43984	12.3
Gafsa	15363	4.3
Gabes	22671	6.3
ISET	30040	8.4
Total	357472	100

Source : MES

Sur le plan qualitatif, l'inégalité interrégionale est encore plus flagrante à cause de la concentration de certaines spécialités dans quelques régions et leur absence totale dans d'autres. Si on prend l'exemple des sciences médicales (une spécialité jouissant d'un certain prestige social et d'un extraordinaire engouement et une très forte demande de la part des bacheliers), on remarque -jusqu'à maintenant - l'absence quasi totale de cette spécialité dans toutes les universités (Kairouan, Gafsa, Gabes, Jendouba...) à l'exception de Tunis, Sousse, Monastir et Sfax c'est-à-dire à l'exception du District de Tunis et du Centre Est qui représentent les régions les plus favorisées du pays. En réalité, il s'agit ici du « poids des écarts de richesse et de statut économique entre les différents milieux sociaux » qui est « absolument déterminant aussi bien dans la conduite que dans la sanction finale de la carrière scolaire ».[112]

2-2 : La répartition géographique inégale des centres et des diplômés de la formation professionnelle :

La répartition géographique des effectifs de la formation professionnelle a connu une amélioration incontestable grâce à l'augmentation sensible du nombre des centres et des diplômés notamment dans les régions intérieures et dans le sud. À titre d'exemple, l'effectif des diplômés en 1985 était égal à 0 dans les gouvernorats du Kef, de Gafsa, de Tozeur, Kebili ce qui reflétait l'absence totale des centres de formation dans ces régions, contrairement à la situation actuelle caractérisée par l'existence des centres d'accueil sur tout le territoire.

Toutefois, et même si l'implantation géographique de ces centres ne se restreint plus à Tunis et à certains centres urbains, la concentration -quoiqu'en baisse - des effectifs dans ces régions demeure indéniable, puisque 9 gouvernorats regroupent - à eux seuls - 70 % de l'ensemble des diplômés (répartis sur l'ensemble de 24 gouvernorats du pays) ce qui signifie que le reste (soit 15 gouvernorats) comprend seulement 30 % des diplômés.

Cette prééminence des gouvernorats du littoral (en l'occurrence le District de Tunis, le Centre Est, avec Nabeul et Bizerte) était très prononcée durant la décennie précédente, avec une concentration quasi totale des diplômés dans l'axe littoral qui accaparait près de 80% des effectifs. L'écart est encore plus flagrant si on compare Tunis avec certaines régions du Sud vu que la Capitale attire 16,7% de

---

[112] Mongi Bousnina (1991), *« Développement scolaire et disparités régionales en Tunisie »,* Publication de l'Université de Tunis, p.437.

l'ensemble des diplômés en 1999 contre seulement 0,1% à Tataouine et 0,9% à Kébili et à Tozeur.

La même distribution inégale des effectifs des diplômés se retrouve pour la répartition des centres de formation professionnelle. En dépit de l'amélioration relative de cette répartition (rappelons le, ces centres étaient totalement absents dans certaines régions une décennie auparavant), la prééminence de l'axe littoral (à savoir les 9 gouvernorats sus-invoqués) demeure importante puisqu'il regroupe en 2003 près de 57% des écoles de métiers (51 sur 90 écoles), avec une part non négligeable du District de Tunis (15 centres) et de Sousse et Sfax (chacune avec 7 écoles) et ce contrairement au Kef (1 seule école) et à Tozeur, Kebili et Tataouine (2 centres).

Paragraphe 3 : Les disparités en matière de niveau d'instruction de la population :

Depuis l'indépendance, le niveau d'instruction de la population a connu une amélioration indéniable tant dans les régions littorales que dans les régions de l'intérieur (grâce à l'accroissement de l'alphabétisation et à l'augmentation de la proportion des personnes du niveau secondaire et supérieur passée de 5,7% en 1966 à près de 33% en 1999 et à près de 48% en 2010).

Cependant, cette amélioration n'a pas conduit à la résorption des disparités interrégionales, puisque la proportion de la population ayant suivi un enseignement secondaire ou supérieur demeure très faible dans les régions de l'intérieur contrairement au District de Tunis. Certains indicateurs sont significatifs à ce sujet : alors que plus de 54% de la population de Tunis est allée (en 2004) dans le second degré, cette proportion ne dépasse pas 27% à Kairouan et 29% à Kasserine, ce qui dénote clairement de l'importance des inégalités éducatives entre les différentes régions.

Tableau n°35 : Structure de la population (10 ans et plus) selon le niveau d'instruction par région en 2008:

	Néant	Primaire	Secondaire	Supérieur
D. Tunis	**13.0**	29.5	**41.3**	**15.9**
NE	19.9	37.5	34.3	8.1
NO	32.0	32.7	29.2	6.1
CO	**31.8**	33.9	**28.8**	**5.4**
CE	16.0	35.8	36.5	11.6
SE	18.1	37.3	36.0	8.5
SO	20.0	32.2	38.4	9.3
Tunisie	20.3	33.9	35.6	10.2

Source : Élaborés par nos calculs, à partir des données de l'INS

Contrairement aux régions favorisées de Tunis et du Centre Est, les ratios du Centre Ouest sont nettement en dessous de la moyenne nationale. Ceci est inhérent à de nombreux facteurs. On peut évoquer, entre autres, « l'implantation récente de l'école dans ces gouvernorats défavorisés économiquement et culturellement et l'absence de traditions et d'attitudes éducogènes qui expliquent l'état de sous-scolarisation chronique ».[113] Ceci explique, par exemple, la faiblesse de la proportion des femmes ayant un niveau d'études supérieures à Kasserine et à Sidi Bouzid, à savoir 1,5% en 1999, tandis que ce taux dépasse 8,7 % à Tunis alors que la moyenne du pays avoisine 4% (c'est la même tendance constatée en 2004 avec la proportion féminine « supérieure » égale à 3 % à Kasserine et à 14% à Ariana contre une moyenne nationale de près de 7%).

D'autre part, et à l'instar des disparités en matière du niveau d'instruction de la population, le niveau d'études de la population active connaît des inégalités flagrantes entre les différentes régions. Comme à l'accoutumée, les ratios diamétralement opposés sont enregistrés à Tunis et à un gouvernorat du Centre Ouest (en l'occurrence Kairouan) dans lequel on trouve la quasi-totalité des valeurs extrêmes.

Paragraphe 4 : La réussite scolaire et les inégalités régionales :

La même dichotomie géographique et la même distribution inégale de la scolarisation et de l'alphabétisme se retrouvent entre les différentes régions en matière de réussite scolaire. En 2003, le taux

[113]Dorra Mahfoudh (1982), *« Politique scolaire et mobilisation des compétences pour le système productif tunisien »,* RTSS n° 68/69, p.52.

national de promotion en 7e année de l'enseignement de base a été de 88,2 %, mais à Kasserine il était inférieur à 83,9% contrairement à Ariana où il a avoisiné 94%. Ce qui est réellement paradoxal à cet effet c'est de remarquer que tous les gouvernorats (sauf Medenine), soit 20 gouvernorats au total, ont enregistré un taux de réussite supérieur à 86 %, et ce, hormis les gouvernorats du Centre Ouest.

En outre, il importe de signaler que quelques décennies auparavant (durant les années quatre-vingt par exemple), les taux les plus faibles étaient enregistrés au Centre-Ouest, mais également aux gouvernorats du sud, mais ces derniers sont en train de rattraper le retard qu'ils avaient jadis, et actuellement ils ont souvent des taux supérieurs à la moyenne nationale.

Concernant le rendement interne de l'enseignement et la réussite scolaire, la prééminence des gouvernorats du littoral se confirme également pour les taux de succès au baccalauréat, puisque les taux les plus élevés sont enregistrés souvent à Sfax puis au Sahel et à Tunis alors que les taux de certaines régions de l'intérieur sont nettement en dessous de la moyenne nationale.

Cette régularité des taux de réussite dans les régions favorisées (Sfax, Sahel et District de Tunis) « incombe à la double présence des facteurs scolaires et économiques favorables : infrastructure scolaire et culturelle, encadrement pédagogique ainsi que représentations sociales favorables à la scolarisation, auxquelles s'ajoutent l'urbanisation, l'industrialisation, le niveau de vie relativement plus élevé des populations ». [114]

Tableau n° 36 : Évolution du taux de succès au baccalauréat (1990-2003)

Année	National	Max	Min
1990	27,8	36,5 (à Sfax)	16,7 (à Zaghouan)
1994	30,0	46,5 (à Sfax)	19,7 (à Kasserine)
2000	52,3	70,1 (à Sfax)	40,5 (à Zaghouan)
2003	66,2	77,6 (à Sfax)	59,3 (à Kasserine)

Source : CREDIF (2003) : « Femmes et développement régional en Tunisie. Monographie par gouvernorat »

Cependant, il importe de signaler que -malgré la persistance des disparités régionales - celles-ci sont en train de diminuer notamment pour l'EB et l'enseignement secondaire. Concernant le taux de promotion en 7e année de l'EB par exemple, la différence sus-citée entre les extrêmes (Kasserine et Ariana) a été de 10 % en 2003 tandis

[114] Ibid, pp52-53.

qu'elle dépassait 36 % en 1986. En outre, ce taux de réussite qui ne dépassait pas 18,5 % en 1970 et 28 % en 1976 dans le Nord-Ouest a atteint 88 % dans la même région en 2003.

Section 3 : L'évolution des conditions de vie et la persistance des inégalités régionales :

Paragraphe 1 : L'accès aux services de base :

L'accès aux services de base et la qualité des infrastructures s'est régulièrement amélioré depuis quelques décennies ce qui a permis à la Tunisie de disposer d'un niveau d'équipement en infrastructure de base relativement performant. A titre d'exemple, le taux de desserte en eau courante et le taux d'électrification sont passés respectivement de 14,9 % et de 23,9 % en 1966 à 75 % et 94,6 % en 1999 et à 85,3 % et à 99,5 % en 2009. De même, la proportion des logements rudimentaires est passée de 44 % à 0,3 % durant cette période, ce qui dénote d'une amélioration incontestable des conditions de vie de la population.

Toutefois, ces performances n'en camouflent pas moins de disparités indéniables et de répartition déséquilibrée de l'infrastructure de base entre les différentes régions.

En réalité, la hiérarchisation de l'accès à l'infrastructure de base n'a pas changé en dépit de l'amélioration générale des indicateurs durant les dernières décennies ce qui montre que « le niveau de développement n'a pas été bouleversé à des nuances près. La Capitale vient occuper le premier rang, suivie par le Centre-Est puis le Nord-Est. On rencontre par la suite le Sud puis le Nord-Ouest, enfin le Centre Ouest qui occupe souvent la dernière place ».[115]

Cette constatation est confirmée par l'analyse des indicateurs des deux régions qui se situent aux antipodes l'une de l'autre en matière de développement, en l'occurrence le District de Tunis et le Centre Ouest. Aussi bien en 1966 et en 1984 qu'en 1999 et en 2004, les ratios les plus élevés -tant pour l'électrification que pour la desserte en courante - sont enregistrés à Tunis avec des taux avoisinant 100 % en 1999 et en 2004. Par contre, les taux les plus faibles sont enregistrés à Kasserine en 1966, en 1999 et en 2004 (et à Sidi Bouzid en 1975 et en 1984). Bien entendu, les écarts entre ces deux extrêmes sont considérables notamment en 1966 avec le très faible accès de la

---

[115] Belhedi Amor (1996), *« Développement régional, rural et local »,* Cahiers du CERES, série géographique n°17, Tunis, 1996, p.129.

population aux services de base durant cette période (les taux ne dépassant pas 2% pour Kasserine). Actuellement, et malgré l'amélioration de ces indicateurs au Centre-Ouest, les différences demeurent notables atteignant 56 % en 1999 (et 45,4 % en 2004) pour la desserte en eau courante.

Par ailleurs, on remarque — en 1999 - pour certains indicateurs non seulement une persistance des disparités, mais parfois une aggravation des inégalités régionales ce qui confirme l'acuité de la problématique du développement régional. À cet égard, la proportion des logements reliés au réseau d'assainissement (qui touche d'ailleurs moins de la moitié de la population en 1999) a avoisiné 93% à Tunis tandis qu'elle n'a pas dépassé 6,2 % à Medenine, ce qui correspond à une différence colossale de 87% (contre un écart de 84 % en 1984). En dépit de l'amélioration de cet indicateur au Sud en 2004 (ce taux a atteint 13 % à Medenine), l'écart reste important et dépasse 80 % entre ‘‘les valeurs extrêmes’’.

En revanche, il importe de signaler qu'on enregistre une atténuation des disparités régionales pour certains ratios grâce à l'amélioration des conditions d'habitat, comme en témoignent l'évolution de la proportion des logements rudimentaires (passée de 44 % à 0,3 % entre 1966 et 2009) et sa répartition sur le territoire tunisien. En effet, la différence entre les deux extrêmes a dépassé 50 % en 1966 (à cause de la proportion vertigineuse à Kasserine évaluée à 75 %) contre 3.2 % en 1999 et seulement 1,5 % en 2004 (seuls les gouvernorats de Jendouba, Zaghouan et Siliana enregistrent en 1999 des proportions supérieures à 2%) tandis que la situation est caractérisée -à partir de 2004 - par une éradication quasi totale de ces logements rudimentaires, et la majorité des gouvernorats (exceptés Jendouba et Zaghouan) enregistrent des taux inférieurs à 1,5%.

D'autre part, la répartition de l'équipement des ménages par région reflète l'importance des disparités interrégionales notamment entre le District de Tunis et le Centre Ouest, et ce, comme le montre le tableau suivant :

Tableau n° 37 : L'équipement des ménages par région (Proportion des ménages ayant une voiture...) en 2008

Région	D. Tunis	CO	NE	NO	CE	SO	SE	Tunisie
Voiture	29.2	14.7	24.1	9.6	24.6	14.6	29.2	21.3
Téléphone*	90.2	76.7	88.3	74.9	88.1	85.6	89.8	85.2
Réfrigérateur	96.0	76.2	95.2	82.7	93.5	91.8	91.8	90.6
Téléviseur	97.8	90.6	97.5	91.5	96.3	96.0	95.6	95.4
Parabole	87.0	58.4	82.3	54.6	77.6	86.6	85.7	75.4

*GSM par ménage. Source : Élaborés par nos calculs, à partir des données de l'INS : Enquête Population Emploi 2008

Par ailleurs, il y a lieu de signaler que la répartition de l'équipement par gouvernorat montre **la marginalisation de certaines régions** qui demeurent encore très pauvres en matière d'équipement. C'est le cas de **Kasserine et de Sidi Bouzid** qui enregistrent quasiment toutes les valeurs minimales, et ce, tant pour la possession d'un réfrigérateur, d'une TV, d'un poste radio, d'une voiture, du téléphone, d'une machine à laver, d'un ordinateur... Le tableau suivant montre clairement la dichotomie géographique entre les gouvernorats les mieux nantis et ayant les valeurs maximales et les gouvernorats de Kasserine et de Sidi Bouzid qui enregistrent des taux très nettement en dessous de la moyenne nationale et très faibles par rapport à la valeur maximale (enregistrée souvent au District de Tunis).

Tableau n°38 : Les disparités régionales en matière d'équipement en 2004 :

	Max	Min**	National
Ordinateur	15,6	1,4 (à S. Bouzid)	7,0
Téléphone	50,9	13,5 (à S. Bouzid)	35,6
Réfrigérateur	92,7	48,6 (à Kasserine)	81,7
T.V	95,7	76,3 (à Kasserine)	90,2
Voiture	36,1	9,9 (à Jendouba)	21,0
Machine à laver	52,2	11,0 (à S. Bouzid)	34,5

Source : INS : RGPH 2004

Paragraphe 2 : Les inégalités régionales en matière de dépenses et de pauvreté :

En matière de consommation et de dépenses, le clivage est très net entre les régions côtières et celles de l'Ouest, et en particulier entre le Centre Ouest d'une part et le District de Tunis et le Centre Est d'autre part. Ces deux régions se détachent du reste du pays avec une dépense moyenne par personne et par an en 2000 avoisinant ou dépassant 1600D, alors que dans les trois régions de l'Ouest on observe les niveaux de dépenses les plus faibles et qui sont inférieurs à 1104D (909D au Centre Ouest, 1017 au Sud Ouest et 1103 au Nord Ouest).

En termes d'évolution, les disparités régionales ont -néanmoins- eu tendance à s'atténuer depuis 1975, bien que le rythme de rattrapage soit très différent d'une région à l'autre. En effet, si l'on prend comme base de référence la région la mieux lotie (à savoir le District de Tunis) en ramenant à 100 sa DPA, on peut connaître le rythme d'évolution de la consommation des ménages et le niveau de rétrécissement des inégalités. Si le Centre Est a connu une nette amélioration du niveau de dépenses (qui avoisine désormais celui de Tunis), l'accroissement le plus rapide concerne le Nord-Ouest (et dans un degré moindre le Sud) qui se situait en 1975 avec l'indice le plus faible (38) et qui est parvenu en 2000 à un niveau relatif nettement plus élevé avec un indice égal à 63. Par contre, l'évolution du Centre Ouest est beaucoup plus lente, ce qui reflète encore une fois la marginalisation de cette région dont l'indice relatif a connu une stagnation entre 1985 et 1995 et n'a augmenté que de 5 points durant 20 ans (entre 1975 et 1995) avant de connaître une légère amélioration durant la dernière décennie.

Cependant, et en dépit de cet accroissement relatif du niveau de dépenses, les inégalités interrégionales demeurent importantes puisque l'écart entre le niveau de la DPA au District de Tunis et celui observé au Centre Ouest avoisine 55% en 1995, 48% en 2000 et plus de 53 % en 2005. Ceci signifie que la dépense par personne et par an est plus de 2 fois plus élevée à Tunis qu'au Centre Ouest et que l'inégalité régionale entre les deux régions a eu tendance **non pas à s'atténuer, mais à s'aggraver** durant les dernières années.

Tableau n° 39 : Évolution relative de la dépense moyenne par personne et par an selon la région (1975-2005)

Région	75	85	95	2000	2005
D. Tunis	100	100	100	100	100
NE	51	62	74	68	67
NO	38	**39**	53	**63**	**59**
CO	40	**45**	**45**	**52**	**47**
CE	64	75	99	91	87
SE	39*	49	57	62	76
SO	-	57	55	58	61

*Cet indice concerne tout le sud. Source : Calculs élaborés par nos soins, à partir des données de l'INS (Les enquêtes sur le budget, la consommation et le niveau de vie des ménages 1975-2005)

Par ailleurs, les disparités en matière du niveau des dépenses sont inhérentes aux inégalités du niveau de vie entre les différentes régions, ce qui a été à l'origine de la concentration de la pauvreté dans certaines zones. Nonobstant le recul significatif de la pauvreté absolue sur l'ensemble du territoire tunisien (ce taux est passé de 33 % en 1966 à 4,2 % en 2000 et à 3,8 % en 2005), les disparités persistent malgré tous les efforts déployés en matière de développement régional.

Déjà en 1966, le clivage entre les différentes zones était très prononcé à cause de la concentration des « laissés pour compte » dans certaines régions et de la stratification géographique fortement différenciée de la population. Selon H. Dimassi, « les poches de grande misère », à savoir les plus défavorisés, se composent essentiellement des ménages (de cette masse de saisonniers et d'occasionnels de l'agriculture) localisés surtout dans les régions du Nord Ouest et du Sud. Par contre, la catégorie des moyens (ménages des petits patrons, d'indépendants, de salariés de l'administration) et la catégorie aisée (patrons, techno-bureaucrates, cadres supérieurs) sont concentrées dans le Nord-Est (y compris le District de Tunis).[116]

En 2005, la population pauvre se concentre principalement dans les régions du Centre-Ouest et du Sud qui regroupent -avec le Nord-Ouest plus de 74 % du total des populations défavorisées et où on observe des taux de pauvreté supérieurs à 5%, contrairement au District de Tunis, au Centre-Est et au Nord-Est qui enregistrent les taux les plus faibles se situant entre 2 et 3% (et où on trouve seulement 25 % de la population pauvre alors que ces régions concentrent près de 60 % de la population totale).

Par rapport à 1975 et à 1984, certaines régions ont enregistré des progrès notables et ont réussi à endiguer la progression de la pauvreté. À cet égard, le progrès le plus spectaculaire concerne la région du Nord-Ouest où on trouve une chute substantielle du taux de pauvreté passé de prés de 18 % à 3,1 % entre 1975 et 2005. En revanche, d'autres régions connaissent une **détérioration de leur situation ce qui explique l'aggravation des écarts** entre ces zones et les autres régions mieux développées dans le domaine de la lutte contre la pauvreté. Il s'agit de la région du Centre-Ouest dans laquelle la pauvreté touche 12,8 % de la population en 2005 alors qu'elle ne concernait, en 2000, que 7,1 %.

---

[116] H. Dimassi (1983), op. cit, pp608-610.

Tableau n° 40 : Évolution du taux de pauvreté par région (1975-2005):

Région	75	85	95	2000	2005
D. Tunis	7,0	3,6	3,5	2,8	1,4
NE	8,8	7,8	4,5	4,0	2,7
NO	17,9	10,6	6,2	2,3	3,1
CO	**19,7**	**10,9**	**8,7**	**7,1**	**12,8**
CE	13,0	5,1	3,4	2,4	1,2
SE	11,0*	**11,0**	7,4	6,7	3,8
SO	-	7,7	10,0	**8,7**	5,5
Tunisie	22	7,7	6,2	4,2	3,8

*Cet indice concerne tout le sud Source : INS : Les enquêtes sur le budget, la consommation et le niveau de vie des ménages 1975-2005

Paragraphe 3 : La croissance urbaine et les inégalités régionales :

La Tunisie connaît depuis l'indépendance une croissance urbaine accélérée qui est étendue à toutes les régions du pays. La rapidité de cette croissance peut être confirmée par l'évolution soutenue du taux d'urbanisation passé de 33% en 1956 à près de 63% en 2000 et à plus de 66.1% en 2010, avec une croissance démographique annuelle des zones urbaines nettement supérieure aux zones rurales. À cet égard, les villes intérieures sont en train de prendre une importance croissante dans le système urbain tunisien grâce au développement des délégations jadis faiblement urbanisées. Certaines de ces villes ont connu, durant ces dernières décennies, une croissance spectaculaire et ceci concerne notamment les villes de Kasserine, de Sidi Bouzid, de Siliana…qui ont enregistré des taux de croissance annuels relativement plus élevés que ceux observés dans les grandes villes littorales.

Cependant, malgré la diminution du poids relatif des villes orientales, la prépondérance de ces villes littorales demeure incontestable puisque l'espace tunisien reste caractérisé « par un déséquilibre régional très marqué entre une façade orientale densément peuplée et qui regroupe les trois quarts des citadins et l'intérieur du pays où les densités sont plus faibles et le niveau d'urbanisation plus bas, à cause de la faiblesse du développement industriel et tertiaire ».[117]

Ce déséquilibre entre le littoral et l'intérieur peut être illustré par de nombreux indicateurs tels que le taux d'urbanisation dans les différentes régions :

---

[117] Hafedh Sethom, « *Répartition spatiale de la population et urbanisation* », in : J.-Vallin et T. Locoh (2001), Op. cit, p.293.

Tableau n° 41 : Le taux d'urbanisation par région en 2008:

Région	Taux
District de Tunis	**92.0**
Nord-Est	61.4
Nord-Ouest	**37.8**
Centre-Est	**72.6**
Centre-Ouest	**33.0**
Sud-Est	71.9
Sud-Ouest	68.1
Tunisie	65.8

Source : INS : Enquête Population Emploi 2008

Il ressort de ce tableau que la façade orientale continue à représenter le principal axe d'urbanisation du pays et que plusieurs régions enregistrent encore une urbanisation assez faible. Bien entendu, les villes de Nabeul, du Centre Est (hormis Mahdia) et du District de Tunis ont des taux supérieurs à la moyenne nationale (atteignant 100% à Tunis et à Monastir). En revanche, les villes du Centre Ouest enregistrent les taux les plus faibles (30% en moyenne) avec la valeur minimale observée à Sidi Bouzid (24% en 2004). Cette hiérarchisation urbaine est d'ailleurs la même depuis 1975 et même depuis 1966 (avec néanmoins une amélioration des ratios de Jendouba et du Nord-Ouest) puisque les ratios les plus élevés étaient observés au District de Tunis et au Sahel, et ce, contrairement à Sidi Bouzid et au Centre Ouest en général.

D'autre part, l'impact de cette dynamique urbaine déséquilibrée est important à plus d'un titre, à cause de ses incidences majeures sur le développement régional en particulier. En effet, « il ne peut y avoir de polarisation sans urbanisation dans la mesure où le fondement même de la ville est l'encadrement territorial, la concentration des services et d'activités qui nécessitent des économies d'échelle, des externalités et des économies d'agglomération qu'on ne rencontre qu'en ville ».[118]

Cette articulation est primordiale en Tunisie à cause du rôle de l'État qui a concentré l'essentiel des investissements dans les villes que ce soit sous forme d'infrastructure de base, d'équipements économiques ou socio-collectifs : l'essentiel de l'effort fourni s'est concentré dans les villes, exception faite de celui afférent à

[118] Amor Belhedi (1992 b), *« Urbanisation, polarisation et développement régional »,* RTSS n° 110, p.131.

l'agriculture qui n'a attiré depuis 1956 que 14% des investissements.[119]

Par ailleurs, cette étroite relation entre l'urbanisation et le développement peut être explicitée davantage en analysant les écarts entre le milieu urbain et le milieu rural et les différents indicateurs des deux milieux. C'est ce que nous étudierons dans ce qui suit.

Section 4 : Les inégalités sociales entre les milieux [120]:

Paragraphe 1 : Les inégalités en matière sanitaire :

Depuis l'indépendance, des progrès spectaculaires ont été effectués contribuant à améliorer la situation sanitaire des populations rurales. En témoigne la chute substantielle des composantes de la mortalité et la baisse rapide de ses différents indicateurs durant les dernières décennies. En effet, le taux de mortalité infantile est passé de 117,6%° en 1972 à 30%° en 2000 enregistrant une diminution de plus de 74%. Durant la même période, le taux de mortalité infantile est passé de 180.3%° à 40%° soit une baisse dépassant 77% en moins de trente ans.

Cependant, ces progrès -quoique rapides et essentiels - n'ont pas conduit à la résorption de la disparité entre villes et campagnes. Bien au contraire, on a assisté parfois à l'aggravation des écarts entre les deux milieux ce qui explique la différence capitale entre les indices urbains et ruraux (en 2000, les taux de mortalité infantile et des moins de 5 ans sont deux fois plus élevés en milieu rural qu'en milieu urbain).

En termes d'évolution, la surmortalité rurale a eu tendance à augmenter. En 1972, le rapport du quotient rural sur le quotient urbain était de l'ordre de 1.4 (tant pour la mortalité infantile que pour la mortalité infanto-juvénile), tandis que ce rapport est, en 2000, de l'ordre de 2,2 pour la mortalité des moins de 5 ans et de 1,9 pour le TMI ce qui reflète la tendance à l'accusation de l'écart séparant les campagnes des villes.

---

[119] Ibid, p135.

[120] Notre souci dans cette section sera de montrer les écarts et les inégalités entre les milieux rural et urbain, et cette grâce à la comparaison rapide entre quelques indicateurs dans les deux milieux. C'est pourquoi on ne va pas revenir sur la comparaison des indices entre les différentes régions (ce qui a été fait dans les 3 sections précédentes), bien que cette comparaison reste utile, car elle nous montre que les meilleurs indicateurs sont enregistrés dans les gouvernorats les mieux urbanisés tels que le District de Tunis et le Centre Est.

Tableau n°42 : Évolution du TMI et du taux de mortalité infanto-juvénile (moins de 5 ans) par milieu (en ‰) : 1972-2000 :

Année	1972	1977	1982	1987	1992	2000	Croissance 72-2000
TM. Infantile							
Urbain	80,4	46,7	44,0	39,1	22,3	16,0	-80%
Rural	117,6	103,4	80,2	66,7	50,4	30,0	-74,5%
Ensemble	95,1	70,6	59,4	51,5	35,3	24,0	-74,8%
T.M. infanto – juvenile							
Urbain	128,6	63,3	54,0	45,2	27,1	18,0	-86%
Rural	180,3	136,2	104,5	81,2	62,7	40,0	-77,8%
Ensemble	149,1	93,9	75,3	61,2	43,6	30,0	-79,9%

Source: ONFP (1998): ETSME 1994 et MSP (2002): Enquête MICS2 2000

Ces disparités peuvent être expliquées par de nombreux facteurs tels que la répartition des services de santé et la faiblesse de l'équipement dans le milieu rural, les différences des niveaux de vie et des revenus… Ces différences peuvent être à l'origine des écarts en matière de bien-être de la famille et surtout de l'enfant, comme le montre l'inégalité en matière de la prévalence de l'insuffisance pondérale chez les enfants de moins de 5 ans. Entre 1988 et 2000, ce taux est passé de 6,7% à 2,3% dans le milieu urbain et de 14% à 6,2% dans le milieu rural. Ceci signifie que le rapport du quotient rural sur le quotient urbain a atteint 2,7 en 2000 alors qu'il était de l'ordre de 2,1 en 1988, reflétant, une autre fois, l'aggravation des écarts entre les deux milieux.

Toutefois, cet écart s'est beaucoup atténué pour d'autres indicateurs tels que le taux de prévalence contraceptive qui a connu une augmentation importante dans les campagnes grâce à la diffusion rapide de la contraception dans le milieu rural. En 1978, 17% seulement des femmes rurales utilisaient une méthode de contraception contre 46,5% en milieu urbain. En 2000, les différences sont beaucoup moins accusées, puisque les proportions s'élèvent à près de 62% chez les femmes rurales contre 67% chez les femmes urbaines.

De même, l'analyse de plusieurs indicateurs de la santé reproductive montre des progrès significatifs durant la dernière décennie surtout en milieu rural. À titre d'exemple, la proportion des accouchements assistés (pour les femmes rurales) est passée de 32% à 78.5% entre 1989 et 1999. Cependant, les écarts entre les zones urbaines et rurales demeurent non négligeables et ils traduisent notamment « une répartition inégale des ressources humaines à travers le pays ce qui accentue encore les disparités régionales, expliquant que le réseau (médical) ne suffit pas à compenser la faiblesse du niveau socio-économique et à modifier de façon rapide les comportements et les habitudes des populations ».[121]

Tableau n° 43 : Évolution de quelques indicateurs sanitaires par milieu (en %):

Milieu	Urbain			Rural		
Année	1989	1994	1999	1989	1994	1999
Surveillance prénatale	83	88	96,8	53	69	84,2
Accouchements en milieu assisté	90	93	97	32	65	78,5
Surveillance postnatale	45,5	30	61,8	31,6	19	44,4

Source : ONU (2001) : «Bilan commun de pays » p 63

Paragraphe 2 : Les inégalités en matière éducationnelle :

L'amélioration du niveau d'instruction de la population rurale a été rapide et substantielle durant les dernières années. En témoigne l'augmentation considérable de la proportion des alphabètes qui représentaient seulement 21% en 1966 et qui forment en 2010 près de 70% de la population non communale. Ce progrès a été plus spectaculaire pour la femme rurale dont le taux d'alphabétisme a connu un accroissement très important en passant de moins de 8% en 1966 à plus de 47% en 2000 et à près de 59% en 2010.

Cependant, et en dépit de ces progrès incontestables, les disparités en matière éducationnelle entre les milieux demeurent considérables, puisque l'écart entre les taux d'analphabétisme a avoisiné -en 1999- 22% (40,8% en milieu non communal et 19% en milieu communal) et 17,4% en 2010 (30,6% et 13,2% respectivement), et ce, malgré la régression relativement plus rapide de l'analphabétisme dans les campagnes (entre 1966 et 2010, ce taux a régressé de 47,7% en milieu rural et de 40% dans les communes). Cet écart est encore plus considérable pour les femmes à cause de l'importance de l'analphabétisme de la femme rurale qui enregistre en 2010 un taux dépassant 41% contre seulement 18% pour la femme urbaine, soit un écart de près de 23% (contre une différence de 12% pour les hommes).

[121] ONU (2001), op. cit, p.64.

Tableau n° 44 : Évolution du taux d'analphabétisme par milieu (en %) : 1966-2010 :

Milieu	Taux d'analphabétisation				
	1966	1984	1999	2004	2010
Urbain	53,2	33,2	19,0	16,2	13,2
Rural	78,3	61,9	40,8	35,5	30,6
	Taux d'analphabétisation féminine				
Urbain	68,3	43,2	26,4	22,6	18,8
Rural	92,1	76,2	53,2	46,4	**41,0**

Source : INS : RGPH 1966-1984 et 2004 et Enquêtes Population Emploi 1999-2010

Ces disparités entre les campagnes et les villes se confirment davantage par l'analyse de la répartition de l'analphabétisme par milieu dans les différentes régions du pays. À cet égard, ce taux a atteint en 2008 près de 40% pour les populations rurales du Centre Ouest où presque la moitié ne sait ni lire ni écrire contre seulement 20% en milieu communal. Cette différence persiste pour la quasi-totalité des gouvernorats où l'écart entre les milieux est souvent compris entre 15 et 20%.

Tableau n° 45 : Taux d'analphabétisme par région et par milieu en 2008 (en %) :

Gouvernorat	Communal en 2008	Non communal en 2008
D. Tunis	12.3	20.9
NE	14.2	29.1
NO	20.5	**39.0**
CO	19.8	**37.8**
CE	12.3	26.2
SO	16.5	27.8
SE	14.9	26.0
Tunisie	14.1	32.2

Source : Enquêtes Population Emploi 2008

Par ailleurs, l'importance des disparités entre les milieux urbain et rural peut expliquer la concentration de la population analphabète dans les campagnes. Déjà en 1984, le tiers des analphabètes était constitué par les femmes rurales (36.7%) et près du quart par les hommes ruraux (23%) soit au total 59% de la population illettrée (alors que le monde rural représentait 47% de la population totale). L'écart s'est aggravé considérablement : en 2000, sur les deux millions analphabètes, plus de 56% résident dans les campagnes (une proportion très proche de celle de 1984) tandis que le rural ne regroupe plus que 37% de la population (le milieu urbain regroupe seulement 44% des illettrés et 63% de la population totale).

En outre, l'écart entre les milieux a inexorablement augmenté à cause de l'accroissement de la différence entre les indicateurs durant la période 1966-2008. En prenant le taux d'analphabétisation comme indicateur de référence, le rapport du quotient rural sur le quotient urbain était de l'ordre de 1,47 en 1966 puis de 1,86 en 1984 mais il a dépassé 2,1 en 2000 et en 2004 et il a atteint 2,3 en 2008, dénotant de **l'aggravation** continue et régulière de l'écart séparant les campagnes des villes.

Paragraphe 3 : Les inégalités en matière de niveau de vie :

À l'instar des indicateurs sanitaires et éducatifs, les indicateurs en matière de niveau de vie ont connu des progrès incontestables dans le milieu rural, mais les écarts entre les campagnes et les villes restent importantes, et ce, dans plusieurs domaines :

-En matière de desserte en eau courante : les taux étaient de 3,1% et 54,8% en 1975 respectivement en milieu rural et urbain et ils ont atteint 35% et 96,6% en 1999. En dépit de la multiplication du taux rural de près de 12 entre 1975 et 2000, l'écart s'est creusé puisque la différence entre les milieux est passée de 51% à 61% durant cette période. En outre, et en connaissant que le taux était quasiment nul la veille de l'indépendance, on déduit que sur les nouveaux branchements SONEDE entre 1956-2000, seulement 16% ont intéressé le milieu rural (237 mille familles rurales sur un total de 1461,77 mille ménages).

-En matière d'électrification : entre 1975 et 1999, le taux d'électrification rurale est passé de 4,6% à 86% ce qui dénote de l'amélioration substantielle de l'accès à ce service dans le milieu rural. Néanmoins, le taux observé dans le milieu urbain reste largement supérieur puisqu'il dépasse 99% en 2000. De plus, l'électrification a profité — entre 1956 et 2000 - pour 68.3% aux populations urbaines contre seulement 31.7% pour le milieu rural (582,3 mille familles rurales sur un total de 1838,3 mille ménages).

-Dans le domaine de branchement au réseau d'assainissement (ONAS) : dans ce domaine, l'écart reste colossal jusqu'à nos jours car l'amélioration des indicateurs a été très faible dans le milieu rural. Le taux était quasiment nul jusqu'aux années 80 avant d'atteindre seulement 1,8% en 1994, moins de 3% en 2000 et 4,8% en 2004. En revanche, ce taux a avoisiné 60% en 1994 et a dépassé 68% en 2000 et 75% en 2004 dans le milieu communal, ce qui correspond à un *écart considérable* dépassant 65 points en 2000 et 70% en 2004 (contre

58% en 1994) reflétant encore une fois l'aggravation des écarts entre le communal et le rural. En outre, sur 1025,4 mille logements reliés au réseau d'assainissement en 1999, seulement 20,9 mille concernent le milieu rural, soit une très faible proportion égale à 2%. Ce nombre n'a pas connu un accroissement considérable durant les dernières années puisqu'il ne dépasse pas 36 000 en 2004 alors que la proportion n'a pas atteint 5%.

- En matière d'équipement, les disparités sont également très importantes avec une population urbaine nettement mieux nantie que la population rurale (et ceci, pour tous les indicateurs), et ce, comme le montre le tableau suivant :

Tableau n° 46: Évolution des services de base par milieu :

Tableau n° 46.1: Évolution des services de base par milieu (1975-1999):

Année	1975		1999	
	U	R	U	R
T. desserte en eau courante	54.8	3.1	96.6	35.0
T. Électrification	69.5	4.6	99.0	86.0
Proportion des logements reliés au réseau d'assainissement	-	-	67.2	2.9

Tableau n° 46.2: L'équipement des ménages par milieu en 2008 :

	Urbain	Rural	Ensemble
Voiture	25.8	11.4	21.3
TV	97.5	90.9	95.4
Parabole	85.4	53.8	75.4
Climatiseur	16.3	2.1	11.8
Réfrigérateur	95.2	80.6	90.6
Tél. (fixe)	36.9	6.9	27.4
Tel. (GSM)	89.7	75.4	85.2
Ordinateur	16.4	**1.8**	11.8
Internet	15.5	**2.9**	11.5
Machine à laver	66.2	20.1	51.6

Source : INS : Enquête Population Emploi 2008

-En matière de dépenses : les enquêtes sur la consommation des ménages montrent des progrès considérables dans le niveau des dépenses de la population rurale. En effet, la DPA est passée (aux prix courants) de 53D en 1967 à 864 D en 2000 enregistrant une croissance annuelle moyenne de 8,8%. Durant le dernier quinquennat, l'étude de la DPA par milieu montre que l'évolution a été plus rapide dans le milieu non communal qu'en milieu communal avec un taux d'accroissement annuel moyen respectivement de 8,3% et de 5,8%. En outre, l'analyse de la distribution des dépenses reflète une amélioration indéniable dans le milieu rural, puisque la proportion de la population qui dépense moins de 400D par an (aux prix de 2000) est passée de 46,6% à 18,6% entre 1980 et 2000 contrairement à la proportion ayant un niveau de dépenses supérieur à 1200 D et qui a dépassé 18,7% en 2000 contre seulement 6% en 1980.

Cependant, ces performances n'en camouflent pas moins de disparités très importantes entre les deux milieux. Jusqu'aux dernières années, la dépense par personne et par an est près de 2 fois plus élevée en milieu urbain qu'en milieu rural. Le taux de croissance moyen a été généralement plus élevé en milieu communal, et ce, comme le montre le tableau suivant :

Tableau n° 47: Évolution de la DPA par milieu (1967-2005) :

Milieu	DPA (en dinars courants)								Taux d'accroissement annuel moyen (en %)						
	67	75	80	85	90	95	2000	2005	67-75	75-80	80-85	85-90	90-95	95-2000	2000-2005
Urbain	66	192	332	619	890	1209	1604	2171	14,3	11,6	13,3	7,2	6,7	5,8	6,2
Rural	53	106	157	294	460	581	864	1161	9,0	8,2	13,4	8,9	5,0	8,3	6,1

Source : INS : Les enquêtes sur le budget, la consommation et le niveau de vie des ménages 1967-2005

Par rapport à 1967, l'écart s'est creusé entre les villes et les campagnes : si en 1967 le rapport de la dépense urbaine sur la dépense rurale était de 1.2, il est depuis 1975 supérieur à 1,8 et il a même dépassé 2,1 en 1995.

L'aggravation des écarts est encore plus importante entre la population des grandes villes et la population rurale isolée (habitat dispersé) puisque le rapport entre ces deux quotients a atteint 2,5 en 1995 (et 2,2 en 2000 et en 2005). En d'autres termes, la dépense moyenne du consommateur résidant dans ce milieu rural isolé représente en 1995 seulement 40% de ce que dépense son homologue du milieu urbain résidant dans les grandes villes (avec la légère amélioration en 2005, ce taux est égal à 47%).

D'autre part, l'étude de la distribution des dépenses révèle des disparités importantes selon les classes des dépenses entre les milieux. En 2000, la population « défavorisée » dépensant moins de 400D par an est égale à 3,8% en milieu communal contre 18,6% en milieu non communal. De même, la population favorisée ou « aisée » (ayant un niveau de dépense supérieur à 2400D par an) a dépassé 16% en milieu urbain contre seulement 3% en milieu rural.

En termes d'évolution, on remarque -néanmoins - une réduction relative des écarts. En effet, si on considère le seuil de 1200D, on relève que la proportion ayant un niveau de dépense supérieur à ce seuil est passée de 6,1% en 1980 à 18,7% en 2000 en milieu rural. En milieu urbain, cette proportion est passée durant la même période de 30% à 50%. Ceci signifie que le rapport du quotient urbain sur le quotient rural est passé de 5 en 1980 à 2,7 en 2000 reflétant une légère atténuation des disparités.

Par ailleurs, les écarts en matière de niveau de vie peuvent être explicités également par l'analyse de la structure des dépenses et l'étude des différents coefficients budgétaires. À cet égard, l'enquête consommation 2000 montre que les ruraux enregistrent un coefficient budgétaire des dépenses alimentaires de 44,2% contre 36% pour les ménages urbains (soit un écart non négligeable de 8 points). La baisse significative de la part des dépenses d'alimentation pour la population urbaine -et sa relative stagnation en milieu rural - peut corroborer la célèbre loi d'Engel (citée précédemment) selon laquelle la recherche de la satisfaction des besoins urgents -essentiellement la nourriture - est inhérente à un niveau de vie bas contrairement à la société riche ayant une nouvelle hiérarchisation des priorités qui ne se situent plus au niveau alimentaire, mais à un degré plus élevé d'ordre qualitatif (avec ce coefficient de 36%, la population urbaine se rapproche du modèle des pays développés qui consacrent à l'alimentation une part inférieure à 30%. En revanche, la population rurale est plus proche du modèle des pays à faible revenu consacrant au moins 45% du budget aux besoins alimentaires).

-La pauvreté par milieu : le recul de la pauvreté a été substantiel et rapide tant en milieu urbain qu'en milieu rural. Dans le premier, le taux de pauvreté est passé de 26,5% à 1,9% entre 1967 et 2005 alors que dans le second ce taux est passé de 18% à 7,1% durant la même période. Cependant, les résultats de la dernière enquête de 2005 montrent **l'importance de la pauvreté et son accroissement dans le milieu rural** (en passant de 2.9% à 7.1% entre 2000 et 2005), avec un taux nettement supérieur à la moyenne nationale. De plus, la majorité de la population pauvre (66%) est concentrée dans les zones rurales contre seulement 34% résidant dans les zones communales. Cette répartition territoriale des pauvres était quasiment égale en 1967 (51% en milieu urbain) et elle privilégiait les villes puisque la proportion des pauvres résidant dans les zones rurales dépassait 52% en 1980 contre moins de 26% en 2000, puis de nouveau 66% en 2005 ce qui reflète la détérioration relative de la situation de la population rurale.

Tableau n° 48: Évolution de la population pauvre et du taux de pauvreté par milieu (1967-2005):

Année	1967	1980	1990	2000	2005
Population pauvre (en milliers)					
Urbain	786	393	354	296	128
Rural	747	430	190	103	248
Ensemble	1 533	823	544	399	376
Taux de pauvreté (en %)					
Urbain	26,5	11,8	7,3	4,9	**1,9**
Rural	18,0	14,1	5,7	2,9	**7,1**
Ensemble	33,0	12,9	6,7	4,2	**3,8**

Source : INS : Les enquêtes sur le budget, la consommation et le niveau de vie des ménages 1967-2005

CONCLUSION

Au terme de ce chapitre, on ne peut manquer de noter la persistance des disparités entre les différentes régions (surtout entre le littoral et l'intérieur) et entre la ville et la campagne. **On parle de persistance des inégalités,** car dans certains cas les écarts ont diminué, mais dans plusieurs autres cas on a assisté même à une **aggravation de ces disparités.** En effet, la répartition géographique du personnel médical et de l'équipement demeure très inégalitaire et elle reflète une concentration très nette sur le littoral. De même, les indicateurs sanitaires montrent une réelle dichotomie géographique privilégiant l'axe littoral (en particulier le District de Tunis et le Centre Est) au détriment des zones intérieures (surtout le Centre Ouest). Ce développement sanitaire inégal est, par ailleurs, inhérent à l'inégale couverture sanitaire et aux disparités en matière de développement socio-économique et d'infrastructure.

En matière éducationnelle, on retrouve quasiment cette même dichotomie géographique avec des taux d'alphabétisation -notamment féminine- nettement supérieurs à la moyenne nationale dans les régions côtières contrairement aux régions intérieures. Il en va de même pour les disparités interrégionales en matière : du niveau d'instruction de la population, de la réussite scolaire, de la formation professionnelle… reflétant des écarts considérables entre la bordure littorale et l'intérieur du pays.

Ces inégalités sont encore plus flagrantes en matière de l'infrastructure de base et de l'équipement des ménages d'un côté et du niveau de vie et de la consommation d'un autre côté, à cause du clivage très net entre les régions côtières et les zones intérieures, un clivage dû à la concentration des revenus et des dépenses dans la partie favorisée du pays (ce qui a été à l'origine de la marginalisation d'une partie importante du pays, **avec un recul inéluctable des gouvernorats du Centre Ouest par rapport aux autres régions).**

D'autre part, les inégalités régionales ont été très importantes non seulement entre les différentes régions, mais également entre les milieux urbain et rural, avec la **marginalisation très nette de la population rurale**, ce qui a été souvent à l'origine de l'aggravation des écarts, et ce, tant en matière éducationnelle et sanitaire que dans le domaine du niveau de vie et des équipements socio-collectifs.

Par ailleurs, ce développement inégal ne concerne pas seulement les secteurs sociaux, car il se manifeste généralement dans la plupart des secteurs socio-économiques, étant donné que le clivage régional est très net également en matière économique à cause de la concentration des investissements et de l'emploi, c'est ce que nous étudierons dans le chapitre suivant.

Chapitre 5: Les inégalités économiques

Section 1 : L'inégale répartition des investissements :

L'investissement (qui est le déterminant essentiel de la plupart des indicateurs socio-économiques relatifs à l'emploi, au niveau de vie...) a été réparti d'une façon très inégalitaire sur le territoire tunisien, et ce, au détriment des régions intérieures et en faveur de l'axe littoral (regroupant le District de Tunis, le Centre Est, le Nord Est et le « Sud littoral » c.-a.-d Gabes et Médenine).

En dépit de la prise en compte du problème régional depuis plusieurs décennies (un chapitre complet lui a été consacré au Vème Plan), et malgré l'amélioration relative de la part des zones intérieures (par rapport à la première décennie après l'indépendance), la prééminence du littoral demeure incontestable puisque sa part dépasse souvent 65% de l'ensemble des investissements publics. Cette part a été instable et elle a oscillé entre 75% durant les années soixante et 60% durant le 8e et le 9e Plan. Néanmoins, l'inégalité persiste, elle s'est même aggravée puisque les régions côtières concentrent actuellement 65% des investissements publics alors que cette part était de 60% entre 1992 et 2001.

Tableau n° 49: Distribution (en %) des investissements publics entre le littoral et l'intérieur (1962-2006):

Période	Littoral	Intérieur
1962-1971	75,6	24,4
4e Plan (72-76)	75,6	24,4
5e Plan (77-81)	64,2	35,8
6e Plan (82-86)	71,9	28,1
7e Plan (87-91)	66,9	33,1
8e Plan (92-96)	60,5	39,5
9e Plan (97-2001)	**59,4**	**40,6**
10e Plan (2002-2006)	**65,1**	**34,9**

Source : A. Belhedi (1996) et MDE : 9e et 10e Plans de développement.

En analysant la distribution plus détaillée des investissements publics entre les différentes régions, on remarque que la part la plus élevée a concerné toujours soit le District de Tunis soit le Centre-Est qui ont drainé, dans la quasi-totalité des cas, entre 40% et 50% de l'ensemble des investissements. Si la part du Centre-Est a été souvent stable (entre 16% et 20%), celle de la région tunisoise a été irrégulière et très dépendante des priorités des planificateurs puisqu'elle a varié de 18% (au 8e Plan) à 34% (au 4e Plan) mais cette proportion est restée souvent élevée attirant en moyenne près du quart des investissements.

Par contre, la part du Centre-Ouest a été souvent faible variant de 4% à 11% (sauf pour le 8e Plan où elle a avoisiné 14%), et il en est de même pour le Nord-Ouest dont la proportion a oscillé entre 7% et 14% (hormis le 8e Plan où elle a atteint 17%). Quant au Nord-Est, il a vu sa part se stabiliser généralement entre 14 et 17%, et ce, à l'instar du Sud qui a été touché souvent par une proportion variant de 17% à 25% (avec une nette domination du Sud-Est dans lequel se sont concentrés le tourisme et l'industrie).

Tableau n° 50: Distribution des investissements publics par région (1962-2006):

Région	TU	NE	NEAT	NO	CE	CO	SE	SO	Sud	Eble
1962-1971 en %	25,5	17,8	43,3	7,6	19,2	7,6	12,5	9,7	22,2	100
4e Plan	156,2	33,7	1899	43,8	74,7	18,9	82,3	49,2	131,5	459
4e Plan en %	34	7,3	41,3	9,5	16,3	4,1	17,9	10,7	28,6	100
5e Plan	354,7	182,5	537,2	241,5	271,3	145,5	221,2	187,1	408,3	1604
5e Plan en %	22,1	11,4	33,5	15	16,9	9,1	13,8	11,7	25,5	100
6e Plan	2232,9	1237,3	3470,2	633,6	1503,7	490,7	430,2	499,4	929,6	7017
6e Plan en %	31,8	17,6	49,45	9,03	21,4	6,99	6,13	7,11	13,24	100
7e Plan	1059,9	546,3	1606,2	661,4	920,5	532,8	440,8	405,9	846,7	4567,7
7e Plan en %	23,2	11,96	35,16	14,48	20,15	11,66	9,65	8,89	18,54	100
8e Plan	830,3	640,6	1470,9	773,2	884,3	618	388,5	386	774,5	4521,1
8e Plan en %	18,36	14,17	32,53	17,1	19,56	13,67	8,6	8,53	17,13	100
9e Plan	-	-	2242	1111,2	1398,2	918,7	-	-	1446	7116,1
9e Plan en %	-	-	31,5	15,6	19,7	12,9	-	-	20,3	100
10e Plan	1783	1152,5	2935,5	1240	1655	942,8	867,2	542	1409	8182,6
10e Plan en %	21,8	14,1	35,9	15,2	20,2	11,5	10,6	6,6	17,2	100

Source : A. Belhedi (1996) et MDE : 9e et 10e Plans de développement.

L'analyse encore plus détaillée de la répartition des investissements publics par gouvernorat montre la place privilégiée de certaines zones au détriment d'autres :

-Durant la première décennie (1962-1971), 79% des investissements ont intéressé le District de Tunis et 8 autres gouvernorats seulement, c'est dire que toutes les autres régions (12 gouvernorats) ont attiré seulement 21% de l'ensemble des investissements qui se sont concentrés, à **près de 80%, dans 9 gouvernorats** qui sont tous littoraux sauf Gafsa (Tunis, Bizerte, Nabeul, Sousse, Monastir, Sfax, Gabes et Médenine).

-Quant au 4e Plan, ces 9 zones ont drainé 81% des investissements. Si la part du District de Tunis et du Centre-Est est - comme à l'accoutumée - considérable, on doit noter durant ce Plan l'importance des gouvernorats de Gabes et de Gafsa qui ont été touchés respectivement par 16,2% et 9,25% des investissements. Cette proportion colossale (plus du quart) pour deux gouvernorats du Sud uniquement est due à l'importance de l'investissement industriel notamment les mines de phosphates à Gafsa et l'industrie chimique et énergétique et la cimenterie à Gabes.

-Durant le 5e Plan, la répartition est devenue moins inégalitaire avec la baisse de la proportion de ces 9 zones qui est égale à 73% en dépit de la place encore importante de Gabes et de Gafsa (respectivement 12,8% et 10,7%). Ceci est expliqué par l'amélioration considérable de la part de certaines zones intérieures, notamment Kairouan, Beja, Le Kef et Tozeur (entre le 4e et le 5e Plan, le total de leurs proportions est passé de 5,1% à 22%). Cependant, la part de Sidi Bouzid et de Kasserine demeure très faible (1,3% et 1,9% respectivement).

-La part des 9 zones sus-invoquées va connaître une stagnation (74%) durant le 6e Plan malgré la baisse considérable de la part de Gabes et de Gafsa (2,6% et 4,6%, avec « l'achèvement » du projet industriel) et grâce à l'augmentation de la proportion de Nabeul et de Monastir qui ont accaparé une part importante de l'investissement touristique. La baisse de la part du Sud est attestée par la chute de sa proportion à 13% (contre 28% durant le 4e Plan et 25,5% durant le 5e Plan), et il en va de même pour les régions du Nord-Ouest (de 15% à 9%) et du Centre-Ouest (de 9% à 7%).

- Le 7e Plan est caractérisé par une répartition moins inégalitaire grâce à l'augmentation de la part de certaines régions intérieures telles que Beja, Jendouba, Le Kef, Kairouan et Kasserine qui ont attiré (ensemble) 21% des investissements publics. Ceci a été à l'origine de la baisse de la proportion des 9 zones principales qui n'a pas dépassé 65%.

- Cette proportion va être encore moins importante durant le 8e Plan et le 9e Plan avec une part ne dépassant pas 58% grâce à l'amélioration sensible de la part des zones intérieures qui a dépassé *pour la première (mais l'unique) fois* le niveau de 40%. C'est durant le 8e Plan par exemple que la part du Centre-Ouest et du Nord-Ouest a atteint (ensemble) 31% tandis qu'elle ne dépassait pas 15% entre 1962 et 1971.

-Cependant, la part des régions intérieures a connu de nouveau une baisse durant le dernier plan de développement à cause de l'augmentation de la proportion de l'axe littoral, et en particulier des 9 zones principales sus-citées qui ont attiré près de 64% des investissements.

Tableau n° 51 : Répartition des investissements publics par gouvernorat (1962-2006) :

Période	62-71 en %	4e Plan	4e Plan en %	5e Plan	5e Plan en %	6e Plan	6e Plan en %	7e Plan	7e Plan en %	8e Plan	8e Plan en %	9e Plan	9e Plan [122]	10e Plan	10ème Plan en %
Tunis	25,5	119,59	26	275,8	17,2	1218,4	17,36	449,6	9,84	427,8	9,5	365,3	6,9	692,5	8,5
Ariana	-	7,9	1,72	23,87	1,49	388,9	5,54	373,2	8,17	232,2	5,1	318,9	6,0	583,4	7,1
B.Arous	-	28,7	6,25	55,03	3,43	625,5	8,91	237,1	5,19	170,3	3,8	204,4	3,9	507,1	6,2
Bizerte	7,4	20,1	4,37	117,9	7,34	563,5	8,03	331,6	7,26	258,4	5,7	318,4	6,0	482,4	5,9
Nabeul	9,8	9,96	2,16	54,15	3,37	441	6,28	141,7	3,1	274,9	6,1	323,9	6,1	487,7	6,0
Zaghouan	0,6	3,7	0,8	10,54	0,65	232,8	3,31	73,1	1,6	107,2	2,4	117,3	2,2	182,1	2,2
Beja	2,5	7,95	0,17	75,0	4,67	138,3	1,97	170,8	3,74	209,4	4,6	215,8	4,1	269	3,3
Jendouba	2,6	24,9	5,43	73,25	4,56	210,3	2,99	189,4	4,15	255,9	5,6	327,1	6,2	453	5,5
Kef	2,3	7,88	1,7	78,19	4,87	151,1	2,15	174,9	3,83	151,4	3,3	176,7	3,3	283	3,5
Siliana	0,2	3,0	0,65	15,0	0,93	133,8	1,9	126,3	2,77	154,4	3,4	190,8	3,6	235	2,9
Sousse	6,4	18,5	4,0	154,56	9,63	456,1	6,5	269,4	5,9	223,1	4,9	317,7	6,0	442,2	5,4
Monastir	6,4	15,64	3,4	40,58	2,53	428	6,1	258	5,65	139,5	3,1	173,4	3,3	345,2	4,2
Mahdia	0,3	5,6	1,22	12,0	0,75	132,9	1,9	109,7	2,4	112,2	2,5	161,7	3,0	226,7	2,8
Sfax	6,1	34,99	7,62	64,2	4,0	486,6	6,93	283,3	6,2	409,4	9,0	347,5	6,6	641,4	7,8
Kairouan	2,7	8,8	1,9	92,74	5,78	175,2	2,42	203,7	4,46	252,7	5,6	302,9	5,7	361,4	4,4
Kasserine	4,4	6,04	1,31	31,47	1,96	206,0	2,93	206,1	4,51	211,6	4,7	257,6	4,9	354,9	4,3
S.Bouzid	0,5	4,06	0,88	21,27	1,32	109,4	1,56	122,9	2,69	153,7	3,4	164,3	3,1	226,5	2,8
Gabes	6,0	74,254	16,2	205,8	12,83	186,9	2,66	225,7	4,94	165,9	3,7	205,6	3,0	360,1	4,4
Medenine	6,5	8,055	1,75	13,777	0,85	165,5	2,36	139,1	3,05	148,7	3,3	290,3	5,5	377,3	4,6
Tataouine	5,0	0,025	0,005	1,67	0,1	77,7	1,1	76,0	1,66	73,9	1,6	115,1	2,2	129,8	1,6
Kebili	0,1	0,67	0,14	1,43	0,09	127,8	1,82	72,5	1,59	124,3	2,8	116,4	2,2	150,6	1,8
Tozeur	0,2	6,07	1,32	10,52	6,56	76,6	1,01	63,5	1,39	83,5	1,8	77,0	1,5	124,4	1,5
Gafsa	4,6	42,48	9,25	175,2	10,72	285,0	4,06	270,0	5,91	178,3	3,9	204,1	3,8	266,9	3,3
Tunisie	100	459,017	100	1604	100	7017	100	4567,7	100	4521	100	5292,2	100	8182,6	100

Source : A. Belhedi (1996) et MDE : 8e, 9e et 10e Plans de développement.

En somme, la distribution des investissements publics a été très inégalitaire sur le territoire tunisien à cause de leur concentration sur

[122] Le 9e Plan n'a pas donné la répartition de tous les investissements publics par gouvernorat, mais seulement la distribution des investissements publics relatifs à l'infrastructure de base et aux services collectifs (qui constituent souvent entre 70 et 80% des investissements publics).

le littoral (qui en a drainé souvent au moins les 2/3), et ce, en dépit de l'amélioration relative de la part des régions intérieures. Cette dichotomie géographique est encore plus flagrante pour la répartition des investissements privés qui se sont généralement concentrés dans le Nord-Est (y compris le District de Tunis) et dans le Centre-Est, et ce, comme le montre le tableau suivant :

Tableau n° 52: Distribution des investissements privés durant les quatre derniers plans de développement :

Région	TU	NE	NEAT	NO	CE	CO	SE	SO	Sud	Tunisie
7e Plan	1087,5	692,5	1 780	353	1 314,1	215,9	460,6	193,3	653,9	4317,2
7e plan en %	25,2	16,04	41,2	8,2	30,4	5,0	10,7	4,5	15,1	100
8e Plan	1198,4	705,1	1 903,5	383	1170	277	467	181	648,2	8582,2
8e Plan en %	27,3	16,1	43,4	8,7	26,7	6,3	10,7	4,1	14,8	100
9e Plan	-	-	4 207	1 434,6	2 784,9	1 303,7	-	-	1 692,8	11423
9e Plan en %	-	-	36,8	12,6	24,4	11,4	-	-	14,8	100
10e Plan	-	-	8 862	1 234	5 398,7	1 443,5	-	-	3090	20028,2
10e Plan en %	-	-	44,2	6,2	27	7,2	-	-	15,4	100

Source : A. Belhedi (1996) et MDE : 8e, 9e et 10e Plans de développement.

À l'exception du 9e Plan (où elle a avoisiné 61%), la part du Nord-Est et du Centre-Est — dans lesquels se localise la quasi-totalité des régions littorales (sauf Médenine et Gabes) — a dépassé 71% (paradoxalement, la superficie de ces deux régions ne dépasse pas 17%) alors qu'elle n'a pas atteint 14% dans les deux autres régions de l'Ouest (à savoir le Nord-Ouest et le Centre-Ouest). Contrairement à l'investissement public (l'État a cherché à diminuer sa concentration en améliorant la part des régions intérieures), on remarque une stabilité relative de l'investissement privé qui se trouve souvent attiré par les zones littorales plus développées. Cette concentration est simple à expliquer, car elle est inhérente aux « disparités cumulatives du marché » et à la liaison étroite entre le secteur privé et la loi du marché : « Les espaces plus favorisés tendent à l'être davantage tandis que les espaces défavorisés ont tendance à l'être encore [...] Les facteurs de production se trouvent attirés par les espaces qui les rémunèrent plus tandis que les zones dépressives voient leur force de travail et capitaux les fuir créant ainsi un véritable cercle vicieux difficile à rompre ».[123]

En résumé, en analysant l'intensité régionale de l'investissement, on peut distinguer trois groupes de zones[124] :

-Les régions qui ont accaparé la part la plus importante des investissements aussi bien publics que privés, comme c'est le cas du Centre-Est (excepté Mahdia), le Nord-Est (sauf Zaghouan), le District de Tunis (bien que sa part soit irrégulière) et le Sud-littoral (notamment avec les débuts de l'industrialisation durant les deux premières décennies).

-Les régions où l'investissement a été généralement inférieur à la moyenne nationale, mais qui ont bénéficié parfois d'une part non négligeable de l'investissement public en particulier (contrairement au privé) surtout durant les derniers plans de développement (entre 4% et 6%). Il s'agit, entre autres, des gouvernorats de Kairouan, de Beja et de Jendouba, et ce, à côté des régions intérieures du Sud dont la proportion a été souvent irrégulière.

-Enfin, les espaces où l'investissement a été constamment faible, enregistrant une très légère hausse durant les derniers plans de développement, avec une part variant de 0,2% à 1,5% jusqu'au 5e Plan et oscillant entre 2% et 3% depuis 1982.

Cette dichotomie géographique et cette distribution inégale des investissements ne sont pas restées sans effets sur l'activité économique et sur la répartition de ces activités dans les différents gouvernorats, notamment à cause de la centralisation des activités industrielles et tertiaires d'une part et de la concentration de l'activité et de l'emploi d'autre part.

Section 2 : Variations régionales de l'emploi :

Paragraphe 1 : Différenciation régionale de l'activité (ou l'activité différentielle) :

L'étude des variations régionales de l'activité doit être faite différemment pour les hommes et pour les femmes, puisque l'activité de ces dernières subit l'influence de plusieurs facteurs exogènes (liés,

---

[123] A. Belhedi (1996), Op. Cit, p.161.

[124] Pour connaître les différents gouvernorats et les différentes zones, dans l'index des abréviations, on trouve les abréviations des régions -ou des districts- et les gouvernorats concernés. Il est à noter que le gouvernorat de Manouba était intégré à Ariana et qu'il a été créé officiellement en 2000.

entre autres, aux méthodes de dénombrement) en particulier à cause du caractère saisonnier d'une part considérable de l'activité féminine.

En commençant par l'activité masculine, on remarque que les régions qui sont en tête avec leur taux d'activité sont les gouvernorats du Centre Ouest. La moyenne étant de 72,6%, le taux d'activité masculine de Sidi Bouzid s'élève à 77% et celui de Kairouan a atteint 78%. Par contre, Tunis et Monastir sont les régions qui enregistrent les taux les plus faibles avec respectivement 68,6% et 68,7%. Cette « catégorisation » est étroitement liée à l'impact du secteur agricole sur la typologie régionale de l'activité, car d'une part l'agriculture est un moteur de l'emploi dans certaines régions et d'autre part cette activité est la source de profondes disparités régionales.[125]

Cette explication est confirmée en 2008 : l'agriculture entretient un fort taux d'activité dans la région du Centre Ouest (dans laquelle le taux d'activité général est important), contrairement à Tunis et à Monastir dans lesquels la part de l'agriculture est négligeable à cause de la prédominance de l'activité secondaire et tertiaire (et comme on l'a invoqué dans le chapitre précédent, seulement ces 2 gouvernorats ont un taux d'urbanisation égal à 100% contrairement aux régions du Centre Ouest où la part du monde rural est encore considérable).

La typologie régionale de l'activité féminine est très différente de la classification masculine, car les déterminants des deux types d'activité ne sont pas identiques. À cet égard, on constate la présence de 3 groupes entre lesquels la différence est parfois considérable (par exemple, l'écart entre les « extrêmes » est très important dépassant 25% entre Mahdia et Médenine) :

- Le premier groupe est formé par les gouvernorats de Tunis, Nabeul et du Centre Est qui ont des taux d'activité largement supérieurs à la moyenne nationale et où on observe une participation forte des femmes à l'activité économique.

-Le second groupe est formé, en revanche, par les régions qui enregistrent des taux d'activité très faibles et largement en dessous de la moyenne nationale. Il s'agit des gouvernorats du Sud et du Centre Ouest (à savoir Kasserine et Sidi Bouzid).

-Le dernier groupe est constitué par les autres gouvernorats ayant des taux d'activité intermédiaires souvent proches de la moyenne nationale.

[125] Kh. Taamallah: (1987), Op. Cit, p.213.

L'entrée massive des femmes dans le marché de l'emploi est relativement simple à expliquer pour le premier groupe, étant donné qu'il s'agit des régions les plus développées qui attirent une proportion importante de femmes actives, notamment grâce à la diversification des activités secondaires et tertiaires.

Par contre, la faible proportion du Sud est probablement le résultat de l'influence du milieu social traditionnel peu favorable à l'activité féminine. Quant au Centre Ouest, son cas nécessite un éclaircissement particulier. En effet, si on se réfère à l'Enquête Population Emploi 1980, on trouve un taux d'activité féminine largement au dessus de la moyenne nationale et nettement supérieure même à celui des régions favorisées (33.3% au Centre Ouest contre 16.6% et 17.8% respectivement à Tunis et au Centre Est). Ici, on retrouve le problème précédemment invoqué relatif aux différentes méthodes de dénombrement utilisées en Tunisie notamment pour l'activité féminine, puisque l'Enquête de 1980 s'était assigné comme objectif l'appréhension de la population féminine même si son activité est saisonnière (c'est le cas des emplois saisonniers agricoles qui sont très importants dans les gouvernorats de Kasserine et de Sidi Bouzid). C'est pourquoi les différentes conclusions sur l'activité féminine sont entachées d'une certaine relativité, car « les données statistiques sont d'une part le résultat d'une enquête et d'autre part difficilement homogèneisables en raison du caractère précaire des activités agricoles surtout dans les régions dites sous-développées ».[126]

Paragraphe 2 : Évolution de l'emploi selon la région :

La répartition territoriale de la population occupée et des taux d'occupation montre que la plupart des gouvernorats comptent des taux d'occupation proches ou supérieurs à la moyenne nationale.

Cependant, plusieurs régions sont caractérisées par une faible occupation attestée par des taux inférieurs à la moyenne du pays. Ceci concerne notamment les gouvernorats de Jendouba, Le Kef et Kasserine qui sont considérés comme des « foyers d'immigration pour les régions avoisinantes » et comme des « régions rurales démunies de l'intérieur du pays ». De plus, cette faible occupation « est imputable

[126]Mohsen Trabelsi (1985), *«Les potentialités humaines régionales et la décentralisation territoriale»,* RTSS n°82/83, p.269.

pour une partie aux mouvements saisonniers et temporaires, le recensement a été effectué à une période creuse pour l'agriculture».[127]

Par contre, la quasi-totalité des gouvernorats littoraux enregistre une occupation supérieure à la moyenne nationale. Cette main-d'œuvre effectivement occupée se trouve dans les régions les plus développées du pays, où le travail industriel est très important (entre autres à Tunis, à Sousse et surtout à Monastir) et où les activités économiques, tertiaires notamment et touristiques plus particulièrement), sont très diversifiées surtout à Nabeul et à Médenine.

Tableau n°53 : Population active occupée et taux d'occupation (en %) par région en 2008 :

Région	Pop. occupée	Taux d'occupation
District de Tunis	785421	85.6
NE	517627	91.1
NO	333995	**81.1**
CE	777778	87.0
CO	349313	85.0
SE	254614	84.6
SO	136600	**76.6**
Tunisie	3155349	85.8

Source : INS : Enquête Population Emploi 2008

D'autre part, le niveau de développement de chaque gouvernorat peut être démontré également par l'analyse de la localisation géographique du chômage qui peut refléter le dynamisme économique de chaque région.

Paragraphe 3 : Différenciation régionale du chômage :

La répartition géographique des chômeurs montre qu'en 1999 plus de 105 mille personnes se trouvent dans le District de Tunis, soit près de 24% du total des chômeurs. En 2004, cette proportion dépasse 25% avec plus de 108 mille chômeurs dans le Grand Tunis. En d'autres termes, près d'un chômeur sur quatre réside dans cette région. Si on ajoute le Centre-Est, le Nord-Est le Sud-Est, cette proportion dépassera en 1999 : 62% (et 64% en 2004) montrant une concentration relative de la population des chômeurs dans l'axe littoral.

---

[127] KH. Taamalallah (1987), op. cit, pp236-236.

Néanmoins, cette répartition géographique dépend du nombre d'actifs dans chaque gouvernorat ce qui rend notre remarque relativement superflue, c'est pourquoi l'utilisation des taux de chômage par région peut s'avérer plus utile et plus significative pour l'étude de la localisation géographique du chômage et de sa relation avec le développement socio-économique.

En effet, les taux de chômage les plus élevés sont enregistrés dans la partie « Ouest » du pays, dans laquelle on trouve des taux de 21,1% au Nord-Ouest et au Sud-Ouest et de 18% au Centre-Ouest (près de 16% en 2004), avec les valeurs maximales enregistrées au Kef (27,8% en 1999 et 20% en 2004) aussi bien pour les deux sexes que pour le chômage féminin (32,6% en 1999 et 29% en 2004) et le taux masculin (26,8% en 1999 et 20% en 2004).

Par contre, les taux les plus modérés se situent à Nabeul (8,8% en 1999 et 9,7% en 2004), à Monastir (10,7% et 7,4% respectivement) et à Mahdia (10%). Pour l'ensemble des gouvernorats côtiers, qui sont les plus urbanisés et les plus développés (le Centre-Est et le Nord-Est, excepté Zaghouan), on trouve un taux de chômage moyen qui se situe à 12,6% en 1999 et à 12,2% en 2004 (des taux inférieurs à la moyenne nationale respectivement de 15,8% et de 13,9%) tandis qu'il atteint près de 20% pour l'ensemble des gouvernorats de l'intérieur qui sont les moins développés économiquement.

Les données des dernières enquêtes sur l'emploi confirment cette ''dichotomie'' géo-économique : en 2008, plusieurs régions littorales enregistrent des taux de chômage inférieurs à 10% (8.8% à Nabeul et 9.5% à Monastir) contrairement aux régions intérieures avec des taux dépassant 20% dans plusieurs gouvernorats et avoisinant 30% dans certains cas (29% à Kasserine et 26% à Gafsa).

Quant au District de Tunis, il s'agit d'un cas bien particulier étroitement lié à l'exode rural qui est en train d'aggraver le chômage urbain et de déstabiliser le marché du travail. Selon certains auteurs, « la mobilité contribue souvent à aggraver la pression dans les régions d'accueil en augmentant les externalités négatives : le cas de Tunis est significatif puisque c'est la région qui a le solde migratoire le plus élevé, mais aussi un des taux de chômage les plus élevés ».[128]

En termes d'évolution, les gouvernorats de Jendouba, Le Kef, Kairouan et Kasserine sont les gouvernorats caractérisés par la stabilité des taux de chômage élevés, et ce, depuis 1966 ce qui reflète

[128] A. Belhedi (1996), op. cit, p.199.

l'acuité de ce problème dans le Nord Ouest et dans le Centre Ouest. En dépit de tous les efforts déployés par l'État durant toute cette longue période, le problème du chômage reste épineux à cause de l'importance des taux dépassant souvent -durant les quatre dernières décennies- 18% (voire 20%) dans la plupart des régions intérieures.

En 1966, les taux de chômage les plus élevés affectaient Kasserine (29.3%) puis Jendouba (23,2%) et Le Kef (20%). Ces deux derniers enregistraient également en 1975 les valeurs maximales avec respectivement 29% et 17,8% (avec Kairouan 18%). Il en est de même pour 1984 (23,7% pour Jendouba et 19,1% pour le Kef). À partir de cette date, on va remarquer une amélioration relative de la situation de Jendouba (quoique cette situation demeure préoccupante) avec le recul du taux de chômage passé de 23,7% à 17,3% entre 1984 et 1999 (bien qu'il ait connu une légère augmentation en 2004 avec un taux de 20%). Durant la même période, on remarque - en revanche - une détérioration de la situation de l'emploi dans d'autres gouvernorats dont le taux de chômage a connu un accroissement sensible, et ceci concerne Le Kef (de 19% à près de 28%), Kasserine (de 17% à 26%) et Gafsa (de 18% à 25%). Ces trois gouvernorats ont connu, néanmoins, une légère « amélioration » entre 1999 et 2004 avec des taux respectifs de 22%, 20,9% et de 21%.

En 2008, le chômage demeure très important **dans les régions intérieures** avec des taux très élevés dans certains gouvernorats pour lesquels la situation de l'emploi est réellement préoccupante (le taux de chômage avoisine 30% à Kasserine et à Tozeur et dépasse 25% à Gafsa ; pour le taux féminin, il dépasse même 36% à Gafsa et à Tozeur et surtout 47% à Kasserine).

Si le niveau de développement socio-économique explique la relative stabilisation des taux de chômage dans les régions côtières (qui enregistrent depuis 1975 des ratios inférieurs à la moyenne nationale) et son accroissement considérable dans les régions intérieures (dont les taux sont généralement supérieurs à la moyenne nationale), cette explication n'est pas valable pour le District de Tunis qui peut être la région la plus développée de la Tunisie mais qui a enregistré une augmentation sensible du taux de chômage (passé de 9,8% en 1975 à 15,3% en 1999) qui peut être imputable à l'attirance exercée sur les demandeurs d'emploi notamment grâce à l'importance de son infrastructure industrielle et des services.[129]

Section 3 : L'inégale répartition des activités économiques :

Paragraphe 1 : Différenciation régionale des activités économiques selon les secteurs d'activité :

Comme on l'a précédemment invoqué, le développement économique conduit au déplacement de la main-d'œuvre de l'agriculture vers l'industrie puis vers les services. L'évolution de l'emploi par secteur peut refléter ainsi le degré de développement de chaque région et son retard ou son rattrapage par rapport aux régions développées. La classification des régions montre que la région « sous-développée » est souvent caractérisée par un déséquilibre privilégiant numériquement le secteur primaire, tandis que « la région développée » privilégie l'emploi dans le secteur tertiaire au détriment du secteur agricole. Les étapes intermédiaires consistent à « privilégier dans une première étape le secteur secondaire et à reléguer le secteur primaire à la troisième position, et dans une seconde étape, à favoriser le secteur tertiaire par rapport au secondaire ».[130]

La typologie régionale et la répartition économique des régions tunisiennes peuvent confirmer la classification sus-citée. En effet, le premier type -correspondant au stade caractéristique des pays sous-développés et caractérisé par la prédominance de l'agriculture-concerne les régions du Nord Ouest et du Centre Ouest, notamment les gouvernorats de Beja, Jendouba, Kairouan et Sidi Bouzid où l'agriculture emploie entre 40 et 46% de la population occupée et où l'activité économique n'est pas suffisamment diversifiée en particulier à cause de la contribution modeste du secteur industriel dans l'activité.

Par contre, le District de Tunis et le Sahel (hormis Mahdia) présentent la combinaison des régions développées, avec une très faible proportion des occupés employés dans l'agriculture (entre 1% et 7%), une fraction considérable employée dans le secteur industriel et surtout une proportion plus importante des occupés dans le secteur tertiaire. Cette « combinaison » peut être imputée à deux raisons principales. Primo, l'importance de l'emploi tertiaire à Tunis (71% en

---

[129] Abdessalem Dammak et Ridha Dammak (2001), *« L'emploi et l'activité économique »,* in : J. Vallin et T. Locoh (2001), op. cit, p.389.
[130] M. Trabelsi (1985), op. cit, p.275.

1999 et 72,4% en 2004) est expliquée par la très forte centralisation administrative qui a fait de la Capitale le principal centre de services. Secundo, l'emploi industriel est important au Sahel (46% et 51% en 1999 et 42% et 54% en 2004 respectivement à Sousse et à Monastir) grâce au tissu industriel diversifié et à la croissance rapide des industries manufacturières en particulier ; il en est de même pour l'emploi tertiaire notamment grâce au « boom touristique » et à l'expansion des activités commerciales.

Par ailleurs, d'autres gouvernorats présentent le signe d'une région assez développée caractérisée par une diversification de l'activité et par un certain équilibre entre les secteurs économiques, avec moins de 30% pour l'emploi agricole et près de 35% (ou plus) pour l'emploi secondaire et pour l'emploi tertiaire. Dans cette catégorie, on trouve Bizerte, Sfax et Nabeul qui constituent un espace agricole dynamique, un espace industriel relativement développé (notamment Sfax) et un espace touristique principal (avec l'importance du tourisme en particulier au Cap Bon).

Enfin, les gouvernorats du Sud sont souvent caractérisés par l'importance de l'emploi dans les services à cause de la modestie de l'apport du secteur industriel (avec la stagnation de l'agriculture), et ce, à l'exception de Gabes et de Médenine (avec Gafsa où l'embauche dans les mines est la plus importante du pays) qui appartiennent à l'espace industriel principal de la Tunisie (évidemment littoral).

La dichotomie géographique reflète un inégal développement correspondant à différents stades d'évolution de chaque région. La classification évoquée par M. Trabelsi depuis 1985[131] est quasiment la même aujourd'hui, avec un état de surdéveloppement de la région de Tunis (avec la prédominance des services) et le sous-développement du Nord Ouest et du Centre Ouest. Néanmoins, certaines transformations sont remarquables durant ces dernières décennies et elles concernent surtout le Sahel qui ne se situe plus dans la catégorie du « développement équilibré » mais qui a déjà rattrapé le District de Tunis et a atteint le « surdéveloppement ». De même, le Nord-Est ne se situe plus dans la phase 2 (en voie de développement), mais dans la phase 3 caractérisée par l'équilibre entre les secteurs d'activité.

---

[131] Ibid, p.282.

Paragraphe 2 : La concentration des activités industrielles et tertiaires :

Le « surdéveloppement » des régions du District de Tunis et du Sahel peut être lié non seulement à l'importance des activités secondaires et tertiaires, mais surtout à la centralisation des activités industrielles et des services dans ces deux régions en particulier et dans l'axe littoral en général.

Selon les données de l'Enquête Population Emploi de 1999, cet axe littoral concentre 74% des emplois non agricoles et plus de 75% des emplois industriels et tertiaires, ne laissant pour les autres régions (qui s'étendent sur le ¾ de la superficie) que moins du tiers (voire le quart) des emplois dans les services et dans l'industrie. Les données du dernier RGPH et des dernières enquêtes confirment cette constatation puisque cet axe littoral regroupe en 2008 plus de 83% (78% en 2004) des emplois industriels et plus de 78% des emplois dans les services (76% en 2004) reflétant la concentration de plus des ¾ des activités secondaires et tertiaires.

Les statistiques montrent très nettement la prééminence du District de Tunis et du Centre Est et la centralisation considérable des activités industrielles et tertiaires. En effet, ces deux régions accaparent en 1999 respectivement 29% et 25% des emplois non agricoles, soit près de 54% de l'ensemble des emplois non agricoles. Il en va de même pour l'emploi industriel (24,4% pour le District de Tunis et 28,6% pour le Centre Est) et pour l'emploi tertiaire (33% pour la région tunisoise et 21% pour le Sahel et Sfax). La même concentration est constatée également en 2004, sinon elle est plus importante, puisque le District de Tunis attire 22,6% de l'emploi industriel et 33% de l'emploi tertiaire, ces proportions dépassent pour le Centre Est 30,6% et 22% respectivement.

En d'autres termes, sur 7 grandes régions de la Tunisie, 2 régions seulement concentrent plus que la moitié des activités industrielles et des services et ne laissent pour les 5 autres régions que 45% de l'activité. Si on ajoute le Nord Est et le sud littoral, on va trouver que **cet espace littoral -qui s'étend sur près du quart du territoire- regroupe plus des trois quarts des emplois secondaires et tertiaires.**

Par ailleurs, si on ne se contente pas des données récentes, et si on suit l'évolution de l'emploi et de l'activité selon les régions, on va s'apercevoir que le **niveau de développement n'a pas été bouleversé** à cause de l'inégal développement qui persiste depuis plusieurs décennies. Déjà en 1975, on parlait du « poids industriel du littoral oriental » qui « recueille l'essentiel des implantations industrielles » et d'un « espace industriel vigoureusement contrasté » dans lequel le District de Tunis a une place de « leader » incontestable, suivi par des gouvernorats bien industrialisés qui (hormis Gafsa) sont tous littoraux (Sousse, Monastir, Sfax et Bizerte) tandis que les gouvernorats de Sidi Bouzid et de Siliana sont totalement dépourvus d'emploi industriel : Pour l'ensemble du pays, trois ou quatre gouvernorats concentrent, pour chacun des indicateurs (emploi, investissement, valeur ajoutée, chiffre d'affaires…) plus des trois quarts de la valeur totale.[132]

Depuis près de quatre décennies, on parlait de la nécessité et de la primauté de la décentralisation industrielle qui pourraient atténuer ce clivage territorial et qui devraient « bénéficier non pas aux villes littorales, comme cela est généralement préconisé, mais aux régions de l'intérieur desquelles provient l'essentiel du flux migratoire vers Tunis et le Sahel »[133], mais les données récentes montrent que l'inégal développement industriel persiste en dépit de tous les efforts déployés.

D'autre part, outre l'emploi industriel, cette inégalité concerne également le secteur des services qui est nettement concentré dans les régions côtières. À côté de l'emploi tertiaire (dont les ¾ sont centralisés dans ces régions), l'axe littoral accapare plus de 90% de la capacité touristique, 82% du trafic terrestre, plus des 2/3 du parc automobile, 87% des exportateurs…c'est pourquoi le littoral constitue -selon les termes de Belhedi- le principal espace touristique, l'axe vital d'interaction et d'interface et l'épine dorsale des échanges internes et avec l'extérieur.[134]

En outre, la primauté de l'axe littoral est étroitement liée au développement considérable de ses deux régions principales, en l'occurrence le District de Tunis et le Centre Est. En premier lieu, le rôle de la Capitale demeure primordial à cause de la centralisation administrative et de son poids écrasant dans l'emploi et dans les investissements industriels et tertiaires notamment. En second lieu, le Centre Est a pris une place essentielle dans le système socio-

---

[132] P. Signoles, M. Bouthier et J.M. Miossec (1980), *« Une approche de l'espace industriel tunisien »,* in : CERES (1980), *« L'industrialisation au Maghreb »,* actes du 4e Colloque de géographie maghrébine, Tome 2, Cahier du CERES, Série géographie n° 4, Tunis, 1980, pp17-19.

[133] M. Ben Romdhane et A. Belhedi (1980), *« L'industrie tunisoise »,* in: CERES (1980), op. cit, p.234.

[134] A. Belhedi (1996), op. cit, p.195.

économique tunisien suite aux transformations profondes et aux mutations radicales qui l'ont affecté, suite à la régression de l'agriculture qui a cédé « rapidement le pas aux activités non agricoles, à la fois secondaires (notamment l'industrie moderne de transformation) et tertiaires (tourisme, services commerciaux...) qui sont ainsi devenues prépondérantes tant par leur rôle économique que par la multitude des sahéliens qu'elles occupent ».[135]

Paragraphe 3 : Différenciation régionale de la qualification professionnelle :

Le clivage géographique entre le littoral et l'intérieur, notamment en matière d'emploi et d'activité économique, s'est sensiblement répercuté sur la différenciation régionale de la qualification professionnelle surtout à cause de la concentration de la main-d'œuvre qualifiée. Il s'agit d'une répartition géographique qui montre l'existence de certaines régions « déqualifiées » et d'autres « surqualifiées ».

En fait, il s'agit d'une «ségrégation spatiale» des forces de production qui « apparaît sous forme d'une opposition régionale sur la base de la qualification professionnelle. Certaines régions sont le foyer de main-d'œuvre qualifiée, d'autres au contraire sont considérées comme bassins de main-d'œuvre déqualifiée ».[136]

En effet, le District de Tunis retient plus que 40% des cadres, suivi par le Centre-Est (22,3%) tandis que cette proportion ne dépasse pas 7,5% au Centre Ouest et 7,6% au Nord-Ouest. D'autres indicateurs sont éloquents à ce titre, puisque le gouvernorat de Tunis regroupe, à lui seul, 19% des cadres alors que tous les gouvernorats -au nombre de 7- du Centre-Ouest et du Nord-Ouest ne retiennent que 15% de la population occupée qualifiée.

En somme, deux régions accaparent plus que 62% des cadres, alors que les 5 autres régions n'en regroupent que 37% ce qui reflète très nettement « la ségrégation spatiale » de la qualification professionnelle.

Cette inégalité n'a pas tendance à s'atténuer; bien au contraire, les dernières données de l'Enquête Population Emploi 2008 montrent que cette concentration est encore plus importante puisque le District de

---

[135] M. Jedidi (1986), *« Croissance économique et espace urbain dans le Sahel tunisien depuis l'indépendance»,* Publication de l'Université de Tunis, Tome 1, p.369.

[136] M. Trabelsi (1985), op. cit, p.284.

Tunis et le Nord-Est attirent près de 65% des cadres contre moins de 36% pour les cinq autres régions.

CONCLUSION

L'inégal développement économique s'est traduit par un clivage géographique très net entre les régions littorales et celles intérieures ce qui a été à l'origine de la persistance de plusieurs disparités économiques substantielles.

En premier lieu, la distribution spatiale des investissements a été très inégalitaire favorisant certaines régions côtières (en particulier le District de Tunis et le Centre-Est) et l'axe littoral en général qui a accaparé la plupart des investissements tant publics que privés, et ce, au détriment des régions intérieures dont la part n'a pas dépassé souvent 30%. En second lieu, l'étude de la différenciation régionale du chômage a montré que les taux les plus élevés se trouvent dans les zones intérieures où on trouve des ratios nettement supérieurs à la moyenne nationale et où le taux de chômage avoisine parfois 25% voire 30% tandis que les valeurs les plus modérées sont enregistrées aux gouvernorats côtiers avec des taux oscillant entre 8% et 12%.

Cette dichotomie géographique est inhérente à la concentration de l'emploi dans la partie littorale du pays et à la centralisation des activités dans les régions orientales. En effet, cet espace littoral -qui s'étend seulement sur près du quart du territoire tunisien- concentre plus des trois quarts des emplois secondaires et tertiaires et regroupe la même proportion des emplois non agricoles en général.

Cette centralisation des activités n'est pas restée sans effets sur la répartition régionale de la qualification professionnelle, et ce, à cause de la concentration des cadres -notamment les cadres supérieurs- dans la Capitale et dans les régions « surqualifiées » alors que les autres sont les bassins de main-d'œuvre déqualifiée.

D'autre part, ces inégalités économiques -conjuguées aux disparités sociales considérables- se sont sensiblement répercutées sur l'évolution du développement humain et sur la progression de l'IDH et de l'IPH dans les différents gouvernorats et régions. C'est ce que nous étudierons dans le chapitre suivant.

Chapitre 6: Les inégalités régionales à travers les indicateurs synthétiques

L'étude des inégalités régionales à travers les indicateurs synthétiques par région et par gouvernorat a été confrontée à 2 problèmes majeurs d'ordre méthodologique, à savoir le découpage administratif et la disponibilité des données.

D'abord, à cause du changement du découpage administratif surtout avant 1975, et afin de comparer ce qui est comparable, on a fait une comparaison entre 1966 et 2000 suivant le découpage de 1966 qui a totalement changé notamment depuis 1975, c'est pourquoi on a fait une deuxième analyse à partir des données de 1975 (à peu près, le découpage administratif des gouvernorats n'a que légèrement changé - seulement pour le Sud- entre 1975 et 2010). Cette deuxième analyse est plus détaillée que la première, car elle ne concerne pas une comparaison globale entre deux dates seulement (1966 et 2000) mais, grâce au découpage administratif à peu près identique, on a procédé à une comparaison à plusieurs dates touchant aussi bien 1975, 1984, 1994, 2000, 2004 et 2010.

En outre, le second problème concerne la disponibilité des données par région et surtout par gouvernorat. À ce titre, l'indisponibilité de certaines composantes de l'IDH et de l'IPH nous a obligés à les substituer par d'autres données qui peuvent refléter l'évolution de la situation socio-économique et du développement humain en général. Pour l'IDH par exemple, l'indice économique ou du niveau de vie par région est approximé par la dépense moyenne (par personne ou par ménage), et ce, à cause de l'indisponibilité du PIB par habitant (à travers la PPA) par région ou par gouvernorat. Parfois, cet indice économique est approximé par le taux de chômage, car la dépense moyenne n'est pas disponible par gouvernorat.

Il en va de même pour l'indice sanitaire, car l'autre composante de l'IDH à savoir l'espérance de vie n'est pas disponible par région et par gouvernorat en 1966, c'est pourquoi l'indice sanitaire a été approximé dans plusieurs cas par le taux de mortalité infantile.

Ce problème concerne également l'Indicateur de la Pauvreté Humaine ou l'IPH. À cause de l'indisponibilité de la probabilité de décéder avant 40 ans et de la proportion des enfants souffrant d'insuffisance pondérale, on s'est trouvé obligé de remplacer ces variables par le taux de mortalité générale et par le taux de mortalité infantile.

Section 1 : Évolution de l'IDH par région et par gouvernorat[137]

Paragraphe 1 : Évolution de l'IDH entre 1966 et 2000

1.1 : L'IDH par région en 1966 et en 2000 :

Notre IDH représente ici la moyenne arithmétique des trois composantes suivantes :

-l'indice économique ou du niveau de vie : approximé par la dépense moyenne par ménage (aux prix courants).

-l'indice d'éducation : mesuré par le taux d'alphabétisation des adultes (10 ans et plus) (en %).

-l'indice sanitaire : mesuré par une moyenne pondérée à la moitié du taux de mortalité infantile et à la moitié du TBM.

Ainsi, l'IDH est la moyenne arithmétique des indices suivants :

- taux d'alphabétisation
- 1- (TBM+TMI)/2
- indice du niveau de vie ou indice économique

Les indices se calculent sur la base de la formule suivante :

Indice= (Valeur réelle – valeur minimale) / (valeur maximale - valeur minimale)

Les valeurs minimales et maximales de chacun de ces éléments sont les suivantes :

	Valeur minimale	Valeur maximale
Dépense par ménage	100	10000
Taux d'alphabétisation	0	100
Mortalité infantile	0	300
TBM	0	20

Par exemple, l'IDH au District de Tunis en 1966 est calculé comme suit :

-Indice économique : (log 641 –log 100)/(log 10000 -log100)

-indice d'éducation : (49.1-0)/(100-0)

-indice sanitaire : 1- (TBM+TMI)/2

[137] Pour plus de détails concernant le calcul de l'IDH et de l'IPH (ainsi que leurs différents indices et composantes) par région et par gouvernorat, voir : Adel Bousnina (2009) : op. cit, pp 226-270.

Le calcul de ces 3 indices et de l'IDH nous donne les résultats suivants :

Tableau n° 54: IDH par région en 1966 et en 2000:

Région	IDH en 1966	IDH en 2000	Progrès	TAAM
D. de Tunis	**0,425**	**0,891**	**466**	2,2
NO	0,288	0,770	482	2,93
NE	0,300	0,824	524	3,02
CO	0,234	**0,743**	**509**	3,46
CE	0,316	0,856	540	2,97
Sud-Est	**0,193***	0,821	625	4,34
Sud-Ouest	-	0,815	625	4,34
Tunisie	**0,307**	**0,830**	**523**	2,97

*Cet indice concerne tout le Sud Source : Élaborés par nos calculs, à partir des données de l'INS

Par rapport à la situation de départ, l'amélioration la plus substantielle concerne le Sud qui a relativement rattrapé son retard en matière de développement humain, et ce, comparativement à sa situation en 1966 caractérisée par un indice économique et par une alphabétisation faibles et surtout par une mortalité infantile et générale très élevée. Cette amélioration remarquable (un progrès de plus de 625 points et une croissance annuelle moyenne de plus de 4,3%) a permis au Sud de laisser la dernière place au Nord-Ouest et surtout au Centre-Ouest dont l'IDH n'a pas atteint 0,800 en 2000, et ce, en dépit de l'accroissement rapide (3,4% annuellement) de cet indice notamment dans le Centre-Ouest qui a encore un IDH largement inférieur à la moyenne nationale (87 points).

Malgré l'amélioration générale de l'IDH dans toutes les régions, on doit noter l'existence d'un déséquilibre régional chronique qui se manifeste à travers une différence substantielle qui se trouve quasiment dans tous nos calculs (cette remarque est également citée maintes fois par les services du PNUD) : aucune des régions du pays, à l'exception de la Capitale et du Centre Est, ne parvient au niveau du seuil national. Souvent, le niveau de l'IDH du Sud et du Nord-Est est très proche (mais encore inférieur) de la moyenne nationale tandis que celui du Nord-Ouest et du Centre-Ouest est largement inférieur à cette moyenne et seuls le District de Tunis et le Centre Est ont pu dépasser ce seuil.

Ces différences expliquent l'écart encore très important entre les différentes régions et qui dépasse en 2000 : 148 points entre le Centre-Ouest et le District de Tunis ce qui reflète la persistance des disparités interrégionales. On remarque, en revanche, une atténuation des écarts entre le Sud et les autres régions développées grâce à l'amélioration sensible du score du Sud ce qui lui a permis de diminuer la différence avec le District de Tunis (de 232 points en 1966 à seulement 73 points en 2000).

D'autre part, et en analysant un autre problème d'ordre méthodologique, on remarque qu'en raison de la faiblesse du TBM (notamment en 2000), celui-ci ne permet pas une discrimination claire et une différenciation interrégionale significative, c'est pourquoi on a préféré se contenter du TMI qui permet une différenciation plus claire en matière sanitaire. En outre, l'utilisation des prix courants ne permet pas de tenir compte de l'inflation et de l'évolution de l'indice des prix, ce qui explique la faiblesse des indices (relatifs aux dépenses) en 1966 par rapport à 2000 et l'importance des progrès de la dépense moyenne entre 1966 et 2000 qui peuvent être imputés -dans une certaine mesure- à l'évolution des prix, et c'est pour cette raison qu'on a préféré l'utilisation de la valeur réelle de la dépense grâce au calcul de la dépense moyenne aux prix constants.

Selon cette méthode, l'IDH représente la moyenne arithmétique des trois composantes suivantes :

-l'indice économique ou du niveau de vie: approximé par la dépense moyenne par ménage (aux prix constants de 1995).

-l'indice d'éducation : mesuré par le taux d'alphabétisation des adultes (10 ans et plus) (en %)

-l'indice sanitaire : mesuré par le taux de mortalité infantile (pour 1000 enfants).

Le calcul de ces 3 indices et de l'IDH nous donne les résultats suivants :

Tableau n° 55: IDH par région en 1966 et en 2000:

Région	IDH en 1966	IDH en 2000
D. de Tunis	**0,630**	**0,898**
NO	0,492	0,787
NE	0,514	0,837
CO	0,455	**0,764**
CE	0,532	0,868
Sud Est	**0,446***	0,836
Sud Ouest	-	0,830
Tunisie	**0,565**	**0,841**

*Cet indice concerne tout le Sud. Source : Élaborés par nos calculs, à partir des données de l'INS

On remarque d'abord que la progression des indicateurs économiques est évidemment moins spectaculaire et plus réaliste que pour la méthode citée précédemment, et ce, grâce à l'utilisation de la valeur réelle de la dépense à prix constants, c'est pourquoi la différence entre les deux indices économiques (pour la Tunisie en 1966 et en 2000) a dépassé 601 dans la première méthode et n'a pas atteint 195 dans ces derniers calculs. Ceci explique également la faiblesse des taux d'accroissement annuels moyens avoisinant 1,2 % pour l'ensemble des régions contre près de 3% pour la première méthode.

Par ailleurs, l'étude de l'évolution de l'IDH par région montre que le progrès le plus sensible concerne le Sud qui a amélioré son IDH de près de 330 points contrairement au District de Tunis qui a enregistré le progrès le plus faible (inférieur à 270 points). Bien entendu, la situation de départ est l'explication principale de cette progression puisque la région tunisoise occupait la place de leader en 1966 tandis que le Sud occupait la dernière place (avec un écart de près de 200 points). Ceci signifie que l'amélioration générale des indicateurs socio-économiques a été beaucoup plus bénéfique pour la région du Sud dont les indices étaient très faibles en 1966 alors que le District de Tunis enregistrait des performances indéniables (par rapport aux autres régions) dès 1966, et ce, tant sur le plan économique que dans les domaines sanitaire et éducatif.

En opposition avec ces deux régions, le Centre-Ouest (et dans un degré moindre le Nord-Ouest) enregistrait en 1966 des indices peu performants et continuent en 2000 à occuper la dernière place du classement, avec les ratios les plus faibles aussi bien au niveau de la dépense moyenne qu'en matière d'alphabétisation et de mortalité infantile. En conséquence, l'IDH y est le moins élevé et le déficit en développement humain est le plus important (236 points contre 102 pour le District de Tunis).

Comme à l'accoutumée, seuls le District de Tunis et le Centre-Est ont dépassé le seuil national tandis que le Nord-Ouest et le Centre-Ouest ont des IDH largement inférieurs à la moyenne nationale. Les places intermédiaires sont occupées par le Sud et le Nord-Est dont les scores sont très proches de la moyenne.

D'autre part, et comme on l'a précédemment invoqué (voir le chapitre 3), l'étude du développement humain peut être facilitée par l'utilisation d'un indice synthétique qui prend en considération l'aspect multiforme de la problématique du développement humain et régional et qui intègre les différentes manifestations socio-démographiques et économiques.

Ainsi, en utilisant un indice synthétique du développement humain par région, et en se basant sur la méthodologie explicitée dans le chapitre 3, on trouve les résultats suivants :

Tableau n° 56 : Indice synthétique du développement humain par région en 1966 et en 2000[138]

Région	D. Tunis	NE	NO	CO	CE	SO	SE	Tunisie
IDH synthétique en 1966	**661**	439	358	**320**	456	336*	-	**451**
IDH synthétique en 2000	**898**	799	703	**681**	838	796	795	**799**
Progrès	237	360	345	361	382	459		348
TAAM	0.9	1.77	2.0	2.25	1.81	2.57		1.7

*Cet indice concerne tout le Sud. Source : Élaborés par nos calculs, à partir des données de l'INS

En 1966, l'écart était colossal entre les régions « développées » et celles « sous-développées ». En témoigne l'IDH enregistré au Centre-Ouest qui est inférieur à la moitié de l'IDH du District de Tunis. En outre, l'écart entre l'indice synthétique de la Capitale et celui du Sud dépassait 325 points (341 points avec le Centre-Ouest et 303 points avec le Nord-Ouest). Ceci dénote clairement de la faiblesse des indicateurs en 1966 notamment ceux relatifs à l'alphabétisation et aux services socio-collectifs.

C'est l'amélioration sensible de ces indicateurs sociaux en 2000 qui est à l'origine de l'augmentation considérable de l'indice synthétique de développement humain notamment dans les régions intérieures et dans le Sud. À titre d'exemple, les progrès - en termes absolus - dans le Nord-Ouest, le Centre-Ouest et dans le Sud ont dépassé respectivement 345, 361 et 459 points (contre 237 points à Tunis). En termes relatifs, le taux d'accroissement annuel moyen de l'IDH synthétique a dépassé dans ces trois zones 2% alors qu'il a oscillé entre 0,9 % et 1,8% dans les zones littorales.

Cependant, et en dépit de cette amélioration indéniable des scores des régions intérieures, les écarts interrégionaux demeurent importants. Bien que nos calculs soient basés sur des indices synthétiques (ne se contentant pas de 3 indices comme dans les tableaux précédents), on a retrouvé le même clivage géographique et

[138] Cet IDH synthétique comporte les indices suivants : l'indice économique (de la DPA), l'indice du chômage, l'alphabétisation, le TMI, le taux de desserte en eau courante, le taux d'électrification, l'indice de la pauvreté et le taux d'urbanisation.

la même dichotomie entre les différentes zones. Même avec un IDH synthétique, aucune région n'est parvenue à dépasser le seuil national à l'exception du Centre-Est et du District de Tunis; le Nord-Est et le Sud ont quasiment atteint la moyenne tandis que le Nord-Ouest et surtout le Centre-Ouest enregistrent des scores nettement inférieurs à ce seuil (avec un écart encore considérable en 2000 de 217 points entre les deux extrêmes, à savoir le District de Tunis et le Centre Ouest). La faiblesse de ces scores explique l'importance du déficit en développent humain dans ces régions, un déficit qui avoisine 300 points pour le Nord-Ouest et qui dépasse 319 points pour le Centre-Ouest.

Ce déficit -considérable par rapport aux régions littorales- reflète très clairement **la marginalisation des zones intérieures** et de la partie ouest du pays. À cause de l'amélioration de la situation du Sud et de l'état performant -depuis longtemps- des zones littorales, certains auteurs ne se contentent pas de parler seulement d'un inégal développement ou d'une marginalisation des régions intérieures, mais ils parlent même **d'un enclavement** de ces zones à cause de leur isolement tant au niveau productif que dans le secteur non productif : le premier est entamé par « l'absence de l'infrastructure routière ou par la pénurie des substituts, sinon par la détérioration des équipements à travers le temps de façon à rendre l'unité sociale (ou la région) peu intégrée au tissu qui l'entoure ». Quant au niveau non productif, « dévolu généralement à l'État, l'enclavement indique le manque des équipements socio-éducatifs et collectifs ».[139]

1.2 : L'IDH par gouvernorat en 1966 et en 2000 :

La même démarche utilisée pour le calcul de l'IDH par région a été utilisée également pour l'IDH par gouvernorat, et ce, en commençant par l'IDH classique (basé sur les 3 indices) avant de calculer l'indice synthétique de développement humain.

Pour le calcul de l'IDH classique, la même méthode (utilisée précédemment pour le TMI et l'alphabétisation) a été utilisée ici, sauf pour l'indice économique qui a été approximé par l'indice du chômage à cause de l'indisponibilité des données sur la dépense par personne ou par ménage dans les différents gouvernorats :

---

[139]Laroussi Amri (2002), *« La femme rurale dans l'exploitation familiale. Nord-Ouest de la Tunisie »*, Ed. L'Harmattan, Paris, 2002, pp151-152.

-l'indice économique (ou indice de l'emploi) = 1- indice du chômage (Indice du chômage= valeur réelle (ou taux du chômage) - valeur minimale (0)/ valeur maximale (50)-valeur minimale (0)

Donc l'indice économique est égal à : 1- (T. chômage /50)

Le calcul des indices sanitaire et éducatif et de l'indice économique nous donne les résultats suivants :

Tableau n° 57: IDH par gouvernorat en 1966 et en 2000 :

Gouvernorat	IDH en 1966	IDH en 2000
D. de Tunis	**0,623**	0,822
Nabeul	0,527	0,840
Bizerte	0,515	0,768
Beja	0,515	0,727
Jendouba	0,456	0,723
Le Kef	0,477	0,678
Kairouan	0,462	0,706
Kasserine	**0,403**	**0,644**
Sousse (ou Sahel)*	0,515	**0,816***
Sfax	0,546	0,810
Gafsa	0,504	0,719
Gabes	0,479	0,776
Medenine	0,412	0,801
Tunisie	**0,527**	**0,778**

Source : Élaborés par nos calculs, à partir des données de l'INS

*Puisque le découpage administratif de 1966 regroupait Sousse, Monastir et Mahdia, et afin de comparer le niveau de l'IDH dans les deux périodes, on a préféré faire la moyenne des indicateurs de ces trois gouvernorats en 2000 afin de trouver les indicateurs correspondant au Sahel. En réalité, cette moyenne (IDH=816) est affectée par la faiblesse des indicateurs à Mahdia (l'IDH, en 2000, est réparti comme suit : Sousse : 0.810 ; Monastir : 0.845 et Mahdia : 0.790)

En comparant la situation en 1966 et en 2000, certaines observations s'imposent.

En premier lieu, la Capitale a perdu sa place de leader en faveur de Nabeul et de Monastir bien qu'elle enregistre les meilleurs scores en matière éducative et sanitaire. Ce recul est inhérent à l'augmentation du chômage dans le District de Tunis contrairement au Cap Bon et au Sahel dans lesquels les taux d'emploi sont beaucoup plus importants.

En second lieu, **le gouvernorat de Kasserine a maintenu sa dernière place** tant en 1966 qu'en 2000 dénotant ainsi de la marginalisation réelle de cette région. En témoigne l'amélioration sensible du score de Medenine qui était en 1966 très proche de celui de Kasserine (avec un IDH respectivement de 403 et de 412 soit un écart seulement de 9 points) alors que la différence entre les deux gouvernorats en 2000 est colossale (157 points).

En troisième lieu, la différence entre les gouvernorats extrêmes a été maintenue en dépit de l'amélioration générale des indicateurs. Aussi bien en 1966 qu'en 2000, la différence entre Kasserine -la moins lotie- et les régions les plus développées (Tunis et Monastir) a dépassé 200 points reflétant la persistance des inégalités interrégionales.

En outre, si l'on considère le niveau socio-économique de départ, on remarque que la progression la plus substantielle concerne Medenine (avec près de 390 points), Nabeul et le Sahel (avec respectivement 313 et 301 points) tandis que Kasserine et Le Kef n'ont progressé que de 201 et de 244 points : conjuguée à leurs faibles scores en 1966, cette lente progression (comparativement au sud par exemple) explique la faiblesse de leur IDH en 2000 qui n'a pas atteint 0,700 contrairement à tous les autres gouvernorats.

D'autre part, la différenciation entre les différentes régions est inhérente aux indices éducatif et économique, car les différences en matière sanitaire sont en train de s'estomper grâce à l'amélioration générale des indicateurs de la mortalité infantile (et de la mortalité générale également). À titre d'exemple, l'importance du chômage à Gafsa explique la faiblesse de son score en dépit des indicateurs sanitaires et éducatifs qui sont relativement satisfaisants. De même, le très faible IDH au Kef et à Kasserine est attribuable à l'augmentation du taux de chômage dans ces deux gouvernorats et à la relative faiblesse du taux d'alphabétisation par rapport aux autres régions (tandis que l'indice sanitaire est relativement proche de la moyenne).

Par ailleurs, l'analyse de l'IDH par gouvernorat en 2000 montre - encore une fois- le problème de **la littoralisation de l'espace tunisien: aucun gouvernorat de l'intérieur ne parvient au seuil national** (0,778) et toutes les zones qui ont atteint ou dépassé cette moyenne appartiennent à l'axe littoral (dont le Sud littoral). Il s'agit des gouvernorats du Centre Est, du District de Tunis, de Nabeul et de Medenine (les scores de Gabes et de Bizerte sont très proches de 0,778).

Cette dichotomie géographique et cette primauté des régions littorales peuvent être confirmées davantage par l'analyse de l'évolution de l'indice synthétique de développement humain par gouvernorat entre 1966 et 2000, et ce comme le montre le tableau suivant :

Tableau n° 58: L'IDH synthétique par gouvernorat en 1966 et en 2000[140]

	IDH en 1966	IDH en 2000	Progrès	TAAM
D. Tunis	**630**	**875**	245	0.97
Bizerte	424	757	333	1.72
Nabeul	405	812	407	2.07
Beja	357	673	316	1.88
Jendouba	320	634	314	2.03
Le Kef	325	656	331	2.09
Kairouan	320	632	312	2.02
Kasserine	**285**	**603**	318	2.23
Sahel*	419	825*	406	2.01
Sfax	395	783	388	2.03
Gafsa	363	764	401	2.21
Gabes	**239**	782	460	2.64
Medenine	322	766	527	3.48
Tunisie	**363**	**768**	405	2.23

* Comme on l'a précédemment invoqué, cette moyenne (IDH= 825) est affectée par la faiblesse des indicateurs à Mahdia (l'IDH synthétique, en 2000, est réparti comme suit : Sousse : 0.843 ; Monastir : 0.894 et Mahdia : 0.735)

Ce tableau montre très nettement l'existence d'une **« inertie spatiale »** privilégiant la façade orientale dans laquelle se concentrent les espaces centraux qui se trouvent consolidés et renforcés : « En plus de la consolidation des anciens foyers comme Tunis, Sfax et Sousse, on voit émerger de nouveaux espaces centraux : un véritable élargissement de l'assise des noyaux centraux. Ce sont les zones urbaines littorales liées au développement touristique (Cap Bon et Sud Est) et au développement industriel (Gabes et Bizerte) ».[141]

Cette consolidation s'exprime à travers les scores très positifs et plus élevés des gouvernorats littoraux qui sont largement supérieurs à ceux des régions intérieures. Déjà en 1966, la primauté de l'axe littoral était très nette, étant donné que tous les IDH qui sont supérieurs à la moyenne nationale sont enregistrés dans la façade orientale et plus particulièrement dans les espaces centraux de la Tunisie, en l'occurrence le District de Tunis, Bizerte, Nabeul, Sahel et Sfax.

140 Cet IDH synthétique comporte les indices suivants : l'indice du chômage, l'alphabétisation, le TMI, le TBM, le taux de desserte en eau courante, le taux d'électrification et le taux d'urbanisation.

141 Amor Belhedi (1998), *« Les niveaux de développement socio- économique régional en Tunisie»,* in : Amor Belhedi (dir), *« Quelques aspects du développement régional et local en Tunisie »,* Cahier du CERES, Série géographique n°20, Tunis, 1998, p.51.

La typologie régionale de 1966 est quasiment la même en 2000, avec les régions littorales qui ont atteint le seuil national (paradoxalement, ce sont les mêmes gouvernorats tant en 1966 qu'en 2000) en opposition avec les régions intérieures parmi lesquelles on ne trouve aucun gouvernorat (sauf Gafsa) qui a un score proche de la moyenne nationale. À l'instar de la situation de 1966, les scores les plus faibles sont enregistrés au Nord Ouest et au Centre Ouest et surtout à Kasserine dont l'IDH synthétique ne dépasse pas 0,603. C'est dire que malgré tous les efforts déployés par l'État et toutes les actions de développement régional depuis près de quatre décennies, le déficit en développement humain dans le gouvernorat de Kasserine est encore colossal avoisinant 400 points et la différence entre l'IDH de cette région et celui de Monastir est invraisemblable atteignant près de 300 points.

Outre la primauté de la façade orientale et la marginalisation de la partie ouest du pays, l'analyse de l'évolution de l'IDH synthétique montre la progression spectaculaire de la région du Sud et en particulier le Sud littoral qui a enregistré l'accroissement le plus substantiel de son score, et ce, aussi bien en termes absolus (527 points pour Medenine et 460 points pour Gabes) qu'en termes relatifs (le taux d'accroissement annuel moyen de l'IDH a atteint 3.5% pour Medenine alors qu'il est de 2.29% pour l'ensemble du pays).

En somme, l'analyse générale de l'évolution de l'IDH par région et par gouvernorat en 1966 et en 2000 montre très clairement l'existence d'un inégal développement régional favorisant l'axe littoral aux dépens du Nord Ouest et du Centre Ouest, ce qui a été à l'origine de la consolidation des espaces centraux (littoraux) - avec l'amélioration de la position du Sud- et de la marginalisation des régions intérieures. Ces remarques peuvent être confirmées davantage par l'analyse -plus détaillée- de l'évolution de l'IDH et par la comparaison à plusieurs dates entre 1975 et 2010. C'est ce que nous étudierons dans ce qui suit.

Paragraphe 2 : Évolution de l'IDH entre 1975 et 2010[142]

2.1 : L'IDH par région en 1975-1984-1994 –2000- 2004 et en 2010 :

Grâce à la disponibilité des données sur l'espérance de vie à partir de 1975, notre IDH est très proche de celui défini par le PNUD (sauf pour l'indice économique à cause de l'indisponibilité du PIB/Hab PPA). Ainsi, l'IDH représente la moyenne arithmétique des trois composantes suivantes :

-l'indice économique ou du niveau de vie : approximé par la dépense moyenne par personne (aux prix courants).

-l'indice d'éducation : mesuré par le taux d'alphabétisation des adultes (10 ans et plus) (en %)

-l'indice sanitaire : mesuré par l'espérance de vie à la naissance.

Les indices se calculent sur la base de la formule citée précédemment. Cependant, le changement des indicateurs implique une modification des valeurs minimales et maximales, et ce, comme le montre le tableau suivant :

	Valeur minimale	Valeur maximale
Dépense par personne	40	2000
Taux d'alphabétisation	0	100
Espérance de vie	25	85

Le calcul de ces 3 indices et de l'IDH nous donne les résultats suivants :

Tableau n° 59 : IDH par région entre 1975 et 2010:

Région	IDH en 1975	IDH en 1984	IDH en 1994	IDH en 2000	IDH en 2004	IDH en 2010
D. de Tunis	**594**	**721**	**823**	**870**	803	**826**
NE	504	635	759	801	775	813
NO	387	529	689	754	**704**	748
CO	**363**	**523**	**669**	**716**	**711**	**734**
CE	580	661	795	837	**806**	**839**
SE	430*	581	732	791	780	770
SO	-	591	728	788	747	723
Tunisie	**479**	**623**	**757**	**806**	**767**	**800**

*Cet indice concerne tout le Sud. Source : Élaborés par nos calculs, à partir des données de l'INS

[142] Pour plus de détails concernant le calcul de l'IDH et de l'IPH (ainsi que leurs différents indices et composantes) par région et par gouvernorat, voir : Adel Bousnina (2009), op. cit, pp226-270.

Après 1966 (période durant laquelle le Sud occupait la dernière place et enregistrait les scores les plus faibles), la typologie régionale n'a pas été bouleversée depuis 1975 et le niveau de développement des régions (et subséquemment leurs rangs) n'a pas été changé à des nuances près : « La Capitale garde toujours le premier rang, elle est suivie par les gouvernorats du Centre-Est (Sousse, Monastir et Sfax) tandis que le Cap-Bon (et le Nord-Est généralement) et le Sud occupent une position intermédiaire avant les zones défavorisées du Centre-Ouest et du Nord-Ouest dont les scores sont négatifs ».[143]

Cette typologie est respectée en 1975 : les meilleurs scores sont enregistrés au District de Tunis et au Centre Est contrairement au Nord-Ouest et au Centre-Ouest qui ont pris la dernière place occupée auparavant par le Sud. L'écart entre les « extrêmes » est de 231 points alors que les régions qui ont atteint l'IDH moyen sont -comme à l'accoutumée- les zones littorales du pays, à savoir la Capitale, le Nord-Est et le Centre-Est (tandis que l'IDH du Centre-Ouest est inférieur à la moyenne nationale de plus de 115 points).

La classification régionale de 1975 est exactement la même en 1984 : les scores du Nord-Ouest et du Centre-Ouest sont largement inférieurs à la moyenne nationale ; l'IDH du Sud est inférieur, mais très proche du seuil national tandis que les espaces centraux ont un IDH supérieur à ce seuil. Paradoxalement, ce sont les régions « défavorisées » qui ont enregistré l'accroissement annuel moyen le plus important avec un TAAM de 2% entre 1975 et 1984 (contre une moyenne de 1,4%) et un taux de 1,6% entre 1984 et 1994 (contre une moyenne nationale de 1,1%).

Une autre fois, cette stratification régionale est la même en 1994 et en 2000[144], avec la place incontestable de leader pour le District de Tunis, suivi par le Centre-Est puis par le Nord-Est et le Sud alors que les deux dernières places sont « l'apanage » du Nord-Ouest et du Centre-Ouest (et ce, en dépit de leur progrès relatif qui est supérieur à toutes les autres régions, avec un TAAM dépassant 1,53% sur toute la période 1975-2000, ce qui reflète l'importance de la « situation de départ » et la persistance des inégalités régionales).

---

[143]Amor Belhedi (1999), *« Les niveaux de développement régional en Tunisie : analyse comparative de 3 méthodes classificatoires »,* RTSS n°119, p.12.

[144] La situation en 2004 est un peu différente ici à cause de l'utilisation d'un indice qui n'a pas été utilisé en 1975, 1984, 1994 et en 2000, à savoir l'indice du chômage (qui a remplacé la DPA) et qui est plus important au Centre Est par rapport au District de Tunis.

Par ailleurs, et malgré cette stratification fortement différenciée de la population tunisienne, l'amélioration générale du niveau de développement a eu un grand impact sur les indicateurs des différentes régions ce qui s'est traduit par une réduction inéluctable des écarts. En effet, la différence entre les extrêmes (toujours la Capitale et le Centre-Ouest) est passée de 231 points en 1975 à 124 points en 1994. De plus, le rapport du quotient tunisois sur celui du Centre-Ouest est passé de 1.5 à 1.2 durant cette période. Cependant, la dernière décennie a connu une aggravation des écarts puisque cette différence a atteint 154 points en 2000 (contre 124 en 1994). Ceci est probablement imputable à la consolidation et à l'affermissement de la loi du marché qui tend souvent à renforcer les disparités et « les divergences cumulatives du marché » en particulier à cause de la distribution inégalitaire des investissements privés (voir le chapitre précédent).

D'autre part, si on utilise un IDH synthétique, on pourra intégrer plus facilement l'aspect multiforme du développement humain en prenant en considération les différents aspects du développement régional, ce qui nous permettra de montrer plus clairement les inégalités économiques et sociales entre les différentes régions.

Tableau n° 60: Indice synthétique de DH entre 1975 et 2009

Région	DT	NE	NO	CO	CE	SO	SE	Tunisie
IDH synthétique (1975)	**744**	582	468	**442**	634	537*	-	**537**
IDH synthétique (1984)	**814**	679	557	**534**	730	671	631	**673**
IDH synthétique (1994)	**868**	756	664	**628**	808	759	749	**761**
IDH synthétique (2000)	**889**	796	709	**681**	833	785	785	**794**
IDH synthétique (2004)	**878**	800	708	**706**	837	808	815	**804**
IDH synthétique (2009)	**835**	760	622	**616**	781	668	730	**748**

*Cet indice concerne tout le Sud. Source : Élaborés par nos calculs, à partir des données de l'INS

Si on prend la région la mieux lotie (District de Tunis) et celle la moins développée (le Centre Ouest), la comparaison des scores des deux zones dans les différents domaines nous permet de connaître l'évolution des écarts et leur aggravation ou au contraire leur atténuation. L'évolution générale des différents indices (économiques, sociaux, éducatifs) entre 1975 et 2009 montre très clairement la persistance des inégalités régionales pour certains indicateurs et l'atténuation des disparités pour d'autres.

En premier lieu, on remarque une atténuation très importante des écarts dans plusieurs domaines tels que la pauvreté, la mortalité, l'électrification et les indicateurs économiques. Ces différences variaient, en 1975, entre 100 et 250 points (640 pour l'électrification) alors que l'écart varie entre 40 et 86 points en 2000 et en 2004 pour la plupart des cas et il a très fortement baissé pour l'électrification pour ne pas dépasser 18 points ou 1,8%.

En second lieu, on doit noter - en revanche - la persistance des inégalités dans d'autres domaines dans lesquels les disparités interrégionales sont encore considérables. Outre la différence en matière d'alphabétisation (254 points en 2000 et 187 points en 2004), l'écart en matière d'urbanisation et de desserte en eau courante demeure vertigineux avec une différence en 2000 de 617 et de 501 points respectivement. Cette différence est restée également très importante en 2004 -malgré la légère baisse- avec des écarts de 601 et 410 points.

Néanmoins, l'amélioration générale des indicateurs a eu en corollaire la réduction de la disparité globale c'est-à-dire en se référant à l'IDH synthétique. Cette réduction a été progressive puisque la différence entre les extrêmes est de 240 points en 1994, de 208 points en 2000 et de 219 points en 2009.

Par ailleurs, la stratification régionale qui se dégage de l'analyse de l'évolution de l'IDH synthétique est similaire à celle dégagée de l'étude de l'IDH classique. Bien que les IDH du Nord-Ouest et du Centre-Ouest aient enregistré la croissance annuelle moyenne la plus rapide, ces deux régions occupent la dernière place aussi bien en 1975, en 1984 et en 1994. De même, le même ordre a été maintenu durant toutes ces années avec la place intermédiaire du Nord Est tandis que la première et la deuxième place sont occupées respectivement par la région tunisoise et le Centre-Est.

Une autre fois également, et à l'instar de l'IDH classique, on trouve qu'aucune des régions intérieures ne parvient au niveau du seuil national, et seules les zones littorales de la façade orientale (District de Tunis, Nord-Est et Centre Est) ont pu réaliser cette performance. La persistance de cette lacune durant toutes les phases de l'étude (1975, 1984, 1994, 2000, 2004 et 2009) dénote très nettement du **caractère chronique et durable du déséquilibre régional.**

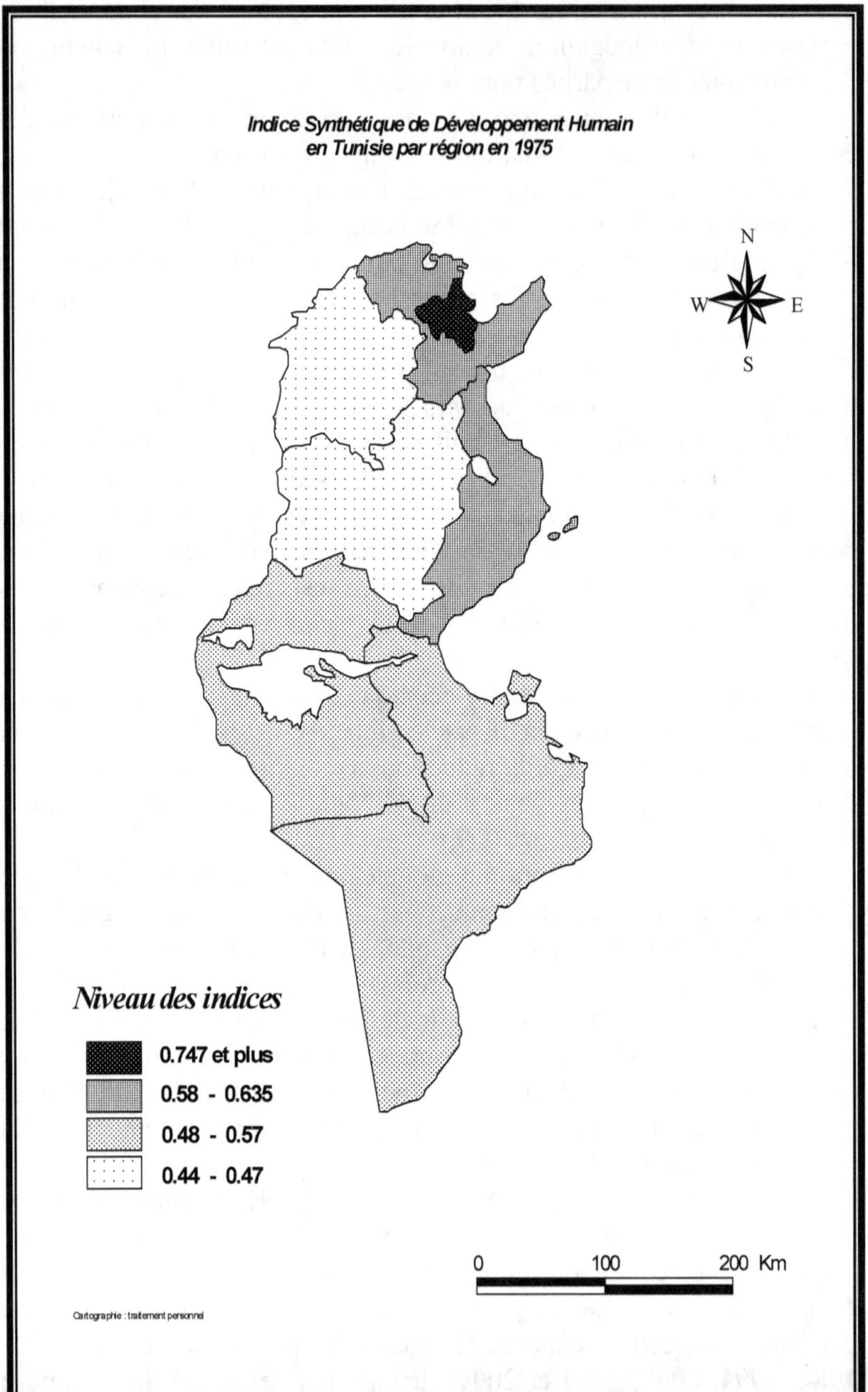
Indice Synthétique de Développement Humain
en Tunisie par région en 1975
N
W
E
S
Niveau des indices
0.747 et plus
0.58 - 0.635
0.48 - 0.57
0.44 - 0.47
0
100
200 Km
Cartographie : traitement personnel

Indice Synthétique de Développement Humain en Tunisie par région en 1984

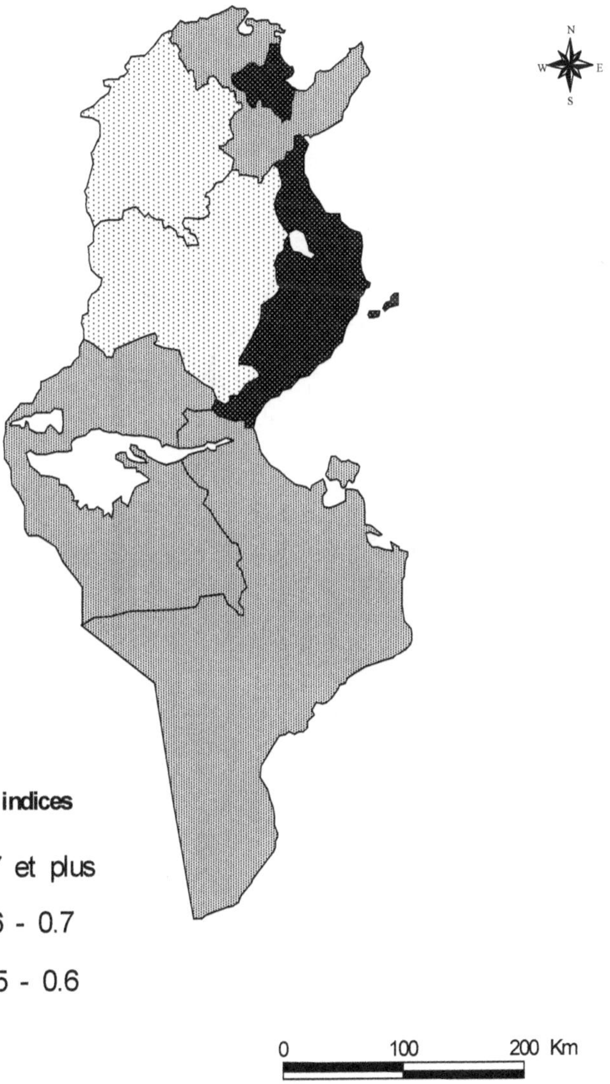

Cartographie : traitement personnel

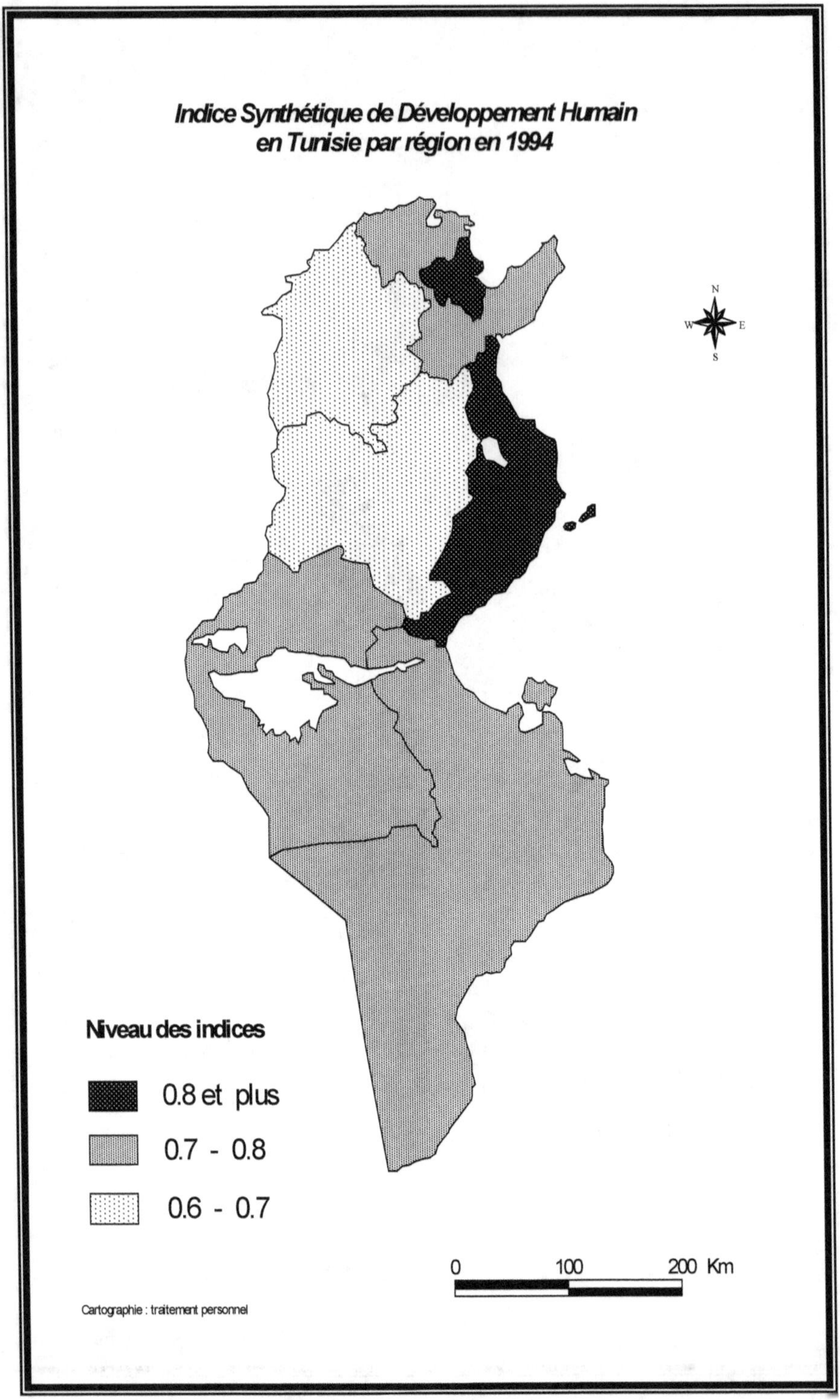

Indice Synthétique de Développement Humain
en Tunisie par région en 1994
N
W
E
S
Niveau des indices
0.8 et plus
0.7 - 0.8
0.6 - 0.7
0
100
200 Km
Cartographie : traitement personnel

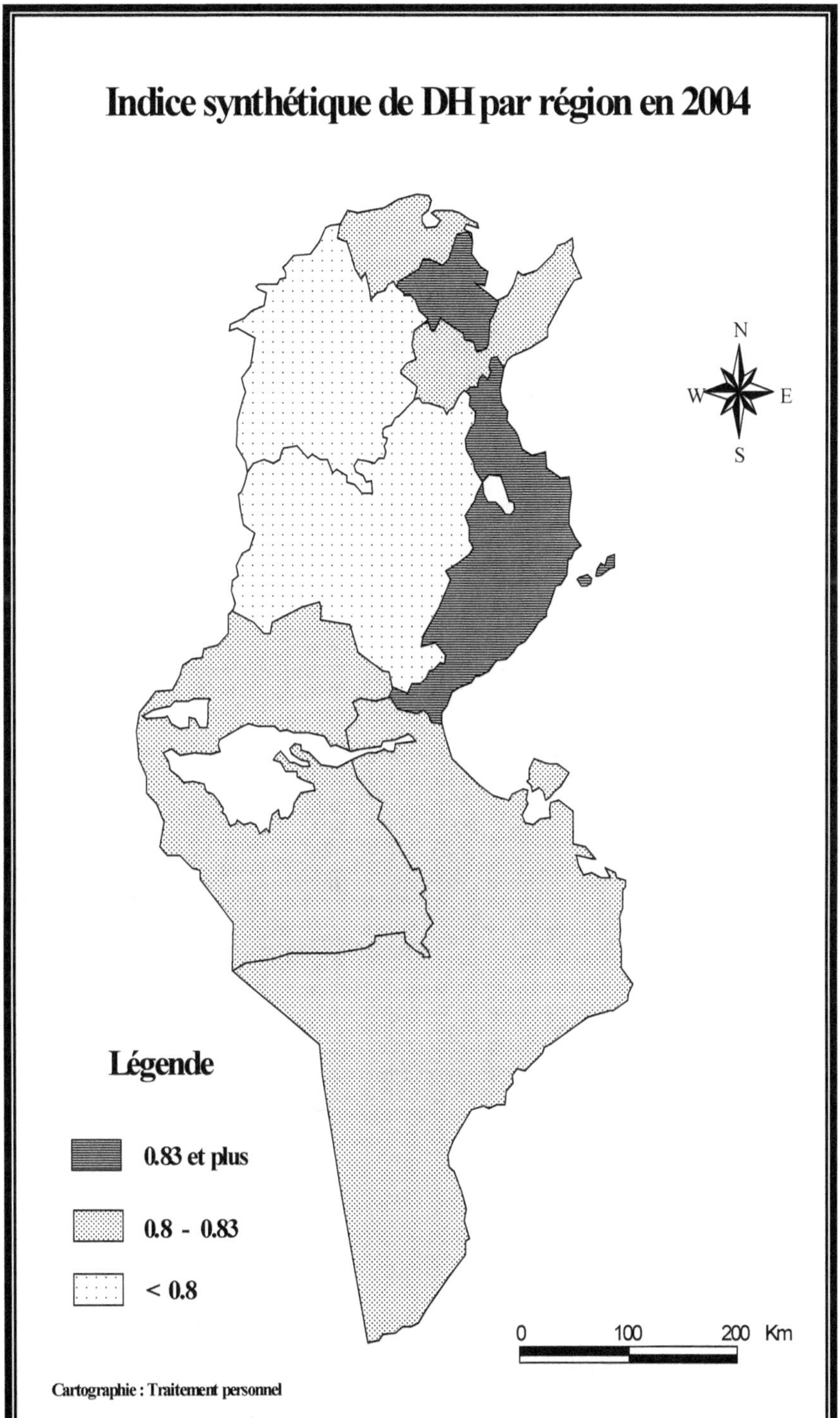

Indice synthétique de DH par région en 2004
N
W
E
S
Légende
0.83 et plus
0.8 - 0.83
< 0.8
0
100
200 Km
Cartographie : Traitement personnel

D'autre part, l'analyse par gouvernorat de l'IDH « classique » et de l'indice synthétique de développement humain peut confirmer cette dichotomie géographique favorisant les gouvernorats littoraux.

2.2-L'IDH par gouvernorat en 1975-1984-1994-2000-2004 et en 2010 :

À l'instar de l'IDH par région, notre IDH par gouvernorat est très proche de l'IDH classique grâce à la disponibilité des données sur l'espérance de vie et sur l'alphabétisation. En revanche, l'indice économique est approximé par l'indice du chômage (à cause de l'indisponibilité de la DPA par gouvernorat). Le calcul des 3 indices et de l'IDH nous donne les résultats suivants :

Tableau n° 61: L'IDH par gouvernorat entre 1975 et 2010[145]

	IDH (en 1975)	IDH (en 1994)	IDH (en 2000)	IDH (en 2004)	IDH (en 2010)
D. Tunis	**702**	775	779	803	826
Nabeul	680	762	797	803	817
Zaghouan	592	609	637	689	829
Bizerte	590	704	725	752	802
Beja	552	665	684	717	769
Jendouba	**448**	638	680	683	721
Le Kef	521	627	635	686	771
Siliana	470	625	639	703	738
Sousse	660	759	770	808	826
Monastir	682	**786**	**802**	**842**	**877**
Mahdia	643	684	748	765	785
Sfax	683	759	767	800	852
Kairouan	529	651	663	707	769
Kasserine	517	**599**	**603**	**680**	**689**
S.Bouzid	**504**	670	725	723	732[146]
Gabes	603	711	733	761	768
Gafsa	592	656	677	716	692
Médenine	634	742	759	799	796
Tunisie	**616**	**715**	**736**	**767**	**800**

Source : Élaborés par nos calculs, à partir des données de l'INS

[145] Pour 2010, on peut ajouter d'autres gouvernorats et on trouve les IDH suivants : Ariana : 843, Ben Arous : 840, Manouba : 791, Tozeur : 780, Kebili :751 et Tataouine : 709.

[146] L'IDH -ainsi que l'IPH et l'IDH synthétique- à Sidi Bouzid et à Zaghouan (et dans quelques gouvernorats en 2010) est affecté par un taux de chômage ''irréaliste'' notamment dans les zones rurales où il y a une sous-estimation ''flagrante'' du chômage notamment dans les régions où il y a un **emploi agricole saisonnier assez important.**

Il ressort de ces tableaux que la classification des gouvernorats (évoquée précédemment) a été respectée puisque le niveau du développement humain le plus élevé a été enregistré dans les régions littorales, et ce, tant en 1975 et en 1994 qu'en 2000 et en 2010. Les six IDH les plus importants et les six premières places concernent les gouvernorats de : Tunis, Nabeul, Sousse, Monastir, Sfax et Medenine. En revanche, les scores les moins élevés sont enregistrés en 1975 à Jendouba et à Siliana, en 2000 à Kasserine et au Kef et en 2010 à Gafsa et à Kasserine.

Cependant, l'utilisation de l'IDH « classique » peut receler certaines lacunes incontestables notamment à cause du nombre limité des variables utilisées. À titre d'exemple, la région la plus développée du pays -en l'occurrence la Capitale- n'occupe en 2000 que la troisième place à cause du taux de chômage élevé (contrairement à Monastir et à Nabeul) alors qu'il est évident (comme on l'a vu dans les paragraphes précédents) que les meilleurs indicateurs dans la plupart des domaines socio-économiques sont enregistrés au District de Tunis. En outre, et en raison de la limitation du nombre de variables, l'augmentation ou la diminution de la valeur d'un indicateur peut affecter directement le niveau de l'IDH : en témoigne le cas du Kef et de Sidi Bouzid qui ont en réalité un niveau de développement proche, mais qui enregistrent en 2000 un écart -en faveur de l'IDH de Sidi Bouzid- de près de 100 points à cause du niveau du chômage élevé au Kef (bien que les indices éducatifs et de longévité soient moins élevés à Sidi Bouzid).

En somme, l'IDH classique recèle certains inconvénients, car il se limite à 3 variables, ce qui signifie que l'accroissement ou la baisse sensible d'un seul indicateur peut affecter sensiblement le niveau de l'IDH. C'est pourquoi l'indice synthétique peut refléter -plus nettement que l'IDH- les avancées socio-économiques et la progression du développement humain en intégrant le niveau de vie, l'infrastructure, la démographie…, et ce, sans négliger les indices économique, éducatif et de longévité.

Le calcul de l'indice synthétique de développement humain depuis 1975 nous donne les résultats suivants :

Tableau n° 62 : Indice synthétique de DH entre 1975 et 2009[147] :

	IDH (en 1975)	IDH (en 1984)	IDH (en 1994)	IDH (en 2000)	IDH (en 2004)	IDH (en 2009)
D. Tunis	703	755	**828**	**840**	**852**	**817**
Nabeul	521	626	727	760	776	796
Zaghouan	444	463	589	636	684	765
Bizerte	496	583	691	719	745	778
Beja	441	496	624	651	684	677
Jendouba	384	437	581	615	647	632
Le Kef	425	495	620	648	699	701
Siliana	369	433	576	615	678	665
Sousse	575	697	784	798	822	787
Monastir	609	727	**816**	**831**	843	**820**
Mahdia	455	508	631	688	728	712
Sfax	561	640	721	740	776	802
Kairouan	392	441	570	609	672	686
Kasserine	374	430	560	**591**	**665**	**601**
S. Bouzid	356	401	**555**	627	665	696
Gabes	475	579	712	743	769	721
Gafsa	531	585	706	732	755	647
Medenine	442	573	709	745	808	741
Tunisie	493	593	**705**	**734**	**769**	**763**

Source : Élaborés par nos calculs, à partir des données de l'INS

En termes d'évolution, les progrès les plus substantiels ont été observés à Sidi Bouzid et à Siliana qui sont les seuls gouvernorats (avec Medenine) ayant enregistré un TAAM de l'IDH supérieur à 2% entre 1975 et 2000. Ce taux est largement supérieur à celui des régions les plus développées ayant un TAAM de 0,7% et de 1,2% respectivement à Tunis et à Monastir.

Néanmoins, ces performances et cette progression n'en camouflent pas moins des disparités considérables. En dépit de toutes les actions de développement régional entreprises depuis l'indépendance, l'écart entre certaines régions demeure -jusqu'aujourd'hui- très important atteignant en 2009 près de 220 points entre l'IDH synthétique du District de Tunis (ou de Monastir) et celui de Kasserine. Le score de cette région est encore en 2009 très faible puisqu'il est largement inférieur à la moyenne nationale de plus de 160 points. En 2004

[147] Pour 2009, on peut ajouter d'autres gouvernorats et on trouve les IDH suivants : Ariana : 842, Ben Arous : 825, Manouba : 775, Tozeur : 686, Kebili : 696 et Tataouine : 743.

également, l'écart demeure très grand entre les premiers et les derniers rangs avec une différence de plus de 220 points entre Tunis et Jendouba. Le score de cette dernière est inférieur à la moyenne du pays de plus de 120 points.

A cet égard, on doit noter que sur les 18 gouvernorats concernés, seuls 7 d'entre eux ont atteint en 2000 -et en 2004 aussi- le seuil national et ils sont tous littoraux ce qui reflète encore une fois le caractère chronique et structurel du déséquilibre régional (cette remarque est également observée en 1966, 1975, 1984 et en 1994).

D'autre part, et à l'instar de l'analyse de l'évolution de l'IDH synthétique par grandes régions, l'étude de l'évolution de cet indice par gouvernorat montre la persistance de certaines inégalités et la réduction d'autres disparités. En matière d'emploi, l'écart entre les « extrêmes » est encore considérable à cause du taux de chômage très élevé dans certains gouvernorats tels que Le Kef et Kasserine. Les écarts persistent également en matière de desserte en eau courante, d'alphabétisation et d'urbanisation avec une différence variant de 270 points à 780 points. Ces inégalités ont, en revanche, sensiblement diminué dans d'autres domaines tels que la longévité, la mortalité et l'électrification.

Par ailleurs, la classification des régions -grâce à l'attribution d'un rang à chaque gouvernorat selon son IDH synthétique- montre que **la typologie régionale n'a pas été bouleversée entre 1975 et 2010. En effet, les 9 premières places ont été occupées par les mêmes gouvernorats (tous littoraux en général)** aussi bien en 1975, en 1984 et en 1994 qu'en 2004 et en 2010.

La Capitale, Monastir et Sousse ont toujours occupé les 3 premières places alors que Nabeul a conquis le quatrième rang de Sfax (qui l'occupait avant 1994) tandis que Gabes et Medenine ont connu une amélioration progressive de leurs scores, contrairement à Gafsa qui occupait la cinquième place en 1966 et en 1975 et dont la situation s'est détériorée à partir des années 1980 avec la crise de l'économie minière.

De même, les régions les plus « défavorisées » ont gardé le même rang et ont maintenu leurs dernières places durant cette période. Ce qui est très paradoxal c'est de trouver non seulement que les 9 premières places ont été occupées toujours par les mêmes 9 zones, mais également de remarquer que **les 5 dernières places sont toujours occupées par les mêmes gouvernorats (tous intérieurs)**. Il s'agit de Sidi Bouzid, Kaserine, Kairouan, Jendouba et de Siliana; en d'autres termes, il s'agit de tout le Centre Ouest et de 2 gouvernorats du Nord-Ouest qui représentent les zones les plus marginalisées du pays.

Il est à noter, à cet effet, que ce sont exactement les 9 gouvernorats les plus développés ayant enregistré les IDH les plus élevés qu'on a évoqués précédemment en parlant de la répartition inégalitaire de l'investissement et qui ont drainé -à eux seuls- près de 80% des investissements publics. Ceci reflète très nettement la primauté de l'investissement « qui se trouve au centre de toute la dynamique socio-économique et spatiale et du développement inégal des régions et des espaces » car il est le déterminant primordial du « niveau de vie des populations, du niveau de l'emploi et des équipements socio-collectifs ainsi que des rythmes et des niveaux de la croissance économique des régions ».[148]

D'autre part, le caractère chronique et persistant de l'inégal développement peut être attesté par l'importance des écarts interrégionaux qui peuvent être démontrés même en se référant à des périodes différentes et même en utilisant une méthodologie et des variables différentes.

En se basant sur les données de 1975 et en calculant un coefficient de développement basé sur d'autres indicateurs (différents des composantes de notre IDH), A. Belhedi aboutissait à la même conclusion que la notre en identifiant des types régionaux dans lesquels on trouve « un groupe central » (ou le Centre-Ouest) et le Nord-Ouest qui ont le niveau de développement le moins élevé (population isolée élevée, les équipements peu représentés, l'émigration très forte, les services peu développés, le nombre de médecins par habitant très faible…), contrairement à la bande littorale orientale -la zone la plus développée du pays- et qui est une zone attractive (où le taux d'équipement est élevé, l'industrie et les services sont largement représentés, le taux d'urbanisation et l'alphabétisation très importants) et qui regroupe les gouvernorats de Tunis, Monastir, Sousse, Nabeul, Bizerte et Sfax[149] (ce sont exactement les mêmes

---

[148]Amor Belhedi (1995), *«Développement régional en Tunisie »,* in : MDE (1995), *« Migration intérieure et développement régional»,* Étude stratégique, Note 3, p.26.

[149] Amor Belhedi (1982), *« Du problème régional: contribution pour mesurer et réduire l'inégal développement : première approche et application à la Tunisie»,* RTG n° 9, pp23-25. Les 11 variables utilisées par A. Belhedi sont les suivantes : proportion de la population isolée- taux d'urbanisation- taux d'analphabétisme-

zones -avec le sud littoral- qui ont occupé les premières places en matière de développement humain grâce à leurs IDH synthétiques qui sont les plus importants en 1975,1984,1994, 2000, 2004 et en 2009).

De même, et à l'instar du « coefficient de développement » et de « l'IDH synthétique », le CREDIF[150] a défini un « indice de bien-être » dont la composante primaire a été approchée par une moyenne arithmétique simple des proportions des ménages disposant de la télévision, d'un réfrigérateur, du téléphone, de l'électricité, d'un branchement au réseau d'assainissement et au réseau d'eau potable.

Le calcul de la moyenne de ces 6 proportions et de l'indice de bien-être nous donne, en 2004, un indice de 88.6 à Tunis et 83.6 à Monastir contre 53.1 à Kasserine et 54.1 à Sidi Bouzid

Paradoxalement, comme s'il s'agit des mêmes indicateurs et variables et du même indice synthétique, la typologie régionale qui ressort de l'évolution de l'indice de bien-être est exactement la même qu'on a analysée en matière de développement humain et de l'IDH synthétique. Aussi bien en 1984 et en 1999 qu'en 2004, la répartition de l'indicateur de bien-être montre que :

-Les 5 dernières places sont occupées par Sidi Bouzid, Kasserine, Kairouan, Siliana et Jendouba.

-Les 7 premières positions sont accaparées par le District de Tunis, Monastir, Sousse, Nabeul, Bizerte, Sfax et Gabes (avec Gafsa en 1984).

Selon cette démarche, l'indice de bien-être dépasse, en **2011**, 75,6 au District de Tunis et il est égal à 57,2 au Centre Ouest.

Cette classification[151] nous rappelle les mêmes rangs qu'on a trouvés dans l'étude de l'IDH par gouvernorat, bien que les variables

---

population occupée dans l'agriculture (en %)- population occupée dans l'industrie (en %)- population occupée dans les services (en %)-nombre de lits/1000 habitants- taux d'électrification- population desservie par le réseau d'eau potable- taux d'émigration de la population née dans le gouvernorat- taux d'immigration par rapport à la population résidente en 1975.

[150]CREDIF (2003), *« Femmes et développement régional en Tunisie. Monographie par gouvernorat »,* CREDIF, Tunis, 2003, p.12.

[151] D'autres études ont abouti à cette même typologie régionale. A titre d'exemple, on peut évoquer l'étude de M. Bchir (1998), op. cit, p.53. La même classification régionale est évoquée également dans l'étude de Ali Toumi : « Le développement humain et son évolution en Tunisie depuis l'indépendance » citée dans l'article de : Ahmed Khouaja, *« La problématique facteur démographique et développement : le cas du Sahel tunisien »,* in : Taamallah Khmais (Dir), *« Développement et transition*

ne soient pas les mêmes, ce qui reflète la persistance de la stratification régionale et de l'inégal développement et ce qui montre très nettement que le niveau de développement n'a pas été bouleversé à des nuances près.

Par ailleurs, la typologie régionale du développement peut être étudiée également en utilisant d'autres indicateurs de développement humain qui prennent en considération surtout l'aspect social et humain tels que l'Indicateur de la Pauvreté Humaine ou l'IPH. C'est ce que nous étudierons dans ce qui suit.

Section 2 : Évolution de l'IPH par région et par gouvernorat[152]

Paragraphe 1 : Évolution générale de l'IPH entre 1966 et 2000 :

1.1 : L'IPH par région en 1966 et en 2000 :

Par rapport à l'IPH tel qu'il est défini par le PNUD, notre IPH par région retient l'analphabétisme et la proportion des personnes n'ayant pas accès à l'eau courante (des données disponibles par région et même par gouvernorat), et ce, contrairement aux deux autres indicateurs, à savoir : la probabilité de décéder avant 40 ans (qui est approximé dans certains tableaux par le TBM) et la proportion des enfants (moins de 5 ans) souffrant d'insuffisance pondérale et qui est approximée par l'indice du TMI[153]. Le calcul de ces 4 indices et de l'IPH nous donne les résultats suivants :

Tableau n° 63: IPH par région en 1966 et en 2000:

Région	IPH en 1966	IPH en 2000
D. de Tunis	0,422	**0,081**
NE	0,575	0,172
NO	0,595	0,272
CO	0,638	**0,293**
CE	0,576	0,143
Sud Ouest	**0,668***	0,147
Sud Est	-	0,178
Tunisie	0,571	**0,173**

*Cet indice concerne tout le Sud. Source : Élaborés par nos calculs, à partir des données de l'INS

démographique en Afrique », Publication de l'Université de Tunis, 1995, pp138-151.

[152] Pour plus de détails concernant le calcul de l'IDH et de l'IPH (ainsi que leurs différents indices et composantes) par région et par gouvernorat, voir : Adel Bousnina (2009), op. cit, pp226-270.

[153] L'indice du TMII est calculé comme précédemment pour l'IDH (avec la formule citée auparavant) mais en prenant une valeur maximale égale à 200 : indice TMI= (valeur réelle-valeur minimale (0))/200.

En 1966, la dernière place était occupée par le Sud qui avait un score très proche de celui du Centre Ouest. En revanche, ce dernier a l'IPH le plus élevé en 2000 avec l'amélioration des différents indicateurs du Sud dans lequel la pauvreté et la mortalité ont sensiblement reculé alors que la desserte en eau courante a connu un accroissement substantiel.

À l'instar de l'IDH, les régions les plus développées enregistrent les meilleurs scores avec l'IPH les plus faibles (aussi bien en 1966 qu'en 2000) au Centre Est et au District de Tunis. C'est pourquoi la typologie régionale -citée précédemment pour l'IDH- est retrouvée également ici pour l'IPH, avec les 2 meilleures positions de la Capitale et du Centre Est et les 2 dernières places du Centre Ouest et du Nord Ouest, avec la position intermédiaire du Nord Est et du Sud.

1.2 : L'IPH par gouvernorat en 1966 et en 2000 :

Puisque le TBM ne permet pas souvent une différenciation régionale très nette, on s'est contenté de calculer l'IPH en se basant sur 3 variables qui sont : le taux d'analphabétisation (composante éducative), le taux de mortalité infantile (composante sanitaire) et le taux de desserte en eau courante (composante conditions de vie). Le calcul de l'IPH nous a donné les résultats suivants :

Tableau n°64 : IPH par gouvernorat en 1966 et en 2000 :

Gouvernorat	IPH en 1966	IPH en 2000
D. de Tunis	**470**	**083**
Nabeul	685	169
Bizerte	648	205
Beja	690	294
Jendouba	707	358
Le Kef	708	306
Kairouan	**753**	343
Kasserine	726	**374**
Sahel	667	150
Sfax	653	183
Gafsa	724	186
Gabes	714	168
Medenine	**785**	226
Tunisie	**655**	**199**

Source : Élaborés par nos calculs, à partir des données de l'INS

Comme on l'a précédemment invoqué, l'amélioration de la position du Sud au détriment du Centre et du Nord Ouest a été à l'origine de l'amélioration du rang de ses gouvernorats qui n'occupent plus en

2000 la dernière place comme en 1966. C'est le cas par exemple de Médenine qui a diminué son IPH de près de 560 points et qui a cédé le dernier rang au gouvernorat de Kasserine dont l'IPH dépasse 374, soit un écart colossal de plus de 290 points avec le District de Tunis (il en va de même pour Jendouba dont la différence avec la Capitale est égale à 275 points).

Cette analyse rapide des inégalités régionales en matière de pauvreté humaine en 1966 et en 2000 peut être confirmée davantage par l'étude -plus détaillée- de l'évolution de l'IPH entre 1975 et 2010 en passant par 1984, 1994, 2000 et 2004.

Paragraphe 2 : Évolution de l'IPH entre 1975 et 2010 :

2.1: L'IPH par région en 1975, 1984, 1994, 2000, 2004 et en 2010 :

Tableau n° 65 : IPH par région entre 1975 et 2010 [154]

Région	IPH en 1975	IPH en 1984	IPH en 1994	IPH en 2000	**IPH en 2004**	**IPH en 2010**[155]
D. de Tunis	**260**	**179**	**093**	**069**	**72**	**152**
NE	418	315	195	157	158	161
NO	492	397	284	249	260	225
CO	**539**	**437**	**320**	**280**	**282**	**235**
CE	337	253	160	125	119	**137**
Sud Ouest	406*	333	180	142	126	248
Sud Est	-	369	211	169	142	200
Tunisie	**345**	**315**	**198**	**160**	**153**	**175**

*Cet indice concerne tout le Sud. Source : Élaborés par nos calculs, à partir des données de l'INS

Durant toute la période de l'étude, aussi bien en 1975, en 1984, en 1994 qu'en 2000, 2004 et en 2010, la pauvreté humaine est la plus élevée au Nord Ouest et au Centre Ouest et la plus faible au District de Tunis et au Centre Est.

En dépit de l'amélioration générale des indicateurs (recul de l'IPH de 309 points) et notamment dans les régions intérieures (avec la régression de l'IPH de 232 et de 257 points respectivement au Nord Ouest et au Centre Ouest entre 1975 et 2004), la pauvreté humaine demeure encore importante dans ces régions surtout à cause de la faiblesse de la desserte en eau courante et de l'analphabétisation, en particulier au Centre Ouest.

---

[154] Cet IPH intègre l'indice TMI, la desserte en eau courante et l'analphabétisation.

[155] Cet IPH intègre l'indice TMI, l'indice du chômage et l'analphabétisation.

Par contre, le District de Tunis a connu les progrès les moindres (-190 points) parce que son niveau (69 en 2000) se rapproche de l'idéal (0), et si on élimine l'analphabétisation qui est encore non négligeable, l'IPH de la Capitale serait très proche de l'état idéal (avec un indice égal à 36).

Ce clivage régional peut être confirmé par l'étude de l'évolution de l'IPH par gouvernorat entre 1975 et 2010.

2.2: L'IPH par gouvernorat entre 1975 et 2010[156]

Tableau n° 66: IPH par gouvernorat entre 1975 et 2010[157]

	IPH (1975)	IPH (1984)	IPH (1994)	IPH (2000)	IPH (2004)	IPH (2010)[158]
D. Tunis	**324**	**226**	**113**	**083**	**72**	**152**
Nabeul	564	373	227	169	138	159
Zaghouan	604	493	327	273	210	144
Bizerte	536	393	242	205	166	171
Beja	576	472	325	294	245	205
Jendouba	609	508	388	358	290	251
Le Kef	566	472	334	306	236	203
Siliana	638	519	381	324	249	233
Sousse	488	279	145	108	85	152
Monastir	460	234	118	**086**	**71**	**099**
Mahdia	605	470	321	256	181	187
Sfax	515	362	226	183	138	126
Kairouan	650	546	385	343	276	201
Kasserine	649	531	399	**374**	**289**	**278**
S. Bouzid	**663**	**566**	**415**	332	270	237
Gabes	576	418	221	168	127	204
Gafsa	552	435	228	186	141	**280**
Medenine	615	478	276	226	148	175
Tunisie	**543**	**394**	**243**	**199**	**154**	**175**

Source : Élaborés par nos calculs, à partir des données de l'INS

Il ressort de ce tableau que la typologie régionale a été maintenue avec les mêmes rangs quasiment pour tous les gouvernorats. Bien entendu, il s'agit des mêmes indicateurs utilisés pour le calcul de l'IDH, mais on doit noter que pour l'IPH par gouvernorat c'est la moyenne arithmétique de 3 variables et non de 9 ou de 10 indices. La

[156] Pour 2010, on peut ajouter d'autres gouvernorats et on trouve les IPH suivants : Ariana : 134, Ben Arous : 138, Manouba : 185, Tozeur : 191, Kebili : 216 et Tataouine : 257.

[157] Cet IPH intègre l'indice TMI, la desserte en eau courante et l'analphabétisation.

[158] Cet IPH intègre l'indice TMI, l'indice du chômage et l'analphabétisation.

persistance de la même stratification régionale peut être attestée par la classification des différents gouvernorats sur toute la période 1975-2010. En effet, les 5 dernières places (où la pauvreté humaine est la plus élevée) sont souvent occupées par les mêmes 5 zones, à savoir les 3 gouvernorats du Centre Ouest (Kasserine, Kairouan et Sidi Bouzid), Jendouba et Siliana. De même, les 7 premières places sont maintenues par les régions littorales, c.-à-d. le District de Tunis, Monastir, Sousse, Nabeul, Sfax, Gabes et Bizerte (si on intègre les gouvernorats qui n'existaient pas en 1975, on trouve que Tozeur et Kebili occupent une place « privilégiée » avec un IPH très faible et proche de celui de Tunis et du Sahel).

À l'instar de l'IDH, ce sont seulement ces gouvernorats qui ont atteint ou avoisiné le seuil national et qui ont enregistré un IPH inférieur (ou très proche) de l'IDH national, contrairement aux autres régions -telles que Kasserine ou Jendouba- où la pauvreté humaine touche plus du tiers de la population (c'est pourquoi l'écart entre les régions extrêmes est encore considérable avoisinant, en 2000, 300 points et en 2004 près de 220 points entre le District de Tunis et Kasserine).

D'autre part, l'utilisation d'autres indicateurs et d'autres méthodologies fait ressortir la même typologie régionale reflétant la marginalisation de l'intérieur et le développement du littoral. À titre d'exemple, les études de l'ONU utilisant un Indicateur de Manque Humain (IMH) montrent des disparités interrégionales très importantes en matière éducative et de qualité de vie. Selon ces études, le gouvernorat de Tunis avec seulement une IMH de 15% en 1984 se place nettement en tête, le gouvernorat de Sidi Bouzid avec un taux de 56% (soit un écart de près de 41 points) arrive en dernière position avec des retards fortement accusés par rapport à la moyenne nationale. En 1994, Tunis garde toujours le premier rang et Sidi Bouzid le dernier rang. À cet égard, la coupure littoral / intérieur est frappante puisque l'on trouve aussi bien en 1984 qu'en 1994 le District de Tunis, Monastir et Sousse dans le peloton de tête alors que les régions intérieures de Kasserine, Sidi Bouzid, Kairouan, Jendouba et Siliana demeurent en bas de classement.[159]

[159] ONU (2001), op. cit, p.69. Il est à noter que l'IMH se base sur l'inclusion des variables suivantes : la mortalité générale- l'alphabétisation- la desserte en eau potable- la desserte en assainissement et le chômage.

La persistance de la même typologie régionale est attestée par cette classification de l'ONU. En effet, ces cinq gouvernorats sus-cités - classés en dernier- sont exactement les mêmes aussi bien en se référant à notre IDH ou à notre IPH ou à l'IMH tel que calculés par l'ONU.

Même si on calcule un autre IMH en 2004 puis en 2011, la classification régionale demeure quasiment la même (par exemple, en 2004, l'IMH est égal à 150 à Tunis et à 440 à Kasserine; **en 2011, cet IMH est inférieur à 175 au Centre-Est et il est de près de 400 au Centre Ouest)**.

Section 3 : L'inégal développement régional : analyse de quelques méthodes classificatoires :

Outre l'utilisation de certains indices synthétiques, en particulier l'Indicateur du Développement Humain et l'Indicateur de la Pauvreté Humaine, d'autres méthodes classificatoires sont très utiles pour étudier l'inégal développement et pour mesurer les disparités régionales et spatiales.

La méthode la plus simple consiste à rassembler un ensemble d'indicateurs socio-économiques au niveau des régions et des gouvernorats et à élaborer un indice synthétique qui représente une combinaison plus globale que l'IDH (ou que l'IPH) et qu'on peut appeler indicateur synthétique de développement.

Ensuite, la méthode des scores fractionnels peut être utilisée vu sa simplicité et sa pertinence et vu qu'elle permet de montrer les disparités et de nuancer les écarts interrégionaux.

Enfin, l'ensemble des variables est soumis à une Analyse en Composantes Principales (ACP).

Paragraphe 1: L'indicateur synthétique de développement :

Cet indicateur synthétique est une combinaison de plusieurs paramètres qui montrent le niveau de développement de chaque gouvernorat. C'est un indicateur plus global que l'IDH car il regroupe près de 40 variables socio-économiques (selon la disponibilité des données) qui peuvent être représentatives du développement des différentes régions. En intégrant une multitude d'indices relatifs à la vie économique, à l'infrastructure, au niveau de vie, à l'habitat et à l'équipement, à la santé et à l'éducation..., l'indicateur synthétique de développement peut refléter la progression du développement humain et le niveau socio-économique atteint par les régions.

Le calcul de l'indicateur synthétique de développement nous donne les résultats suivants[160] :

Tableau n° 67: Indice synthétique de développement en 2008-2009

	Score	**Rang**
Tunis	**859**	1
Ariana	**798**	5
B.Arous	**804**	4
Manouba	696	9
Nabeul	**820**	3
Zaghouan	639	13
Bizerte	742	8
Beja	**581**	19
Jendouba	**563**	22
Le Kef	**596**	17
Siliana	**560**	23
Sousse	**783**	7
Monastir	**796**	6
Mahdia	650	11
Sfax	**845**	2
Kairouan	**627**	14
Kasserine	**540**	24
Sidi Bouzid	605	16
Gabes	643	12
Medenine	686	10
Tataouine	615	15
Gafsa	582	18
Tozeur	572	21
Kebili	581	19

Source : Élaborés par nos calculs, à partir des données de l'INS

Ainsi, et à l'instar d'autres indices (IDH, IPH, IMH…), la même hiérarchie régionale a été maintenue, et les dernières statistiques ne dérogent pas à cette règle puisque la classification régionale est la même en 2009 avec le score le plus élevé à Tunis (859) et celui le plus faible à Kasserine (540) et avec les premiers rangs enregistrés au District de Tunis et au Centre Est et les dernières positions pour les gouvernorats intérieurs, en particulier le Nord Ouest et surtout le Centre Ouest.

Les rangs des différentes régions durant ces quatre dernières décennies confirment cette hiérarchie régionale. En 2004 par exemple, les 7 premiers rangs sont occupés par les gouvernorats du District de

[160]Pour voir les scores sectoriels et l'évolution détaillée de toutes les variables (dont la moyenne arithmétique nous donne l'indicateur synthétique de développement) ainsi que les scores fractionnels et l'ACP, cf, pour plus de détails : BOUSNINA Adel (2009), op. cit, pp271-309.

Tunis, du Centre Est (sauf Mahdia dont le score est toujours plus proche des régions intérieures) et par Nabeul tandis que les dernières places sont occupées par Siliana, Jendouba et les 3 gouvernorats du Centre Ouest. C'est quasiment la même classification en 1999, en 1984, en 1975 et même en 1966 ce qui montre que la stratification régionale a été la même sans aucune modification radicale durant plus de 40 ans (entre 1966 et 2010).

Ces constatations peuvent être confirmées davantage avec l'analyse d'autres méthodes classificatoires notamment la méthode des scores fractionnels et l'ACP.

Paragraphe 2 : La méthode des scores fractionnels :

Cette méthode consiste à donner à chaque région un score variant de 0 à 1000 en fonction d'une valeur référentielle qui concerne la valeur la plus élevée de l'indice en question. Il s'agit d'une méthode qui permet de bien dégager les écarts interrégionaux puisqu'elle prend en considération le rang et le classement de chaque région. La somme globale des scores fractionnels sectoriels nous donne un score global qui permet de nuancer énormément les écarts, et ce, comme le montre le tableau suivant :

Tableau n° 68: Score global selon la méthode des scores fractionnels entre 1984 et 2004 :

	1984		1999		2004	
Gouvernorat	Score	Rang	Score	Rang	Score	Rang
Tunis	28 965	1	32 490	1	28 740	1
Ariana	23 190	3	29 329	4	26 828	2
Ben Arous	24 245	2	30 313	2	26 777	3
Manouba	-	-	-	-	22 645	7
Nabeul	19 584	7	26 948	7	21 966	8
Zaghouan	14 287	19	21 077	19	17 740	18
Bizerte	18 689	8	25 069	9	20 458	14
Beja	15 032	18	21 855	17	17 108	20
Jendouba	13 404	20	20 470	20	15 986	23
Le Kef	15 051	17	21 644	18	17 709	19
Siliana	12 672	21	19 664	22	16 752	21
Kairouan	12 348	22	19 978	21	16 232	22
Kasserine	11 961	23	17 275	24	15 513	25
Sidi Bouzid	11 445	24	17 806	23	15 677	24
Sousse	22 535	5	28 732	5	25 027	5
Monastir	22 868	4	29 649	3	26 007	4
Mahdia	15 259	16	23 450	13	18 855	17
Sfax	20 998	6	27 208	6	23 301	6
Gafsa	17 378	12	23 097	14	20 506	13
Tozeur	18 417	11	24 314	11	21 027	11
Kébili	16 258	14	22 954	15	20 304	15
Gabes	18 477	10	24 462	10	21 010	12
Medenine	17 196	13	23 815	12	21 298	10
Tataouine	15 809	15	22 768	16	20 056	16
Tunisie	18 518	9	25 559	8	21 416	9

Source : Élaborés par nos calculs, à partir des données de l'INS

Bien entendu, il s'agit de la même configuration spatiale, mais les écarts sont plus nuancés que les autres méthodes, un écart qui a atteint plus de 20000 points en 1966 est plus de 15000 points en 2000 (plus de 13200 en 2004) entre Tunis qui enregistre le score le plus élevé et Kasserine (ou Sidi Bouzid) qui a le score le plus faible.

Paragraphe 3 : L'Analyse en Composantes Principales :

L'Analyse factorielle en Composantes Principales nous facilite l'élaboration d'un coefficient global de développement qui peut exprimer le niveau de développement atteint par chaque gouvernorat. Le premier facteur de l'ACP, qui exprime le niveau du développement socio-économique, résume l'essentiel des données (71% en 1975, 65% en 1984, 65% en 1999, 64% en 2004), les autres composantes de l'ACP expriment respectivement 10% et 8% en 2004. Ces trois facteurs restituent plus de 82 % de la variance en 2004.

L'examen des scores des gouvernorats sur le facteur I nous facilite l'analyse du degré de développement de chaque gouvernorat. Le tableau suivant nous permet de bien voir la hiérarchie régionale et le classement des régions en fonction de leurs scores et de leur niveau de développement :

Tableau n° 69 : Scores des gouvernorats sur le facteur I entre 1975 et 2004 :

Gouv.	1975	Rang	1984	Rang	1999	Rang	2004	Rang
Tunis	2,852	1	2,423	1	1,993	1	1,830	1
Ariana	-	-	1,081	4	1,188	4	1,511	3
B. Arous	-	-	1,788	2	1,482	3	1,582	2
Manouba	-	-	-	-	-	-	0,700	6
Nabeul	0,352	6	0,330	7	0,493	6	0,346	8
Zaghouan	-0,558	13	-0,868	19	-0,891	19	-1,021	19
Bizerte	0,148	8	0,092	11	0,081	14	0,007	14
Beja	-0,586	14	-0,725	17	-0,661	18	-1,111	21
Jendouba	-0,852	15	-1,042	20	-1,203	21	-1,328	23
Le Kef	-0,210	10	-0,727	18	-0,565	17	-0,700	18
Siliana	-0,968	17	-1,075	21	-1,124	20	-1,091	20
Sousse	1,068	3	1,024	5	1,025	5	1,058	5
Monastir	1,205	2	1,261	3	1,515	2	1,455	4
Mahdia	-0,475	12	-0,611	16	-0,482	16	-0,436	17
Sfax	0,855	4	0,719	6	0,484	7	0,548	7
Kairouan	-0,954	16	-1,345	24	-1,490	23	-1,381	24
Kasserine	-1,026	18	-1,247	23	-1,656	24	-1,440	25
S.Bouzid	-1,239	19	-1,234	22	-1,343	22	-1,245	22
Gabes	-0,019	9	0,213	10	0,214	9	0,151	11
Medenine	-0,239	11	0,018	12	0,132	12	0,278	9
Tataouine	-	-	-0,403	15	-0,093	15	-0,197	16

Gafsa	0,202	7	0,016	13	0,124	13	-0,060	15
Tozeur	-	-	0,232	8	0,405	8	0,277	10
Kebili	-	-	-0,357	14	0,188	10	0,116	13
Tunisie	0,447	5	0,227	9	0,182	11	0,151	11

Source : Élaborés par nos calculs, à partir des données de l'INS

En 2004, les trois scores positifs les plus élevés sont enregistrés au District de Tunis tandis que les quatre dernières places sont occupées par les gouvernorats du Centre Ouest et par Jendouba. Après le District de Tunis, les meilleurs scores sont toujours enregistrés à Monastir et à Sousse (suivis par Sfax et Nabeul) contrairement à Mahdia dont le score est négatif, ce qui est diamétralement opposé avec la position des autres gouvernorats du Centre Est. Mahdia -et Zaghouan également- se rapproche donc des régions intérieures qui enregistrent – toutes - un score négatif, et ceci concerne les gouvernorats du Nord-Ouest et surtout ceux du Centre Ouest dont le niveau de développement est le plus faible du pays (aussi bien au niveau éducatif et sanitaire qu'au niveau économique et de l'équipement de base).

La position intermédiaire (entre les deux antipodes, à savoir la Capitale et le Centre Ouest) est occupée, en 2004, par les régions du Sud qui enregistrent un score positif (exceptés Gafsa et Tataouine) notamment grâce à l'amélioration des équipements socio-collectifs.

Il est à signaler que le score de la Tunisie a été de 0,151 ce qui la place à la onzième place montrant le déséquilibre régional où la majeure partie du pays (14 gouvernorats) est en deçà de la moyenne nationale.

En résumé, les gouvernorats peuvent être divisés en deux grands groupes égaux (12 gouvernorats chacun) : le premier se caractérise par des scores positifs (s'échelonnant de Tunis, qui a le score le plus élevé, à Bizerte dont le score est proche de 0) et le second est caractérisé par des scores négatifs qui s'échelonnent de –0,06 à Gafsa à –1,44 à Kasserine qui occupe le dernier rang.

Certains gouvernorats ont connu une certaine stabilisation de leur situation. Il s'agit notamment de Sousse qui a maintenu sa position « privilégiée » derrière le District de Tunis et Monastir (occupant toujours les premiers rangs). De même, cette stabilisation concerne les régions défavorisées dont la « marginalisation » a été constante tout au long de ces dernières décennies : en témoigne les scores toujours négatifs de tous les gouvernorats du Nord Ouest et du Centre Ouest durant toute la période 1975-2010 (sinon depuis 1966) : il s'agit d'une « périphérie dominée et exploitée [...] qui se vide continuellement de son contenu humain et économique » et qui reste déshéritée « à cause du chômage, de l'insuffisance des investissements et de la sévérité des conditions naturelles ».[161]

Ces résultats sont confirmés par l'analyse des mêmes variables (en 2004) au niveau des « grandes régions » aussi bien en utilisant un indicateur synthétique de développement qu'en se référant aux scores fractionnels et à l'ACP. Ces trois méthodes nous donnent les résultats suivants :

Tableau n° 70 : Scores selon les 3 méthodes par région (2004) :

Région	Indice synthétique de développement par région :	Score global des régions selon la méthode des scores fractionnels :	Score des régions sur la première composante
D. Tunis	658	29 375	1,534
NE	527	22 528	-0,0079
NO	445	18 096	-1,042
CE	582	25 838	0,711
CO	421	16 910	-1,424
SE	528	22 682	0,142
SO	527	22 012	0,085

Source : Élaborés par nos calculs, à partir des données de l'INS

L'utilisation de la méthode des scores fractionnels et de l'indicateur synthétique de développement montre la même classification avec les deux premiers rangs pour la Capitale et le Centre-Est et les deux dernières positions pour le Nord-Ouest puis le Centre-Ouest alors que les deux positions intermédiaires sont occupées par le Sud et le Nord-Est. Il en va de même pour l'analyse factorielle en ACP qui a révélé que la première composante restitue 77% de la variance. Les scores des différentes régions montrent que le District de Tunis et le Centre-Ouest se situent aux antipodes l'un de l'autre avec un score respectivement de 1,53 et –1,42. Le Nord-Ouest a aussi un score négatif de –1,042 contrairement au Sud et surtout au Centre-Est ayant un score positif qui le place à la deuxième position derrière le District de Tunis.

[161]Hafedh Sethom (1992), *«Pouvoir urbain et paysannerie en Tunisie »,* Cérès production, Tunis, 1992, pp217-221.

CONCLUSION

En dépit de l'amélioration sensible des indicateurs dans toutes les régions (grâce à l'accroissement de l'IDH et à la régression de l'IPH), les disparités interrégionales demeurent considérables et l'inégal développement régional reste épineux. Cette inégalité est attestée par **la persistance de la même typologie régionale** depuis 1975 (sinon depuis 1966) qui favorise les gouvernorats littoraux au détriment des zones intérieures. Durant toute cette période, la même stratification régionale a été maintenue avec les mêmes rangs quasiment pour tous les gouvernorats, puisque les deux meilleures positions sont toujours accaparées par le District de Tunis et le Centre-Est tandis que les deux dernières places sont « l'apanage » du Nord-Ouest et du Centre-Ouest, alors que la position intermédiaire est occupée par le Nord-Est et le Sud.

Aussi bien pour l'IDH que pour l'IPH, les 5 dernières positions sont occupées par les mêmes gouvernorats (tous intérieurs) et les 9 premières places sont occupées par les mêmes zones (toutes littorales souvent). Ceci explique les retards -fortement accusés- pour les gouvernorats du bas de classement par rapport à la moyenne nationale et surtout en comparaison avec les régions les mieux loties. Tant pour l'IDH classique que pour l'IDH synthétique et pour l'IPH, on trouve qu'aucune des régions intérieures ne parvient au niveau du seuil national, et seules les zones littorales de la façade orientale (District de Tunis, Nord-Est et Centre-Est) ont pu réaliser cette performance. La persistance de cette lacune durant toutes les phases de l'étude (1975, 1984, 1994, 2000, 2004 et 2010) dénote très nettement du **caractère chronique et durable du déséquilibre régional.**

La multiplicité et le changement des méthodes statistiques classificatoires ne peuvent, en aucun cas, transformer la persistance de la même ''loi'' du développement régional en Tunisie qui demeure un développement inégal nettement caractérisé par la même stratification régionale et par l'ampleur des inégalités économiques et sociales **entre l'intérieur marginalisé et dominé (la périphérie) et le littoral (ou le centre) avec ses régions les plus développées et les mieux loties.**

L'aspect chronique et persistant de l'inégal développement est confirmé par l'existence de la même classification régionale même si on utilise d'autres indicateurs, d'autres méthodologies et d'autres périodes de référence: l'Analyse en Composantes Principales (ACP)[162], la méthode des rangs et la méthode des scores fractionnels, l'indicateur synthétique de développement, l'IDH classique, l'IDH synthétique, l'IPH, le « coefficient de développement », l'indice de bien-être, l'IMH…tous ces indicateurs font ressortir la même typologie régionale reflétant la marginalisation de l'intérieur et le développement du littoral et montrant très nettement que le niveau de développement n'a pas été bouleversé à des nuances près.

En résumé, « la structure hiérarchique de développement demeure » et « les écarts entre les régions persistent sans amélioration ou surcreusement spectaculaires »[163], ce qui pose le problème de l'inégal développement avec acuité. Si nous nous appuyons sur cette conclusion, nous sommes à même d'affirmer qu'il y a plusieurs Tunisies dans le même pays distinguant « la Tunisie développée » et la « Tunisie sous-développée ».

Si cette dichotomie territoriale est confirmée et ce clivage géographique est démontré, notre problématique principale et notre souci essentiel sera, dans ce qui suit, l'analyse des déterminants (ou des explications ou des facteurs) de l'inégal développement régional - en particulier les facteurs historiques, sociologiques, politiques et économiques- ainsi que les répercussions et les conséquences démographiques et socio-économiques de l'inégal développement. C'est ce que nous étudierons dans le chapitre suivant.

---

[162]Pour plus de résultats concernant l'ACP, cf. notre article : BOUSNINA Adel (2007), *« Les disparités régionales du développement humain en Tunisie »*, Revue Tunisienne de Sciences Sociales R.T.S.S n° 134, CERES 2007, pp61-90.

[163] M. Bchir (1998), op. cit, p.53.

Chapitre 7 : L'inégal développement régional : explications et répercussions

Section 1: Les explications de l'inégal développement :

Paragraphe 1 : Le facteur historique :

L'inégal développement régional est déterminé par des données historiques qui ont « métamorphosé » l'opposition régionale naturelle (entre une Tunisie méridionale sèche et pauvre et une Tunisie septentrionale humide et prospère) et qui ont remplacé le clivage nord-sud par un nouveau déséquilibre littoral/ intérieur. L'action de la colonisation est, à cet égard, déterminante.

En effet, le pacte colonial a renforcé la concentration économique et humaine littorale grâce à une exploitation massive des terres fertiles et de richesses minières exportées vers la France et ailleurs, c'est ce qui explique le rôle primordial des ports maritimes « modernes » (Tunis-La Goulette, Bizerte, Sousse et Sfax)[164]. En outre, « cette politique s'est appuyée sur des voies de transport terrestre et surtout sur les chemins de fer pour collecter les produits agricoles et miniers à exporter et pour distribuer les marchandises importées »[165]. Ceci est conjugué à la création dans les villes- ports d'industries modernes et au développement du secteur administratif, des services sociaux et des équipements.

Cette structure coloniale a contribué à la consolidation de certaines villes (en particulier les ports littoraux) qui participent le plus à l'économie coloniale, contrairement aux autres régions intérieures qui sont désormais dominées par la façade orientale. Cette domination du littoral sur le reste de l'espace demeure inhérente à la structure (économique) extravertie qui a découpé l'espace en trois composantes : « l'arrière-pays, lieu de prélèvement agricole (Tell) ou minier (l'ouest), le réseau assurant la liaison et le drainage, enfin les ports lieu de transformation, de revalorisation, d'exportation et de redistribution [...] Les innovations vont se faire à partir et au profit du

[164] Hafedh Sethom (1992), op. cit, p.181.
[165] Ibid, p.182.

littoral (réseau routier, services bancaires et de la santé, alimentation en eau et électrification...).[166]

Le déséquilibre régional est, ainsi, l'un des héritages de la période coloniale qui a fortement marqué l'économie et l'espace tunisiens. Toutes les forces se trouvent, en conséquence, façonnées par l'ordre colonial, et ce, tant au niveau démographique qu'au niveau économique et social.

Sur le plan démographique, l'économie coloniale a contribué à aggraver le déséquilibre démographique et la concentration littorale de la population à cause de la concentration des activités dans les régions côtières et surtout à cause de l'exode rural dû à la crise agraire (inhérente à la mainmise des colons sur la plupart des terres fertiles du nord). Ceci a été à l'origine d'une dynamique démographique au profit du littoral oriental et notamment les gouvernorats littoraux principaux (les quatre villes-ports en plus de Nabeul) qui concentraient, au moment de l'indépendance, plus de 50% de la population totale (sur un sixième de la superficie du pays).

En outre, l'ordre colonial a fortement transformé le système urbain par le gonflement de Tunis (qui a accueilli 47% des migrants entre 1936-1956), le renforcement du Nord-Est (dont la part est passée de 42% à 49% de la population urbaine entre 1926 et 1956) et par la consolidation des centres urbains littoraux (qui ont des taux d'urbanisation avoisinant 80% dans les grandes villes qui participent fortement à l'économie coloniale).[167]

La dynamique littorale durant la période coloniale explique aussi le déséquilibre social et économique qui a prévalu et qui a créé une dissymétrie « inéluctable » de l'espace : la veille de l'indépendance, le littoral concentrait : 84% des médecins, 70% des scolarisés primaires, près de 90% de la consommation d'électricité, 85% des lits hospitaliers, 83% des postes radio...[168]

Cette concentration concernait également le secteur industriel dont la production est totalement concentrée sur le littoral notamment à Tunis, à Sfax, à Monastir (textile) et à Gabes (conserves) alors que les 4 ports- villes (Tunis, Sfax, Sousse et Bizerte) totalisent à eux seuls 85% de la production industrielle.

---

[166] À Belhedi (1992), op. cit, p.24.

[167] Ces chiffres sont tirés du travail de Pierre Signoles (1985), *« L'espace tunisien : Capitale et État- région »,* Tours, 1985.

[168] Annuaires statistiques de la Tunisie 1955-1957.

Il en va de même pour le secteur agricole qui a profité le plus au littoral, « foyer de l'agriculture paysanne, fortement structuré en bourgs et villages (sahel de Bizerte, Cap Bon et Sahel) alors que la dynamique du Nord Est peut s'expliquer par le développement d'une agriculture très peuplante (maraîchage, viticulture, agrumiculture).[169]

En somme, l'espace colonial était très désarticulé et l'ordre colonial a placé irréversiblement la dynamique spatiale sur le littoral qui a profité de la mise en place de divers services et équipements. Cette structure spatiale (et cette opposition littoral/intérieur) a représenté l'une des principales contraintes qui vont contrarier les efforts de remodelage de l'espace.[170]

Cependant, l'inégal développement ne peut pas être déterminé -historiquement- par des facteurs purement économiques, mais aussi et surtout par des facteurs sociaux inhérents notamment à la marginalisation de la majeure partie de la population tunisienne en faveur des Européens et d'une minorité de Tunisiens. C'est le facteur historique qui va déterminer la formation des classes sociales et la restructuration sociale qui (à la veille de l'indépendance) va être à l'origine de l'émergence de la classe dirigeante qui va accaparer le pouvoir d'État après l'indépendance et qui va tracer les choix socio-économiques et développementistes.

En dépit de son importance, le facteur économique est insuffisant pour expliquer une problématique aussi complexe que le développement. Comme le stipule Poulantzas, « il ne faudrait pas conclure du rôle principal de la place économique que celle-ci suffit pour la détermination des classes sociales [...] L'économique a bien le rôle déterminant dans un mode de production et dans une formation sociale, mais le politique et l'idéologique, bref la superstructure, ont également un rôle très important »[171].

A la veille de l'indépendance, la structuration sociale était comme suit : [172]

-À l'un de ses extrêmes se trouvait la classe dominante subdivisée elle-même en deux fractions, l'aristocratie et la bourgeoisie (prenant

---

[169] A. Belhedi (1992), op. cit, p.25.
[170] Ibid, pp29-42.
[171] N. Poulantzas (1974), *« Les classes sociales dans le capitalisme d'aujourd'hui »*, Ed. Seuil, Paris, 1974, p.16.
[172] H. Dimassi (1983), op. cit, pp43-48.

des positions mitigées et souvent contradictoires et ayant un rôle secondaire dans le mouvement national).

-A l'autre extrême de la structure sociale se trouvait le sous-prolétariat (spolié, exploité et humilié par les autorités coloniales, mais aussi privé d'une véritable conscience de classe et par là d'une capacité d'auto- organisation)

-Entre ces deux extrêmes, se trouvait le prolétariat qui -soumis à une double oppression sociale et politique- a joué un rôle principal dans le mouvement national (néanmoins, il était prédisposé à l'aliénation idéologique de la petite bourgeoisie).

-enfin, on trouve la petite bourgeoisie qui a su mobiliser toutes les fractions sociales et qui a profité du soutien de presque toutes ces fractions, ce qui lui a permis de prendre une position stratégique au sein de la société tunisienne et de jouer un rôle fondamental dans le mouvement de libération nationale.

La position de ces différentes classes va déterminer leur situation après l'indépendance : le rôle de la bourgeoisie ne va pas lui permettre d'occuper une place hégémonique au sein du pouvoir, le sous-prolétariat sera de nouveau marginalisé et utilisé comme simple réserve de main-d'œuvre, le prolétariat va subir l'aliénation et la tutelle politique de la petite bourgeoisie qui a dominé la scène politique et qui a « investi » l'appareil de l'État.[173]

L'hégémonie de cette classe n'est pas restée sans conséquence sur la scène politique et socio-économique tunisienne. Au niveau politique, l'aspect « absolu et global d'un nationalisme totaliste qui subordonne toutes les revendications et se soumet tous les groupes sociaux, est de nature à donner à la petite bourgeoisie, ''épine dorsale'' du mouvement, un rôle révolutionnaire au cours de la résurgence impétueuse des peuples et des nations du Tiers-monde [...] Il va sans dire qu'elle sera **la principale bénéficiaire de l'indépendance** ».[174]

Au niveau socio-économique, ces différentes considérations historiques (qui ont favorisé l'hégémonie de la petite bourgeoisie) ont largement influencé la politique développementiste et subséquemment la politique de développement régional. En fait, il s'agit d'une **relation indubitable entre « l'inertie spatiale »** (ou l'inégal

[173] Ibid, p44-45.

[174] E. Hermassi (1966), *« Mouvement ouvrier en société coloniale : la Tunisie entre deux guerres »,* Thèse 3e cycle, Paris, 1966, p.172.

développement régional) **et « l'inertie sociale »,** ce qui fait que les couches (ou les classes sociales) qui détiennent le pouvoir et le capital se concentrent dans les espaces centraux. Comme l'a noté A.Belhedi, « il est certain qu'on a là un processus dialectique et cumulatif entre la société et l'espace où il s'avère difficile de séparer les deux mécanismes [...] l'élite du Néo-Destour a été essentiellement formée par la petite bourgeoisie sahélienne et tunisienne et littorale en général [...] le style d'autorité n'a fait que renforcer le clientélisme et le régionalisme. Il n'y a qu'à voir l'origine géographique des divers hauts responsables depuis 1956. Il est normal dans un tel cadre que les espaces, qui ont donné naissance à cette élite, se trouvent privilégiés ».[175]

Cette constatation est confirmée par de nombreuses recherches focalisées sur les régions « privilégiées » de la Tunisie (en particulier le Sahel). Comme l'a souligné M. Jedidi, le Sahel est la région qui a le plus profité des réalisations du régime depuis l'indépendance. C'est que les pouvoirs publics ont privilégié le Sahel dans leur action de développement plus qu'aucune autre région du pays, voire plus même que Tunis (celle-ci a tout simplement bénéficié de son rôle de Capitale d'un jeune État fortement centralisé) et que Sfax ou le Cap-Bon (que dire alors de la Tunisie intérieure et méridionale qui a été presque totalement délaissée).[176]

Ainsi, le rôle de l'État est remis en cause et l'action des pouvoirs publics a renforcé certains espaces au détriment d'autres, c'est pourquoi nous nous pencherons, dans le paragraphe suivant, sur l'explication des différentes politiques de développement et leur impact sur l'inégal développement.

Paragraphe 2 : Les politiques de développement et l'action complexe de l'État :

L'action des pouvoirs publics est réellement ambivalente, car elle a conduit souvent à des résultats très contradictoires. En effet, la contribution de l'État dans la lutte contre le déséquilibre régional a été une opération relativement réussie en matière de services sociaux (éducation, santé...), de services culturels, d'infrastructures de base, de lutte contre la pauvreté ou de la réalisation de certains projets étatiques industriels ou touristiques...

---

[175] A. Belhedi (1992), op. cit, p.230.
[176] M. Jedidi (1986), op. cit, pp367-368.

Par contre, l'intervention de l'État a contribué parfois à aggraver les écarts et à accentuer les disparités notamment dans les domaines relatifs à la production (plus particulièrement le tourisme et l'industrie) en renforçant certaines régions (littorales) aux dépens d'autres (en l'occurrence la Tunisie intérieure). C'est le cas du Sahel par exemple qui apparaît actuellement comme la région la plus favorisée et qui a largement bénéficié des changements -de grande envergure- au niveau socio-économique et politique depuis l'indépendance. À cet égard, certains auteurs parlent même de l'exploitation de certaines zones marginalisées au profit d'autres zones et évoquent le « drainage » qui a ''collé'' aux régions intérieures (en particulier le Nord-Ouest). Ils considèrent même qu'une large part du développement des régions côtières du pays est enregistrée au détriment des zones méridionales riches en matières premières ou en potentialités naturelles, des richesses exploitées par l'État (en particulier l'eau, la forêt et les céréales) reflétant un drainage des ressources au profit des régions qui jouissent des préférences du pouvoir sans plan conséquent de développement de l'Ouest et sans contrepartie substantielle permettant un développement régional équilibré.[177]

Par ailleurs, il convient de noter que les résultats contradictoires de l'action ambivalente de l'État sont largement tributaires des différents choix socio-économiques de la politique développementiste poursuivie.

La première décennie de développement (1962-1971) était caractérisée par la prise en considération du problème régional et les planificateurs se sont assignés un triple objectif : « créer ou renforcer les équipements sociaux et les services publics (particulièrement dans les villes de l'Intérieur), promouvoir de nouveaux pôles de croissance industrielle à l'intérieur du pays, pour combler ''le vide industriel'' légué par la colonisation dans ces régions et reformer les structures agraires dans le but de diversifier la production agricole et de créer plus d'emplois, donc d'arrêter ou au moins de freiner l'exode rural».[178]

La concrétisation de ces objectifs a connu un échec flagrant notamment dans le domaine de la production et plus particulièrement dans le domaine industriel et touristique. Si le renforcement des

---

[177] L. Amri (2002), op. cit, pp46-47.
[178] H. Sethom (1992), op. cit, p.183.

équipements sociaux et des services publics dans les villes intérieures a relativement réussi à atténuer le déséquilibre régional (entre autres grâce à l'accroissement de la scolarisation, à l'amélioration de l'infrastructure scolaire et sanitaire, à l'amélioration de l'état sanitaire de la population, à l'activité de construction des logements et des administrations...), les politiques de décentralisation industrielle et touristique n'ont pas donné les résultats escomptés en dépit d'une volonté inexorable de remodelage de l'espace (ou du moins de réduction des disparités).

En premier lieu, la phase coopérative a été caractérisée par la création de nouveaux pôles industriels dans les villes intérieures et par une politique d'investissements industriels massifs (dont les 4/5 sont réalisés par l'État) qui ont touché certaines régions intérieures (notamment la sucrerie- raffinerie de Beja et l'usine de pâte à papier de Kasserine). Néanmoins, le bilan de la ''décentralisation industrielle'' a été maigre (les difficultés des nouvelles unités expliquent l'absence des projets industriels au profit de l'intérieur à partir de 1966) à cause de la concentration de la part la plus importante des investissements sur le littoral, et les ''grandes opérations'' ont concerné le pôle Bizerte-Menzel Bourguiba (comprenant une usine sidérurgique, une raffinerie de pétrole, des industries métallurgiques et mécaniques) et les grands centres du Sahel (notamment les industries mécaniques à Sousse et les industries textiles à Sousse, Monastir, Ksar Helal et Moknine) sans négliger Tunis (qui a attiré un grand nombre de projets dans la plupart des branches de l'industrie). Bref, en dépit de l'effort et de l'intention de décentralisation, la Tunisie intérieure n'a pu avoir que moins de 13% des investissements industriels.[179]

En second lieu, et à l'instar de la décentralisation industrielle, l'intervention de l'État dans le domaine touristique a été importante au début, mais a connu de grandes difficultés ensuite, ce qui a été à l'origine de l'accentuation du déséquilibre régional. En effet, l'État a créé en 1959 la SHTT (la Société Hôtelière et Touristique de Tunisie) qui a lancé, à partir de 1961, une chaîne d'hôtels non seulement dans les régions côtières, mais aussi à Kairouan, à Kasserine et à Gafsa. Après la réussite de l'action de la SHTT et le décollage touristique et après un effort massif des pouvoirs publics (près de 90% de l'ensemble des investissements touristiques entre 1962 et 1964), l'État

[179] Ibid, pp 186-188.

va réduire sa part et passer la main aux investisseurs privés qui se sont orientés exclusivement vers la façade maritime (car l'expérience de la SHTT a montré que les hôtels situés dans les régions intérieures sont peu rentables et, car les touristes, étrangers dans leur quasi-totalité, ne recherchent souvent que le tourisme balnéaire). À partir de 1965, tous les investissements touristiques seront faits sur le littoral oriental y compris ceux de la SHTT qui a renoncé à équiper les régions intérieures au profit des régions côtières. Certains chiffres sont éloquents à ce titre ; par exemple, 95% des lits existants en 1971 étaient situés sur le littoral oriental.[180]

En résumé, il y a eu un véritable désir de rééquilibrage de l'espace, mais l'expérience coopérative n'a pas réussi à atténuer les disparités régionales. Le déséquilibre va s'accentuer davantage avec la métamorphose du rôle de l'État durant la phase libérale et l'impulsion de l'initiative privée et la limitation de l'intervention des pouvoirs publics. À partir de la décennie 1970, il y a eu un abandon de la planification impérative et un renoncement à la politique de régionalisation, et les projets recherchent la rentabilité immédiate et s'installent surtout dans les régions littorales. L'impact de l'action ambivalente de l'État n'est pas négligeable encore une fois, car les planificateurs sont désormais convaincus que la dichotomie Intérieur/ littoral est presque inéluctable et qu'il vaut mieux rechercher la rentabilité sûre et investir donc dans les régions littorales : selon Hedi Nouira, « pour mieux rentabiliser nos ressources limitées, l'accent a été mis sur le développement des régions côtières [...] au risque d'accentuer le déséquilibre régional ».[181]

Si la concentration de l'investissement touristique sur le littoral a commencé depuis 1965, elle s'est accentuée durant la phase libérale et l'État s'est désengagé totalement de l'investissement direct dans le secteur (et s'est contenté de la prise en charge des programmes d'infrastructure) alors que les investissements privés, étrangers surtout, se sont confinés sur le littoral.

Il en est de même pour le secteur industriel dont les projets les plus importants -sinon la totalité des projets- ont été réalisés sur la façade orientale tandis que les régions intérieures se sont trouvées totalement ignorées. Ceci a concerné notamment l'industrie chimique à Gabes,

---

[180] *Ibid*, pp189-191.

[181] Discours de Hedi Nouira, Première ministre durant la décennie 1970 (cité par : H. Sethom (1992), op. cit, p.195).

les petites et les moyennes entreprises (PME) installées surtout au Sahel (en particulier les industries textiles, mécaniques et électriques, et les industries manufacturières en général), et ce sont les industries exportatrices qui ont accentué la concentration industrielle littorale : les gouvernorats côtiers ont accaparé, de 1972 à 1981, 88% des établissements, 94% des investissements et 88.5% des emplois des industries exportatrices.[182]

Le déséquilibre régional a été aggravé encore par l'accentuation de la crise économique à partir de 1985-1986 (ce qui a généré l'abandon de certains projets industriels dans quelques régions intérieures telles que Bou Arada, Kairouan, Jerissa...) et surtout par le désengagement progressif de l'État lors de la phase néolibérale après l'adoption du P.A.S (le plan d'ajustement structurel) qui a consacré la primauté du secteur privé et qui a remis en cause l'intervention de l'État en faveur de la réhabilitation des mécanismes du marché. Bien entendu, ces mécanismes vont accentuer la dichotomie régionale à cause de la recherche de la rentabilité immédiate des investissements privés et on remarque de plus en plus non pas une atténuation, mais bien au contraire une aggravation des écarts interrégionaux.

Plusieurs indicateurs sont éloquents à cet égard : au cours du premier semestre de 1988 par exemple, près de 90% des projets industriels se sont orientés vers le Centre-Est et le Nord-Est (c'est-à-dire vers des gouvernorats côtiers) alors que les autres régions n'ont accueilli que moins de 11% de l'ensemble des projets.[183]

Si on se réfère à des chiffres plus récents, on remarque la persistance de la même tendance, puisque les données du Xème Plan du développement (2002-2006) montrent que le Centre-Est et le Nord-Est accaparent plus de 71% des investissements privés (paradoxalement, ces deux régions ne s'étendent que sur 17% seulement de la superficie totale du pays).

Le paradoxe est encore plus ''frappant'' si on analyse la répartition territoriale des investissements de l'État (qui est censé avoir un souci égalitaire et un rôle de rééquilibrage de l'espace). En fait, cette répartition a été très inégalitaire depuis l'indépendance et jusqu'à maintenant, car le littoral a drainé, dans la quasi-totalité des cas, entre 65% et 75% de l'ensemble des investissements.

---

[182] H. Sethom (1992), op. cit, p.197.

[183] Ibid, p.199.

Ceci reflète très nettement **le rôle de l'action ambivalente de l'État** et confirme les conclusions de Hirschman qui stipule que seule l'intervention des pouvoirs publics est susceptible de réduire les déséquilibres, mais encore faut-il que cette intervention soit réfléchie, concertée afin de ne pas aboutir à de nouveaux clivages ou accuser certains écarts déjà présents. Il s'agit d'un rôle critique de l'action de l'État dont l'intervention est déterminante pour impulser un espace ou le marginaliser.[184]

Par ailleurs, l'inégal développement et l'impact de l'action ambivalente de l'État sont parfois liés à des raisons purement politiques (et non seulement socio-économiques) inhérentes au centralisme du système politique tunisien qui « avait engendré un système bureaucratique assez complexe [...] où l'apport des responsables régionaux (qui doit être très important) n'était pas toujours apprécié ou même toléré, ce qui a fait que les problèmes profonds des régions rurales ne se sont pas manifestés par les acteurs régionaux ; les choix des administrations centrales, par leurs caractères globaux, n'étaient pas viables et ne reflétaient pas les besoins régionaux et locaux d'une manière lucide ».[185]

D'autre part, et outre l'impact de l'action de l'État, la dichotomie géographique peut être renforcée par le rôle des causalités cumulatives du marché, en particulier après la métamorphose du rôle de l'État avec l'adoption du paradigme néolibéral et l'affermissement de la loi de marché.

Paragraphe 3 : Les mécanismes du marché et l'accumulation spatiale :

L'analyse de la problématique des disparités cumulatives du marché est inhérente à deux facteurs principaux : l'importance des conditions de départ et l'extraversion de l'économie tunisienne.

Avec la consécration de la voie capitaliste néolibérale, le secteur privé a été renforcé et il est devenu un facteur fondamental pour l'accès à de nouveaux paliers de développement. Or, il est évident que le développement du secteur privé est d'autant plus important que les conditions initiales soient plus favorables (à cause de la recherche de la rentabilité et du profit sûrs et rapides), c'est-à-dire dans les zones

[184] Cité par A. Belhedi (1996), op. cit, p.164.

[185] Abdessatar Sahbani (1988), *« Décentralisation et développement régional. Le cas tunisien. Exemple du Centre Ouest »,* Thèse de doctorat (3e cycle), FSHS, Tunis, 1988, p.303.

disposant d'une infrastructure importante (moyens de transport et de télécommunication, infrastructures ferroviaires, portuaires, routières...) et des services publics et privés indispensables (et comme on l'a analysé précédemment, le littoral est nettement mieux nanti que l'intérieur dans la majorité -sinon dans la totalité- de ces ''conditions initiales''). Ainsi, les effets du marché ont fait que les zones les plus avancées ont le plus progressé et qu'il y a « une continuité des processus spatiaux et un processus d'accumulation spatiale. Là où les conditions de départ étaient favorables, l'action de l'État s'est souvent jointe à celle du privé, ce qui explique le renforcement de l'axe littoral (en particulier le Sahel et le Nord-Est) au détriment de l'intérieur suite à la conjonction des deux logiques en sens opposés » et aux « disparités liées aux mécanismes de marché »[186].

Le processus des divergences cumulatives du marché explique donc l'inégal développement inhérent à la conjugaison de ces deux logiques opposées. On peut parler, à cet égard, de l'effet boule de neige et de l'effet boulet qui ont favorisé (pour le premier) la croissance des zones avancées et qui ont marginalisé (pour le second) les zones les moins développées. Bref, ces disparités cumulatives et ces deux effets ont été à l'origine de l'existence d'une **''Tunisie à deux vitesses''**.

D'abord, les régions littorales ont été favorisées par la mise en place d'infrastructures et des services urbains et par l'importance des investissements (publics puis privés) ce qui a attiré le capital privé et facilité la réussite de la réalisation des projets industriels et touristiques. Ces projets ont, évidemment, **des effets d'entraînement** sur les autres secteurs : on peut évoquer, à titre d'exemple, les retombées du décollage touristique (surtout au Sahel et au Cap Bon) qui a participé à la renaissance de l'artisanat traditionnel artistique (notamment l'artisanat textile, la poterie...), au développement de multiples activités induites et particulièrement le bâtiment et les travaux publics, les transports aériens et terrestres, les agences bancaires, les assurances, les commerces divers, les restaurants...[187]

Par contre, les zones « dépressives » voient leur force de travail et capitaux les fuir, car elles se trouvent freinées par l'absence des conditions (ou d'une partie importante des conditions) de

---

[186] Amor Belhedi (1996), *« Littoralisation et mondialisation : état des lieux et enjeux »,* R.T.G n° 30, Tunis, 1996, pp11-12.
[187] H. Sethom (1992), Op. cit, p.191.

développement telles que les unités industrielles ou les services sociaux suffisants ou l'infrastructure de base (surtout les moyens de communication). Ceci a contribué à créer un véritable cercle vicieux difficile à rompre et a creusé le fossé entre la Tunisie littorale et la Tunisie intérieure. Cette dernière est, désormais, caractérisée par un véritable ''enclavement'' qui la rend « isolée de l'ensemble de la société à laquelle elle appartient, en raison de la détérioration des moyens et des réseaux de communication » et à cause de la détérioration de « la capacité productive de la région (au sens strictement économique) » et des « secteurs improductifs comme la santé, la scolarisation ou les services de transport...qui sont censés relier une région au reste du pays et l'inclure dans la dynamique de développement par la logique des flux engendrés, ceux des produits, des capitaux, des personnes, avec ce que cela induit comme effet d'entraînement [...] la politique ostraciste excluant des fruits de la croissance certaines populations ou certaines régions [...] crée un déséquilibre dans le corps social, et c'est ainsi que naissent ''les poches de pauvreté'' ».[188]

Par ailleurs, la problématique des disparités cumulatives et du libre fonctionnement du marché est étroitement liée au choix libéral des planificateurs tunisiens qui ont consacré l'extraversion de l'économie tunisienne et sa dépendance vis-à-vis de l'étranger. Comme on l'a signalé précédemment, la politique développementiste tunisienne est caractérisée par une insertion poussée dans le sillage du marché mondial, par une adoption profonde du modèle international de développement et par un recours accru au capital extérieur (même durant la phase dirigiste). L'adoption de la voie libérale -dont le credo principal prévoit un rôle prépondérant au marché- va renforcer l'insertion du pays dans la sphère capitaliste et dans la Division Internationale du Travail (DIT).

L'extraversion va être accentuée avec l'adoption du Plan d'Ajustement structurel et surtout avec la signature de l'accord de libre-échange avec l'Union européenne, qui consacre réellement la ''mondialisation'' de l'économie tunisienne dont les effets spatiaux sont indéniables. En effet, cette mondialisation et ce libre échange « vont renforcer davantage la littoralisation en faisant du littoral l'espace d'interface, de métropolisation et d'ancrage à l'économie mondiale » et l'opposition littoral/intérieur pourrait s'accentuer

[188] L. Amri (2002), op. cit, p.151.

encore, car le nouveau contexte économique néolibéral « contribuerait à un processus de rétrécissement de l'espace économique (notamment industriel) avec une **marginalisation des espaces intérieurs qui ne renferment pas d'unités performantes** et qui présentent souvent un tissu informel et de très petite taille. L'approfondissement des clivages interrégionaux est attendu avec la création de deux espaces :

-des espaces performants, concurrentiels, intégrés à l'économie mondiale et intégrateurs des espaces intérieurs

-des espaces qui seraient marginalisés et de plus en plus dépendants ».[189]

En outre, le libre échange -préconisant surtout la concurrence et le libre fonctionnement du marché- constitue une réelle menace aux entreprises habituées à la surprotection et aux zones non habituées à la concurrence et peu performantes, et ce sont les zones intérieures qui seront les plus concernées contrairement aux régions littorales ouvertes depuis longtemps sur l'extérieur notamment grâce au tourisme et surtout grâce à l'industrie exportatrice (concentrée, rappelons-le, à 90% sur l'axe oriental). Ainsi, « les entreprises qui seraient les plus exposées et qui risquent de connaître de grandes difficultés suite à leur taille, leur structure, la faiblesse des fonds propres ou la déficience de leur environnement seraient localisées dans les régions intérieures. Les régions littorales seraient le point de mire des I.D.E ».[190]

D'autre part, la stabilité de la ''dichotomie géographique'' et la persistance du déséquilibre régional -devenu un phénomène structurel et non conjoncturel- reflètent une réelle ''inertie spatiale'' qui est déterminée, dans une large mesure, par ''l'inertie'' ou ''l'immobilité'' de la répartition inégalitaire des investissements (qui constituent vraisemblablement l'élément central dans la dynamique des inégalités). Comme on l'a cité précédemment, la distribution des investissements a été très inégalitaire sur le territoire tunisien à cause de leur concentration sur le littoral. Aussi bien pour le secteur public que pour le secteur privé, la façade orientale a souvent accaparé plus de 65% -parfois 75%- de l'ensemble des investissements : exceptées quelques modifications, la répartition géographique a été totalement conservée reflétant le maintien de la même distribution durant près de cinq décennies.

---

[189] A. Belhedi (1996), « Littoralisation et mondialisation… », Op.cit, pp9-40.
[190] Ibid, p.18.

Cette inertie spatiale (qui commande la répartition des investissements) peut expliquer les mécanismes des disparités cumulatives du marché, car le capital accumulé durant une période explique l'attraction exercée sur le capital frais durant la période suivante à travers les mécanismes de l'accumulation spatiale, et « tout se fait comme si les forces d'inertie agissent de telle manière qu'on tend vers une situation équifinale, en relation avec les rapports d'équilibre, le capital fixe investi et frais à investir (souvent, on trouve une très forte corrélation entre le montant investi à une période donnée et le montant investi durant la période suivante) ».[191]

Notons, enfin, que cette inertie (au niveau des investissements) peut être l'un des déterminants primordiaux -sinon le déterminant principal- de l'inégalité régionale, car c'est l'investissement qui peut être considéré comme le déterminant essentiel de la dynamique socio-économique et de ses différents indicateurs (tels que l'emploi, le niveau de vie, le niveau des équipements et des services sociaux…) et il est ainsi au centre de la dynamique spatiale et du développement inégal.

Section 2 : Les effets de l'inégal développement :

Paragraphe 1 : Les effets démographiques :

L'inégal développement régional a généré une concentration de la population sur la façade orientale au détriment des régions intérieures où l'urbanisation et le niveau de développement humain demeurent encore faibles par rapport au littoral. Le déséquilibre socio-économique a induit un déséquilibre démographique qui se manifeste à travers la concentration humaine et surtout la migration interne vers les régions les plus développées qui deviennent très attractives contrairement aux régions répulsives ''sous-développées''.

1.1: La concentration de la population :

Le déséquilibre démographique est flagrant en Tunisie. Selon les dernières données de l'INS (le RGPH de 2004 et les enquêtes de 2008 et de 2010), le littoral -qui ne représente que moins de 30% de la superficie- concentre près de 70% de la population totale du pays. Deux régions se caractérisent, à cet égard, par leur attractivité ; il s'agit du Nord-Est (y compris le District de Tunis) et du Centre-Est (le

[191] A. Belhedi (1996), Op. cit, pp174-175.

Sahel et Sfax) qui ne s'étendent que sur 17% de la surface, mais qui attirent, en 2008, près de 60% de la population.

Tableau n° 71: Répartition de la population par région en 2004 en 2008 :

Gouvernorat	Effectifs (en milliers)-2004	Proportion (en %)-2004	Effectifs (en milliers)-2008	Proportion (en %)-2008
D. Tunis	2 247,79	22,7	2379.859	**23.1**
Nord Est	1 378,98	13,9	1437.064	**13.9**
Nord Ouest	1 213,88	12,2	1213.133	**11.8**
Centre Est	2233,1	22,5	2.376.078	**23.0**
Centre Ouest	1 353,9	13,7	1382.992	**13.4**
Sud Est	918,6	9,3	944.890	**9.2**
Sud Ouest	564,45	5,7	580.480	**5.6**
Tunisie	9 910,872	100	10314.464	100

Source : INS : RGPH 2004 et Enquête Population Emploi 2008

En termes d'évolution, la structure de la "hiérarchie démographique" demeure, puisque la concentration de la population ne s'est pas atténuée depuis plusieurs décennies. À titre d'exemple, les mêmes gouvernorats du Centre-Est et du Nord-Est (avec Gabes et Medenine) ont enregistré durant les deux derniers recensements (en 1984 et 1994) la même proportion de la population avoisinant 60% reflétant la stabilité de la concentration démographique littorale.

Néanmoins, la comparaison entre le poids démographique des régions durant une période plus longue -à partir de la période coloniale par exemple- montre un véritable "remodelage" de la répartition de la population à cause de l'accroissement de l'attractivité du littoral contrairement aux régions répulsives intérieures. Comme le montre le tableau ci-dessous, la population était moins dense sur la façade orientale ; le Centre-Est et le Nord-Est ne comptaient-en 1936- que moins de 45% de la population du pays (contre plus de 60% en 2010) tandis que les régions intérieures et méridionales concentraient plus de 55% de la population. Ceci est dû notamment au recul spectaculaire de la part du Nord-Ouest (un recul de plus de 10% entre 1936 et 2010) contrairement à celle du Nord-Est et surtout du District de Tunis qui comptait jadis le cinquième de la population mais qui a vu sa part augmenter pour dépasser 36%, alors que la place du centre a connu une stabilisation autour de 35% de la population totale.

Tableau n°72 : Évolution de la répartition de la population de chaque région entre 1936 et 2010 (en %) :

Région	1936	1984	1994	2004	**2010**
Nord Est (avec Tunis)	**21,9**	34,0	34,5	**36,6**	**37,1**
Nord Ouest	**22,2**	15,85	14,0	**12,2**	**11,6**
Centre Ouest	12,2	14,47	14,8	13,7	**13,3**
Centre Est	23,0	20,8	21,2	22,5	**23,2**
Sud	20,7	14,86	15,5	15,0	**14,7**

Source : INS

En dépit de l'accroissement rapide des effectifs de la population (entre 1956 et 2004, cet effectif a été multiplié par 2,2 pour Jendouba, 2,7 pour Kasserine mais aussi par 3 pour Nabeul, par 3,5 pour Medenine et surtout par près de 5 pour le District de Tunis), l'accroissement annuel moyen est beaucoup plus important dans les villes orientales par rapport aux régions intérieures. Durant la dernière décennie (entre 1994 et 2004), cet accroissement a dépassé 2% et 1,8% respectivement dans le District de Tunis et le Centre Est alors qu'il était inférieur à 0,5% au Centre-Ouest et il est même **négatif au Nord-Ouest (-0,1%).**

Ceci dénote très nettement du **caractère répulsif des régions intérieures contrairement à la façade orientale**, et on peut même affirmer que **cette divergence est en train de s'aggraver,** car la concentration humaine et le poids démographique des régions littorales ne cessent de se renforcer (en passant de 59% en 1956 à 65% en 1989 et en 1994 et à près de **70% en 2010**) contrairement à la proportion du Nord-Ouest et du Centre-Ouest (passée de plus de 30% à 25% entre 1956 et 2010).

Subséquemment, les taux d'accroissement annuels moyens ont connu un déclin incontestable dans certains gouvernorats bien qu'on ait enregistré une croissance positive dans toutes les régions entre 1984 et 1994 avant de remarquer l'existence des scores négatifs durant la dernière décennie au Nord-Ouest (par exemple, cet accroissement est **négatif** au Kef dont la population est passée de 258.5 mille en 2005 à 256.7 mille en 2010 ; il en est de même pour Siliana) et un taux -très faible- au Centre-Ouest.

Tableau n° 73 : L'accroissement démographique par région entre 2004 et 2010 (en %):

Région	2005	2006	2007	2008	2009	2010
D. Tunis	1.45	1.22	1.23	1.80	1.21	1.30
NE	1.16	1.03	1.06	0.85	1.10	0.95
NO	-0.06	0.02	0.08	0.01	0.20	0.36
CE	1.64	1.39	1.57	1.59	1.48	1.51
CO	0.36	0.68	0.67	0.39	0.73	0.75
SE	0.69	0.65	0.75	0.70	0.88	0.91
SO	0.63	0.63	0.91	0.62	0.90	0.99
Tunisie	1.00	0.93	1.01	1.03	1.03	1.06

Source : INS : Enquête Emploi 2010

Par ailleurs, et à l'instar de la ''hiérarchie démographique'', le système urbain tunisien est caractérisé par une ''hiérarchie urbaine'' favorisant la façade orientale qui demeure le principal axe d'urbanisation et qui regroupe l'essentiel de la population urbaine et les plus grandes villes du pays.

En dépit du développement rapide des villes intérieures, le littoral continue à attirer plus de 80% de la population urbaine, dont 70% est concentré sur 17% de la superficie du pays (c'est-à-dire dans le Nord-Est et le Centre-Est). Le déséquilibre démographique et urbain est attesté par d'autres indicateurs très éloquents à cet égard et qui reflètent nettement la stabilité de la concentration humaine : à titre d'exemple, les quatre ''villes ports'' (avec Nabeul), qui concentraient -à la veille de l'indépendance- près de 50% de la population, continuent à accaparer en 2004 la même proportion de la population totale et près de 60% de la population urbaine.

En 2004, parmi les 12 villes qui dépassent le cap de 400.000 habitants, trois seulement sont intérieures (et une seule ville pour les sept villes dépassant 500.000 habitants). Pour la répartition de la population urbaine, la proportion de l'intérieur est encore plus faible, et aucune ville (sauf Gafsa) n'a un pourcentage supérieur à 3% contrairement aux villes littorales dont la proportion dépasse souvent 6% (15% à Tunis, 7% à Monastir, 8.5% à Sfax…).

Au total, la répartition géographique de la population (totale et urbaine) est caractérisée par un déséquilibre régional entre le littoral et l'intérieur, ce qui a été à l'origine d'une croissance démographique inégale entre les gouvernorats (parfois négative au Nord-Ouest) qui est déterminée surtout par les migrations intérieures.

1.2 : La migration interne :

L'accroissement démographique négatif enregistré dans quelques gouvernorats (à savoir le Nord-Ouest, notamment Le Kef et Siliana) - contrairement au solde positif des régions littorales- peut être déterminé par deux facteurs : la fécondité et la migration interne. Étant donné les différences peu notables au niveau de la croissance démographique naturelle (la fécondité et la mortalité), les écarts interrégionaux et la croissance démographique inégale peuvent être déterminés par la dynamique migratoire et par l'exode rural.

1.2.1 : Les caractéristiques de la migration interne[192]

La migration interne a touché toutes les régions du pays sans exception. Elle a augmenté considérablement depuis l'indépendance, et après un déclin relatif durant les deux dernières décennies, elle a connu une nouvelle hausse non négligeable puisque le nombre des déplacements entre les gouvernorats a dépassé (entre 1999 et 2004) 444 mille avec une moyenne de près 89 mille personnes annuellement contre seulement une moyenne de 58.6 mille durant la période 1987-1994 (et de 55 mille entre 1979 et 1984), soit un pourcentage de 0.9% de l'ensemble de la population en 2004 (contre une proportion de 0.66% en 1994 et de 0.78% en 1984).

Quant à la différenciation régionale du solde migratoire, on remarque le même clivage géographique au profit des régions littorales ''favorisées'' et au détriment des régions intérieures ''défavorisées'', quoiqu'on ait enregistré une certaine transformation de la structure migratoire et de l'origine et de la destination des migrants. En effet, le rôle de la Capitale était prépondérant puisqu'elle attirait la majorité écrasante des migrants intérieurs issus souvent des régions méridionales (avant 1956) et surtout du Nord qui est devenu - après l'indépendance- la principale zone répulsive.

Depuis la fin des années 60, le rôle du District de Tunis est en nette régression avec l'élargissement de la zone d'attraction orientale à une

---

[192] Notre objectif ici est d'analyser très rapidement quelques caractéristiques de la migration interne et la relation entre la migration et le développement, et ce, sans faire une analyse détaillée de la problématique de la migration interne et de son évolution. La littérature concernant ce sujet est très riche (voir, entre autres, l'ouvrage de l'IREP (1994), l'étude stratégique du MDE (1996), l'ouvrage de H. Sethom (1992)… ainsi que des dizaines d'articles cités dans la bibliographie).

grande partie de la façade maritime orientale[193]. A titre d'exemple, la Capitale a attiré plus des 4/5 des migrants entre 1956 et 1966 (191.820 sur 238.980 personnes) tandis qu'elle n'attirait que moins de 54% de la mobilité inter-gouvernorat durant la période 1970-1989 (101.870 sur 191.820 personnes) ; cette proportion va encore baisser durant le dernier quinquennat puisqu'elle est inférieure à 45% en 1999-2004. Bien entendu, cette régression de la place de la Capitale va profiter aux autres gouvernorats littoraux, notamment Sousse et Monastir (dont le solde migratoire est passé de 6200 en 1966 à près de 40 mille en 2004) et au Centre Est en général qui a vu son solde passer de 18 mille en 1984-1994 à près de 50 mille en 2004.

À cet égard, et contrairement à la constatation de plusieurs chercheurs, *la migration intérieure et l'exode rural ne tendent pas à diminuer mais ils sont en train de s'accentuer et* ***la "dépopulation" des régions intérieures risque de s'aggraver davantage***. On en témoigne l'évolution du solde migratoire du Nord Ouest dont la perte a diminué de plus de la moitié passant de -36620 en 1980-1984 à -18093 personnes en 1984-1989, mais qui a connu un accroissement spectaculaire à partir de 1989 (-35900 en 1989-1994) et surtout durant la dernière décennie avec une importante perte de -45300 personnes. Le recul est encore plus remarquable pour le Centre Ouest dont la perte a plus que doublé en un laps de temps si réduit en passant de moins de 24 mille à -52500 entre les deux derniers recensements.

Il est à noter, à ce titre, que tous les gouvernorats intérieurs -sans exception- ont un solde migratoire négatif alors que la plupart des gouvernorats littoraux ont un solde positif ; l'évolution récente de la répartition géographique des migrants confirme ce clivage régional et l'aggravation de cette dichotomie territoriale. Entre 1994 et 2004, le solde migratoire (positif) du Sahel a été multiplié par 3 tandis que celui des gouvernorats du Centre Ouest a connu une chute substantielle aggravant la perte qui a doublé à Kairouan et à Kasserine et qui a quasiment triplé à Sidi Bouzid.

A des nuances près, on assiste depuis l'indépendance « à une évolution divergente, celle du littoral vers une dynamique accrue malgré la crise continue de certains espaces ou l'essoufflement

[193] M. Jedidi (1994), *« Les migrations internes en Tunisie : évolution des flux »,* in : IREP (1994), « Les migrations internes », Cahier de l'IREP n°10, Tunis, 1994, p.11.

(Gabes, Mahdia) et celle de l'intérieur vers une déprise continue malgré le dynamisme limité de certains espaces ».[194]

Ainsi, à l'exception du Sud (sauf Gafsa) et du Nord Est (sauf Nabeul) caractérisés par un solde migratoire légèrement négatif, on peut remarquer l'existence de deux grands groupes l'un très attractif et l'autre très répulsif et qui sont aux antipodes l'un de l'autre : la Capitale et le Centre Est d'un côté et le Centre Ouest et le Nord Ouest de l'autre côté : c'est exactement la même classification régionale qu'on a adoptée lors de l'analyse de l'inégal développement régional, ce qui nous amène à nous pencher sur la relation entre la migration interne et le développement.

1.2.2 : La migration interne et le développement régional : Quelle articulation ?

Après avoir analysé -très succinctement- la problématique de la migration du point de vue quantitatif (à travers les flux migratoires), on va focaliser notre intérêt dans ce paragraphe sur l'aspect qualitatif et surtout sur l'articulation entre la migration et le développement, ceci est d'autant plus important qu'ont ait considéré le déplacement de la population comme l'une des répercussions de l'inégal développement et qu'on ait supposé, subséquemment, que la migration est déterminée par le développement.

D'abord, on doit souligner que la plupart des gouvernorats intérieurs répulsifs sont des régions à dominante rurale et agricole et que le mouvement migratoire est assimilé dans la majorité des cas à un exode rural. Ce dernier est ainsi déterminé par une dynamique socio-économique inhérente à la crise du monde rural et de la paysannerie, une crise qui est elle-même déterminée par l'échec du modèle économique et développementiste. Selon A. Bedoui, il s'agit d'un modèle d'accumulation dépendant qui s'est traduit (dans une optique d'une rentabilité acceptable pour le capital) par **une soumission poussée du monde rural** et particulièrement de l'agriculture aux exigences propres à ce type de capital ; ce modèle (qui exclut la paysannerie) a généré une dégradation des termes de l'échange entre l'agriculture et l'industrie et une détérioration du pouvoir d'achat de la paysannerie, et notamment de la majorité des

---

[194] A. Belhedi (1992.b), « L'organisation de l'espace en Tunisie », P.U.T, Tunis, 1992, p.172.

paysans les moins nantis qui se trouvent contraints de fuir le secteur agricole à la recherche d'un emploi salarié dans les centres urbains.[195]

En dépit de la recherche de régionalisation de l'espace et d'une allocation spatiale plus égalitaire des ressources, et malgré la tendance à l'essoufflement de la capacité d'attraction de quelques centres urbains en particulier durant les années 80 (surtout avec l'augmentation des prix agricoles et la mise en place de nombreux programmes de développement rural et régional), la question de l'exode rural et de la ''dépopulation'' des régions intérieures n'est pas encore résolue, et ce d'autant plus que les indicateurs montrent un déclin relatif de la population rurale et des régions à dominante agricole et rurale (notamment le Centre Ouest et le Nord Ouest), car la prise en considération de l'inégal développement par les pouvoirs publics s'est faite tardivement et d'une manière ''conjoncturelle'', d'où « le **retard structurel** qui caractérise le milieu rural par rapport au milieu urbain aussi bien au niveau des infrastructures et des équipements qu'au niveau de la promotion sociale [à cause] d'une intervention a posteriori après le développement d'une dynamique spatiale et socio-économique au profit des zones urbaines littorales ».[196]

Par ailleurs, l'articulation entre la migration et le développement peut être confirmée par de nombreuses enquêtes qui ont essayé de montrer que la migration interne est une conséquence directe de l'inégal développement. À titre d'exemple, les résultats de l'enquête de l'IREP (1994) ont montré que la vie active (recherche de travail ou l'amélioration de l'emploi actuel) est à l'origine de près de 50% des déplacements et que l'amélioration des conditions de vie et ''la promotion du migrant'' expliquent le tiers des migrations ; et c'est surtout la problématique de l'emploi qui est déterminante à cet effet, car la centralisation administrative et la concentration des emplois poussent une proportion très importante de jeunes -notamment des diplômés- à quitter leur région, car l'emploi (conforme à leur qualification) y fait toujours défaut.

Les données du RGPH 2004 ne dérogent pas à cette règle puisque le travail est à l'origine de la migration de plus de 117 mille personnes, soit en termes relatifs plus de 28% des déplacements, alors

---

[195] A.Bedoui (1994), *«Migration et dynamique socio-économique en Tunisie »,* in : IREP (1994), op. cit, pp27-30.

[196]Mahmoud Gdoura et Abdelmajid Sahnoun, *« Migrations intérieures et développement rural en Tunisie »,* in : IREP (1994), op. cit,, pp106-107.

que l'accompagnement de la famille (42,8% des déplacements) est considéré comme un facteur indirect de la migration, car il est souvent déterminé par des raisons socio-économiques telles que l'amélioration du revenu ou la recherche de travail, et on trouve ainsi que les facteurs économiques forment l'essentiel des motivations des départs.

Tableau n° 74 : Les facteurs de la migration interne :

1991		2004	
Mobile	%	Mobile	%
Recherche de travail	24,7	Travail	26,4
Mutation de travail	21,6	Acquisition de logement	3,4
Acquisition de logement	15,4	Amélioration des conditions de logement	4,8
Cause familiale	14,7	Mariage	8,3
Nouveau projet	1	Accompagnement de la famille	42,8
Étude des enfants – santé	4,2	Études	11,4
Retraite	2	Autres causes	2,9
Autres causes	16,4	Total	100
Total	100		

Source : IREP (1994) et INS (RGPH 2004)

1.2.3 : Analyse des corrélations entre la migration interne et l'inégal développement :

Comme on l'a précédemment invoqué, ''le différentiel dans le développement'' constitue le facteur principal de la mobilité de la population et les flux migratoires résultent souvent des écarts interrégionaux (et intermilieux) et des facteurs répulsifs et attractifs inhérents à l'inégal développement régional. Dans ce paragraphe, on va essayer de confirmer cette constatation à travers l'analyse des corrélations entre les inégalités régionales et la migration interne.

Pour ce faire, on a utilisé plusieurs variables relatives à l'emploi et au développement de l'infrastructure et de l'équipement (telles que le taux de chômage, l'urbanisation, la desserte en eau ou l'électrification) et surtout des indices composites qui se sont révélés très utiles pour l'étude du développement humain et des disparités interrégionales puisqu'ils concernent la combinaison de plusieurs indicateurs socio-économiques : il s'agit de l'IDH, de l'indice de bien-être, de l'IMH et de l'IPH. Quant aux observations, elles concernent la variation des différents indices de développement par gouvernorat durant le dernier RGPH 2004, et ce, évidemment à côté de la variation du solde migratoire pour toutes les régions en 2004.

Tableau n° 75 : Les corrélations entre le solde migratoire et le développement (en 2004) :

Variable	Corrélation et sig.	Valeur
SOLDE	Corrélation de Pearson	1,000
	Sig. (bilatérale)	,
IDH	Corrélation de Pearson	0,825
	Sig. (bilatérale)	0,000*[*]
EAU	Corrélation de Pearson	0,730
	Sig. (bilatérale)	0,000*
ELEC	Corrélation de Pearson	0,638
	Sig. (bilatérale)	0,002*
URB	Corrélation de Pearson	0,789
	Sig. (bilatérale)	0,000*
BIENETRE	Corrélation de Pearson	0,835
	Sig. (bilatérale)	0,000*
IMH	Corrélation de Pearson	-0,772
	Sig. (bilatérale)	0,000*
IPH	Corrélation de Pearson	-0,859
	Sig. (bilatérale)	0,000*
TCHOM	Corrélation de Pearson	-0,389
	Sig. (bilatérale)	0,081

Source : Élaborés par nos calculs, à partir des données de l'INS

Il ressort de ce tableau que la plupart des coefficients sont significatifs (sig : 0.000) et que la corrélation entre le solde migratoire et les autres variables de développement est très forte puisque le coefficient de corrélation a dépassé souvent 0.7. Bien entendu, le solde est relié positivement aux indicateurs de développement tels que l'IDH ou l'urbanisation ou l'indice de bien-être, mais il varie en sens inverse avec le taux de chômage, l'Indicateur de Manque Humain ou l'Indicateur de Pauvreté Humaine. Ceci reflète très nettement la relation entre la migration et le développement, car le migrant cherche les espaces peu affectés par la pauvreté ou par le chômage (ou par le ''manque humain'' en général) contrairement aux espaces les plus développés où le niveau de vie est le plus élevé.

On doit noter, cependant, la complexité de la relation entre le chômage et la migration. Bien que le coefficient soit négatif (-0.389), il n'est pas statistiquement significatif (sig : 0.08) ; ceci est expliqué souvent par l'existence d'une situation paradoxale qui est enregistrée dans plusieurs gouvernorats littoraux caractérisés par des taux de chômage élevés et en même temps par la continuité du processus de l'attraction migratoire (étant donné qu'il s'agit des régions développées).

[*] La corrélation est significative au niveau 0.05 (bilatéral).

D'autre part, l'utilisation de la corrélation multiple (en se basant sur les mêmes variables sus-invoquées) nous permet d'avoir une variance qui varie entre 62% (en introduisant l'IDH, l'IMH et le taux d'urbanisation) et 86% (en introduisant l'ensemble des variables), ce qui nous permet d'expliquer une part très importante de la variation du solde migratoire des gouvernorats par rapport aux variables explicatives liées au développement régional.

En utilisant ces mêmes variables, les indices synthétiques et d'autres variables disponibles par région (à savoir la DPA et l'indice de pauvreté), la corrélation multiple nous permet d'expliquer près de 95% de la variation du solde migratoire en 1975, 93% en 1984 et plus de 96% en 1994.

Quant aux coefficients de corrélation, ils sont souvent significatifs et ils montrent la très forte relation entre le solde migratoire et les variables de développement, aussi bien en 1975 qu'en 1984 et en 1994.

En résumé, la migration est déterminée par une dialectique entre les facteurs de ***répulsion*** et les facteurs ***d'attraction*** qui résultent de l'inégale répartition des ressources et des dynamismes socio-économiques ou de l'inégal développement régional : « la dynamique migratoire est plus sensible à la notion d'écart et de gradient qu'à celle de niveau atteint ce qui fait que l'accusation des écarts entre régions, milieux ou secteurs est forcément génératrice de transferts migratoires même si le niveau général des régions défavorisées ou des campagnes s'est beaucoup amélioré ».[197]

Paragraphe 2 : Les effets socio-économiques :

À côté des répercussions démographiques et de la concentration de la population, l'inégal développement régional et les disparités croissantes ont généré des répercussions socio-économiques indéniables qui s'expriment par la centralisation des investissements et des emplois et par la concentration industrielle et touristique sur une petite partie du territoire tunisien. Il s'agit, encore une fois, d'une concentration au détriment des régions intérieures et en faveur de l'axe littoral qui est devenu - selon les termes de A. Belhedi - ‘‘l'épine dorsale'' de l'organisation spatiale tunisienne.

---

[197] A. Belhedi (1996), op. cit, p.217.

2.1 : La concentration des investissements, des emplois et des richesses [198]

Depuis l'indépendance, les régions littorales ont été l'axe privilégié des investissements et les espaces les plus favorisés par le capital aussi bien public que privé. Souvent, les gouvernorats côtiers ont accaparé plus de 70% des investissements publics et plus de 80% des investissements privés. La part du Centre Est et du Nord Est (y compris le District de Tunis) a été toujours prépondérante puisqu'elle a dépassé souvent 60% des investissements publics et 70% des investissements privés, tandis que la part des régions intérieures a été généralement inférieure à la moyenne nationale, en particulier celle du Centre Ouest et du Nord Ouest qui n'ont drainé qu'une proportion faible du capital (surtout privé).

La distribution inégalitaire des investissements et la dichotomie géographique littoral/intérieur se sont sensiblement répercutées sur l'emploi et sur l'activité économique, à cause de la concentration des activités et de l'emploi dans les régions privilégiées. Ces dernières ont souvent un taux de chômage relativement faible alors que ce taux dépasse 20% -et parfois 30%- dans la plupart des gouvernorats intérieurs. En outre, les régions côtières ''développées'' sont caractérisées par l'importance des activités secondaires et tertiaires ; et on remarque la très nette concentration des activités industrielles et des services dans l'axe littoral qui regroupe en 2008 près de 83% des emplois industriels et plus de 78% des emplois dans les services ; en d'autres termes, cet espace littoral- qui ne s'étend que sur près du quart du territoire- concentre plus des trois quarts des emplois secondaires et tertiaires. Ce clivage en matière d'emploi n'est pas resté sans effet sur la différenciation régionale de la qualification professionnelle à cause de la très forte concentration de la main-d'œuvre qualifiée dans l'axe littoral qui en attire plus de 80% en 2008.

Cette ''ségrégation spatiale'' sur le plan économique et cette distribution inégalitaire des investissements et de l'emploi peuvent expliquer les écarts interrégionaux en matière de niveau de vie et des richesses. À titre d'exemple, l'écart entre le niveau de la DPA au District de Tunis et celui observé au Centre Ouest avoisine 50% en

---

[198] Dans ce paragraphe, on va se contenter de faire un rappel très rapide de quelques résultats relatifs à la concentration économique due à l'inégal développement régional. Certains de ces résultats sont largement analysés dans la deuxième partie consacrée aux inégalités régionales (notamment le chapitre consacré aux inégalités économiques).

2000 (cette différence avoisine 40% entre le Centre Ouest et le Sahel) ce qui signifie que la dépense est près de 2 fois plus élevée dans les régions ''développées'' par rapport à l'Ouest. En outre, les régions marginalisées demeurent encore caractérisées par une pauvreté importante (en 2005, le taux de pauvreté dépasse 12,8% au Centre Ouest alors que la moyenne nationale est de moins de 4%) contrairement aux régions côtières où la proportion de la population défavorisée est souvent inférieure à 2%. Au total, le niveau de vie est toujours plus élevé dans les régions côtières où la distribution des dépenses montre l'importance des tranches moyennes et élevées, et ce, comme le montre le tableau suivant :

Tableau n°76 : Caractéristiques de la distribution des dépenses des ménages selon la région (en 2000) :

Région	D.T	N.E	N.O	C.O	C.E	S.O	S.E	Total
Dépense moyenne par ménage	8 053	5 703	5 080	4 944	7 502	5 250	5913	6450
Dépense moyenne par personne	1 761	1 190	1 103	909	1 594	1 017	1097	1329
Premier décile	584	404	398	291	508	351	359	412
Premier quartile	843	614	551	452	767	509	528	615
Médiane	1 321	902	814	682	1 185	790	874	979
Troisième quartile	2 088	1 408	1 294	1 103	1 909	1 183	1302	1587
Neuvième décile	3 317	2 180	1 983	1 715	3 005	1 827	2 059	2537

Source : INS : Enquête nationale sur la consommation 2000

En 2000 par exemple, 10% de la population (le « décile » de la population le plus pauvre) a une DPA inférieure à près de 600 D au District de Tunis (plus de 500 D au Centre Est) tandis que cette valeur ne dépasse pas 291 D au Centre Ouest. De même, la dépense médiane dépasse 1320 D dans la Capitale et elle est inférieure à la moitié de cette valeur au Centre Ouest. De plus, si le neuvième décile (c.-à-d. la valeur de la DPA telle que 90% des observations lui soient inférieures) est, en moyenne, égal à plus de 2500 D, cette dépense ne dépasse pas 1715 D au Centre Ouest contrairement aux régions favorisées où elle est supérieure à 3000 D.

2.2 : La concentration de l'industrie :

La concentration littorale de l'industrie est une conséquence directe de l'inégal développement régional, car le secteur industriel demeure étroitement lié à l'équipement et aux services socio-collectifs (dans le domaine des transports, des télécommunications...). Vu son ''surdéveloppement'' par rapport à l'intérieur, le littoral oriental est devenu subséquemment le principal- sinon l'unique- espace industriel du pays.

En dépit de tous les efforts d'aménagement industriel, le déséquilibre reste flagrant et la centralisation industrielle demeure très nette en faveur de l'axe littoral. En effet, l'industrialisation durant la période coopérative a été caractérisée par une « diffusion concentrée » et par une extension de l'espace industriel au-delà de Tunis (jadis le seul centre industriel) mais il s'agit d'une extension qui a profité au littoral (notamment Bizerte et Gabes) et qui a très rarement touché les régions intérieures. La libéralisation économique depuis les années 1970 va renforcer cette concentration littorale, bien qu'elle ait contribué à une très grande diffusion de l'industrie et à la création d'un véritable espace industriel, mais qui reste limité à la bande orientale littorale.

Bref, il y a eu un réel échec de la politique d'aménagement industriel à cause de l'absence d'un programme cohérent d'aménagement et puisque l'impératif de ces mesures était souvent de réduire la concentration que d'assurer un développement concerté alors que les facteurs de concentration continuent à jouer sur des espaces plus larges et plus éloignés.[199]

Les indicateurs qui confirment la concentration de l'industrie sont très nombreux. Durant les années soixante, le littoral a attiré plus de 87% des investissements et 91% des emplois. Entre 1973 et 1986, cet axe littoral a attiré 93% des projets et près de 90% des investissements. Même les projets FOPRODI (destiné à promouvoir la décentralisation industrielle) sont concentrés sur le littoral qui a drainé -entre 1976 et 1980- 83% de l'emploi et 80% des projets. Les entreprises publiques ou para-publiques se concentrent aussi dans la bande littorale (plus de 86%) et l'État a favorisé le littoral où s'est concentrée, entre 1973 et 1986, la quasi-totalité des zones industrielles (96%).[200]

Si on se réfère à des chiffres très récents, on peut montrer le déséquilibre régional industriel grâce à 3 indicateurs principaux : les zones industrielles, le nombre d'entreprises et l'emploi.

En premier lieu, la concentration des zones industrielles demeure, encore en 2005, très nette au détriment des zones intérieures où le

---

[199] A. Belhedi (1992.c), *« L'aménagement de l'espace en Tunisie»*, PUT, 1992, pp175-176.

[200] Ces chiffres sont cités par A. Belhedi (1992. b), op. cit,, p.64.

nombre de zones reste très réduit et surtout la superficie est limitée (Le Kef : 34 ha et Jendouba : 36 ha) contrairement aux régions littorales où on remarque une diversité des zones industrielles qui s'étendent souvent sur une superficie très importante (Tunis : 273 ha, Nabeul : 145 ha, Sousse : 348 ha et surtout Ben Arous : 2002 ha).

Tableau n° 77 : Répartition géographique des zones industrielles (en 2005) :

Région	Nombre de ZI
D. Tunis	32
Nord Est	24
Nord Ouest	13
Centre Est	37
Centre Ouest	9
Sud Est	6
Sud Ouest	11

Source : API

En second lieu, et à cause de la concentration des zones industrielles, le littoral accapare ''la part du lion'' au niveau des entreprises et de l'emploi. En 2003 par exemple, près de 75% des unités industrielles sont concentrées dans deux régions du pays : le Nord Est (y compris la Capitale) et le Centre Est (le Sahel et Sfax). **En 2011, les données de l'API montrent que plus de 84% des entreprises sont concentrées dans ces deux régions (qui ne s'étendent que sur 17% de la superficie du pays) et que le littoral continue à attirer près de 90% des projets.**

En matière d'emploi industriel, il est évident de constater la centralisation des activités secondaires, une centralisation inhérente à la concentration des zones industrielles et des entreprises. Selon les données du RGPH 2004 et l'Enquête de 2008, l'espace littoral regroupe plus des trois quarts des emplois industriels (près de 80%) avec, bien entendu, la nette domination du Nord Est et du Centre Est qui concentrent plus de 71% des emplois secondaires.

La littoralisation accrue de l'emploi a été bénéfique surtout au Sahel qui a bénéficié des investissements industriels massifs et qui a connu une diffusion généralisée de l'industrie notamment à partir des années 1970 ; le Sahel a vu sa part dans l'emploi industriel augmenter sensiblement pour atteindre en 2004 plus de 20% (contre 13% en 1973) contrairement à la Capitale dont la part a chuté de 54% à 22.6% entre 1973 et 2004.

Tableau n° 78 : Répartition géographique des entreprises et des emplois industriels en 2005 et en 2011 :

Gouvernorat	Nombre d'entreprises (2005)	Emplois industriels (2004)	Nombre d'entreprises (2011)
D. Tunis	**1 466**	**22,6**	**1451**
Nord Est	**1 197**	17,9	**1381**
Nord Ouest	**203**	8,2	**287**
Centre Est	**2 092**	**30,6**	**2102**
Centre Ouest	**178**	9,4	**276**
Sud Est	**235**	**7,3**	**236**
Sud Ouest	**89**	3,8	**127**
Tunisie	**5 460**	100	5860

Source : API : Annuaire des entreprises industrielles **2011** et INS (RGPH 2004)

À côté du déséquilibre quantitatif (en matière d'emploi et des entreprises), certaines études mettent l'accent sur **un déséquilibre qualitatif et structurel**. En effet, en assimilant le couple patrons-salariés à l'industrie et le couple indépendants- aides familiaux à l'artisanat et petits métiers, on trouve des zones à caractère industriel dominant et des gouvernorats où le caractère artisanal est prononcé (le groupe patrons- salariés ne dépasse pas 30%), et sur la base de cette typologie, l'Ouest, où l'industrie moderne ne dépasse guère 35%, est opposé au littoral où l'industrie moderne dépasse partout 60% : « Au déséquilibre quantitatif que reflète l'excessive concentration littorale, s'ajoute un autre clivage qualitatif exprimant une diffusion plus large des rapports marchands sur le littoral et le maintien des rapports précapitalistes à l'intérieur, l'opposition entre formes moderne et artisanale des activités industrielles ».[201]

2.3 : La concentration du tourisme :

À l'instar de la polarisation industrielle, le développement du secteur touristique a été limité à certains espaces littoraux et a très rarement touché l'Intérieur du pays. La concentration du tourisme est une conséquence directe de l'action de l'État et de l'aménagement touristique, et ce, pour de nombreuses raisons. En effet, le renforcement de l'axe littoral est constaté depuis les années soixante et surtout après 1970 avec la fixation de 4 zones prioritaires qui sont -toutes- des régions côtières (Tunis, Nabeul-Hammamet, Sousse-

[201] A. Belhedi (1990), *« Industrie et espace, ou l'ordre de l'extraversion »,* revue : « Géographie et développement » n° 10, Tunis, 1990, pp20-23.

Monastir et Zarzis-Jerba) et qui furent dotées d'infrastructures importantes notamment en matière de services, d'équipement, de routes et d'aéroports. Les investissements touristiques ont été concentrés, à plus de 90%, dans les zones littorales et le rôle de l'État a été primordial dans le renforcement de l'axe oriental. Après le désengagement de l'État, surtout à partir des années 80, la concentration va encore s'aggraver avec le développement du secteur privé qui va investir presque exclusivement sur le littoral oriental.

En somme, ''la polarisation touristique'' est inhérente à l'aménagement touristique qui a été surtout côtier, « linéaire sur le front de mer, basé sur le trinôme soleil-sable-mer, donnant lieu à une **privatisation des plages** […] Cet aménagement littoral pose le problème harmonieux de l'espace, il crée de véritables enclaves et renforce l'extraversion surtout que le tourisme intérieur reste faible (10%). Le littoral a vu sa place passer **de 70% à 95%** entre 1964 et 1998 ».[202]

Ce déséquilibre régional s'est traduit par une concentration touristique en faveur de la façade orientale. En 2005, les principales villes touristiques regroupent la quasi- totalité des hôtels (en particulier les hôtels classés) tandis que ce nombre ne dépasse pas 10 dans les régions intérieures contre plus de 100 dans les centres touristiques (148 à Nabeul, 123 à Medenine (Jerba), 125 à Sousse et 99 à Tunis).

Les investissements touristiques sont souvent accaparés par ces grands centres, et durant la dernière décennie, les 4 ''foyers'' touristiques (en l'occurrence Tunis, Nabeul, Sousse-Monastir et Medenine) ont attiré près de 75% des investissements touristiques.

Aussi bien durant les années 1970 ou au cours de la décennie 1980 ou durant les dernières années, l'axe littoral continue à concentrer plus de 95% de la capacité d'hébergement et des nuitées (cette proportion était de 95% en 1971, de 96% en 1989 et de 95% en 2004). En d'autres termes, la façade orientale a toujours ''monopolisé'' la quasi-totalité de la ''capacité'' et de ''l'aménagement'' touristique, notamment les 4 zones principales, à savoir Nabeul-Hammamet, Sousse-Monastir, Zarzis-Jerba et Tunis-Banlieue.

---

[202] A. Belhedi (1999), *« L'espace touristique en Tunisie »,* Communication au cours d'été, Institut Supérieur des Études Touristiques (ISETUR), Université de Girona, Espagne, 5-6 Juillet 1999 (ronéo).

Tableau n° 79: Les nuitées par région touristique en 2004 et en 2008 :

Région	Nuitées (en milliers)-2004	%	Nuitées (en milliers)-2008	%
Tunis-Zaghouan	2 141,9	6,4	2081.2	5.9
Nabeul-Hammamet	5 944,0	17,7	5961.5	17.0
Sousse-Kairouan	7 245,5	21,6	7435.5	21.2
Yasmin-Hammamet	2 518,1	7,5	2737.5	7.8
Monastir-Skanes	3 779,3	11,3	3965.4	11.3
Mahdia-Sfax	1 784,1	5,3	2014.0	5.7
Zarzis-Jerba-Gabes	8 305,7	24,8	9347.1	26.7
Gafsa-Tozeur	1 029,0	3	909.5	2.6
Sbeitla-Kasserine	29,4	0,09	21.8	0.06
Bizerte-Beja	195,2	0,6	158.4	0.45
Tabarka-Ain Draham	514,2	1,5	416.8	1.2
Total	33 486,2	100	35 048.7	100

Source : ONTT (Office National du Tourisme Tunisien)

La primauté de l'axe littoral et la concentration touristique ne sont pas restées sans effets sur le développement régional. En effet, le secteur touristique a participé à la renaissance de plusieurs secteurs (tels que l'artisanat) et au développement de quelques activités induites (telles que le B.T.P, les transports aériens et terrestres et les différentes activités tertiaires), ce qui a contribué à renforcer davantage la façade orientale et à favoriser le développement des centres littoraux : en encourageant le secteur touristique, les régions littorales sont devenues encore plus attractives contrairement aux régions intérieures ce qui a aggravé le fossé entre le Littoral et l'Intérieur du pays.

CONCLUSION

L'inégal développement régional est déterminé par des facteurs historiques, sociologiques, politiques et économiques.

En premier lieu, le facteur historique est inhérent à l'action coloniale qui a renforcé la concentration économique et humaine littorale et qui a contribué à la consolidation de certaines villes (en particulier les ports littoraux) qui participent le plus à l'économie coloniale.

En second lieu, le facteur sociologique est expliqué par la relation entre « l'inertie spatiale » (ou l'inégal développement régional) et « l'inertie sociale » ce qui fait que les couches (ou les classes sociales) qui détiennent le pouvoir et le capital se concentrent dans les espaces centraux (l'élite de l'État a été essentiellement formée par la petite bourgeoisie sahélienne et tunisienne et littorale en général).

En troisième lieu, le facteur politique est lié à la centralisation des choix administratifs et politiques (qui ne prennent pas en considération les besoins réels des régions) et surtout à l'action complexe et ambivalente de l'État qui a contribué parfois à aggraver les écarts et à accentuer les disparités notamment dans les domaines relatifs à la production (plus particulièrement le tourisme et l'industrie) en renforçant certaines régions (littorales) aux dépens d'autres (en l'occurrence la Tunisie intérieure).

Enfin, le déséquilibre régional a été renforcé par le rôle des causalités cumulatives du marché, en particulier après la métamorphose du rôle de l'État avec l'adoption du paradigme néolibéral et l'affermissement de la loi de marché : les effets du marché ont fait que les zones les plus avancées ont le plus progressé, notamment avec l'extraversion de l'économie tunisienne et avec le développement du secteur privé qui est d'autant plus important que les conditions initiales soient plus favorables.

D'autre part, les répercussions de l'inégal développement régional sont multiples et concernent surtout les effets démographiques et les effets socio-économiques.

Au niveau démographique, l'inégal développement régional a induit un déséquilibre démographique qui se manifeste à travers la concentration humaine et surtout la migration interne vers les régions littorales les plus développées qui deviennent très attractives contrairement aux régions intérieures répulsives.

Au niveau socio-économique, l'inégal développement a généré une concentration des emplois, des richesses et des investissements (privés en particulier) et surtout une polarisation industrielle et une concentration massive des services touristiques sur la façade orientale.

Par ailleurs, ces différentes considérations -notamment celles relatives aux explications et aux répercussions de l'inégal développement régional- seront complétées par les résultats d'une enquête qualitative dont l'objectif fondamental sera l'analyse des perceptions des acteurs de développement sur divers aspects relatifs au développement humain et au développement régional. C'est sur quoi nous nous pencherons dans le chapitre suivant.

Livre troisième

L'enquête : la perception du développement humain et de l'inégal développement régional

Chapitre 8: L'enquête : La perception du développement humain et de l'inégal développement régional :

Nous avons mené **deux enquêtes** qui ont touché 335 personnes, à savoir 73 responsables et 262 citoyens.

Avant de procéder à une enquête avec les responsables développementistes et à l'analyse des perceptions des acteurs de développement -ou plus précisément des cadres de l'administration tunisienne- sur divers aspects relatifs au développement humain et au développement régional, nous avons réalisé une enquête sur le développement régional vu par la population ; cette enquête a permis de recueillir l'opinion de plus de 260 personnes sur le développement humain et socio-économique de deux régions principales du Centre-Est et du Nord-Ouest, en l'occurrence Sousse et Béja.

Section 1: Présentation de l'enquête 1: La perception du développement humain et de l'inégal développement régional par la population enquêtée:

Paragraphe 1 : Les objectifs de l'enquête 1:

L'objectif fondamental de la première enquête est l'analyse des perceptions de la population sur divers aspects relatifs au développement humain et au développement régional. Pour ce faire, notre étude et notre questionnaire ont été basés sur deux thèmes principaux : le développement humain et l'inégal développement régional.

Parmi les principaux centres d'intérêt du premier thème, on peut citer notamment la perception de la population en matière de développement et sa vision des actions prioritaires du gouvernement tunisien en matière de développement humain

Quant au second thème relatif au développement régional, on vise surtout à :

-dégager la perception de la population sur la place de la région et sa situation du point de vue de développement par rapport aux autres régions

-analyser la perception de la population du CE et du NO concernant le dynamisme de leurs régions, le degré de satisfaction des citoyens quant aux différentes prestations du développement ainsi que les atouts et les handicaps de la région du point de vue développement.

Paragraphe 2 : La population interviewée et l'élaboration de l'échantillon :

L'échantillonnage a été réalisé grâce à la méthode des quotas selon laquelle l'échantillon doit avoir la même composition que la population totale selon certains critères bien définis. Pour notre part, nous avons choisi le secteur d'activité pour recueillir l'opinion et la perception du développement régional d'une proportion de la population active occupée (le 1/1000 de la population) qui représente tous les secteurs d'activité (et dans une certaine mesure toutes les catégories socioprofessionnelles).

Les caractéristiques socio-économiques et la répartition de la population active occupée selon le secteur d'activité (dans les deux gouvernorats concernés par l'enquête) sont données par le tableau suivant :

Tableau n° 80 : Répartition de la population active occupée selon le secteur d'activité en 2004 (à Sousse et à Béja) :

Secteur d'activité	Sousse	Sousse (en %)	Beja	Beja (en %)
Agriculture et pêche	9 001	5,2	33 845	37,3
Industries Man.	48 543	28,1	7 893	8,7
Mines et énergies	1 035	0,6	541	0,6
BTP	22 437	12,9	12 141	13,4
Commerce	18 409	10,7	7 925	8,7
Transport et com.	9 739	5,6	3 526	3,9
Éducation, santé et services administratifs	28 124	16,3	16 837	18,6
Autres services	33 239	19,4	7 490	8,25
Non déclaré	2 118	1,2	541	0,6
Total	**172 645**	100	**90 739**	100

Source : INS : RGPH 2004

Au total, **262 personnes** constituent l'échantillon de l'enquête, 172 à Sousse et 90 à Béja et on peut dire que cet échantillon représente les différents secteurs d'activité de la population enquêtée.

Paragraphe 3 : Les résultats de l'enquête 1:

3.1 : La perception du développement humain :

La primauté de la dimension sociale et l'importance accordée au capital humain dans la perception de la population du développement humain sont confirmées par la classification des priorités de l'action du gouvernement en matière du développement humain : avec un score moyen égal à 2, l'éducation a occupé la première position et a été souvent considérée comme la première priorité de l'action de l'État en matière de développement humain. Vient ensuite la réduction du chômage qui est devenue une réelle préoccupation pour les pouvoirs publics. La troisième et la quatrième position sont occupées respectivement par la santé et le développement économique (avec des scores moyens respectifs de 2.7 et 3). La dernière place est souvent occupée par "la prise en compte de l'environnement" (généralement citée à la 5e position) : l'explication souvent évoquée par la population est que l'environnement doit être considéré, actuellement, comme une dimension secondaire du développement, car la priorité doit être accordée à la satisfaction des besoins fondamentaux et à l'amélioration des services sociaux.

Tableau n° 81: Classification des priorités de l'action de l'État (selon la population enquêtée) :

Indicateur	Score		
	Sousse	Beja	Eble
Développement économique	2,7	3	2,74
Réduction du chômage	2,6	2,2	2,5
Amélioration de l'éducation	2,06	2,2	2,01
Amélioration des prestations sanitaires	3,24	3,1	3,3
Prise en compte de l'environnement	4,3	4,5	4,0

Source : Enquête personnelle, 2006

Par ailleurs, l'importance de l'aspect social dans la perception de la population est attestée par la primauté de la répartition de la richesse. Selon la plupart des enquêtés, il est insuffisant de créer la richesse, il est impératif de la répartir équitablement, ce qui n'est pas le cas pour l'expérience tunisienne caractérisée par une concentration de la richesse et par une répartition inégalitaire des dividendes de la croissance. Plus de 90% des personnes enquêtées pensent que la répartition de la richesse n'est pas équitable à cause de la concentration des revenus et des richesses entre les mains d'une petite frange de la population et puisque les dividendes de la croissance ont été inégalement répartis entre les classes sociales et entre les différentes régions du pays.

Tableau n° 82 : La répartition de la richesse (selon la population enquêtée) :

Indicateur	Effectif			
	Sousse	Béja	Eble	%
La répartition de la richesse est équitable	13	8	21	8,0
La répartition de la richesse est inéquitable	159	78	237	90,4
Pas de réponse	-	4	4	1,5
Ensemble	172	90	262	100

Source : Enquête personnelle, 2006

D'autre part, l'inégalité de la répartition de la richesse est expliquée parfois par l'inégale répartition des dividendes de la croissance entre les différentes régions du pays et par la concentration de la richesse dans certains gouvernorats. La problématique des inégalités et des disparités régionales est devenue épineuse et l'analyse de la perception du développement régional est ainsi nécessaire. C'est ce que nous étudierons dans le paragraphe suivant.

3.2 : Évaluation du développement régional (ou le développement régional vu par la population):

Dans ce paragraphe, on a essayé de cerner l'évaluation des personnes enquêtées du niveau du développement de leur région, les atouts et les handicaps de cette région et leur degré de satisfaction ou d'insatisfaction par rapport à différentes prestations liées à de nombreux domaines tels que l'emploi, les équipements collectifs, l'industrie, les possibilités d'accueil des entreprises...

Cette évaluation du développement régional a concerné d'abord le dynamisme de la région et a confirmé -encore une fois- la dichotomie traditionnelle entre le ''littoral'' et ''l'intérieur''.

En effet, la plupart des personnes enquêtées à Beja estime que leur région n'est pas très dynamique contrairement à la population enquêtée à Sousse qui a considéré sa région soit très dynamique ou assez dynamique :

-pour la population enquêtée de Sousse : sur plus de 170 personnes enquêtées à Sousse, la quasi-totalité (soit 163 personnes) pense que cette région est dynamique ou assez dynamique, tandis que le pourcentage considérant Sousse pas très dynamique ou pas dynamique du tout est quasiment nul (9 réponses, soit 5.2%)

-pour la population enquêtée de Béja : la tendance est diamétralement opposée à Béja où on remarque que la plupart de la population estime que cette région est ''sous-développée'' et subséquemment elle est souvent considérée « pas très dynamique » ou « pas dynamique du tout » (ces propositions accaparent plus de 75% des réponses) alors que la proportion de la population considérant Béja assez dynamique ne dépasse pas 24.4%.

Tableau n° 83: Le dynamisme de la région d'origine (selon la population enquêtée) :

Sousse :

Indicateur	Effectif	
	Score	%
Région très dynamique	76	44,2
Région assez dynamique	87	50,6
Région pas très dynamique	9	5,2
Région pas dynamique du tout	0	0

Béja :

Indicateur	Effectif	
	Score	%
Région très dynamique	0	0
Région assez dynamique	22	24,4
Région pas très dynamique	59	65,6
Région pas dynamique du tout	9	10,0

Source : Enquête personnelle, 2006

L'inégal développement (et le déséquilibre régional perçu par la population) est confirmé par la perception du ''dynamisme comparatif'' des régions. À cause de la divergence entre les régions littorales et celles intérieures, la plupart des enquêtés pensent que Sousse est une région favorisée contrairement à Béja considérée souvent comme une région défavorisée :

- pour la population enquêtée de Sousse : la quasi-totalité de la population enquêtée de Sousse (soit plus de 95% des 172 personnes interrogées) pense que leur région est favorisée par rapport aux autres régions ; les explications de cette position favorisée de Sousse concernent surtout -selon les enquêtés- la situation géographique littorale de la région, l'orientation des investissements, le développement de l'industrie et du tourisme, l'appartenance géographique des responsables politiques…

- pour la population enquêtée de Béja: la plupart (plus de 81%) de la population enquêtée de Béja la considère comme une région défavorisée et marginalisée par rapport aux autres gouvernorats, notamment ceux littoraux ; les explications de cette marginalisation sont nombreuses et elles concernent notamment -selon l'avis des personnes enquêtées- la faiblesse du tissu industriel, l'infrastructure inadéquate, le faible niveau d'instruction de la population, la concentration des investissements et des activités économiques...

Tableau n° 84 : Perception de la place de la région par rapport aux autres régions (selon la population enquêtée) :

Sousse :

Indicateur	Effectif	
	Score	%
Région assez favorisée	164	95,3
Région assez défavorisée	8	4,7

Béja :

Indicateur	Effectif	
	Score	%
Région assez favorisée	17	18,9
Région assez défavorisée	73	81,1

Source : Enquête personnelle, 2006

Selon plusieurs enquêtés, cette marginalisation des régions intérieures, en l'occurrence Béja, est expliquée par de multiples handicaps dont souffrent les régions de l'Ouest. À titre d'exemple, de nombreuses réponses ont cité plusieurs fois quelques handicaps des régions intérieures notamment l'industrie, les possibilités d'accueil des entreprises, l'infrastructure et le réseau ferroviaire et routier, le secteur des hautes technologies, les équipements publics...tandis que les principaux atouts des régions de l'Ouest concernent seulement l'agriculture, la situation géographique et l'environnement (et le cadre de vie).

C'est le cas diamétralement opposé pour les régions littorales -en particulier Sousse- pour lesquelles les différents enquêtés citent plusieurs atouts, en particulier l'industrie, les services, les possibilités d'accueil des entreprises, l'infrastructure...alors que les handicaps ne sont cités que pour quelques cas et concernent parfois l'environnement (et le cadre de vie) et l'aménagement du territoire.

La faiblesse de l'infrastructure et des équipements publics dans les régions intérieures, la concentration des investissements publics et privés ainsi que la concentration de l'emploi, de l'industrie et du tourisme dans l'axe littoral expliquent la divergence de la perception de la population enquêtée quant à leur satisfaction par rapport à de nombreuses prestations à l'échelle régionale.

Ces prestations concernent le degré de satisfaction concernant les 8 propositions suivantes :

- La création d'emplois et la création d'entreprises dans la région
- Le nombre et la qualité des lycées et des universités de la région
- Les transports collectifs dans la région
- Les aménagements touristiques dans la région
- Les équipements collectifs dans la région
- La place de l'industrie et des PME dans la région
- Les possibilités d'accueil des grandes entreprises dans la région
- La place des hautes technologies dans la région.

Cette divergence confirme, encore une fois, la dichotomie entre le littoral et l'intérieur :

- pour la population enquêtée de Sousse : pour cette région littorale, le degré de satisfaction par rapport à différents aspects du développement (entre autres, l'emploi, l'industrie, l'accueil des entreprises, le tourisme...) est relativement important et il est souvent supérieur à 5 (c'est-à-dire sur 8 propositions, liées à de nombreuses dimensions du développement, plus de 5 sont satisfaisantes) tandis que le degré d'insatisfaction est inférieur à 3.
- pour la population enquêtée de Béja: la tendance est inverse pour la population de Béja puisque les prestations de développement sont-en moyenne- satisfaisantes seulement pour moins de 3 dimensions et le degré de satisfaction demeure faible et il est même inférieur à 3 et égal à 2 seulement (c'est-à-dire sur 8 propositions seulement 2 dimensions sont satisfaisantes).

Tableau n° 85: Degré de satisfaction par rapport aux prestations régionales (selon la population enquêtée) :

Sousse :

Indicateur	Score
Degré de satisfaction	5,08
Degré d'insatisfaction	2,92

Béja :

Indicateur	Score
Degré de satisfaction	2,45
Degré d'insatisfaction	5,55

Source : Enquête personnelle, 2006

Au palmarès de satisfaction à Sousse, figure en tête « les aménagements touristiques dans la région » avec un indice de satisfaction proche de 100% (plus de 97%). Viennent ensuite les autres indicateurs de développement tels que le nombre et la qualité des lycées et des universités de la région, les transports collectifs dans la région, les équipements collectifs dans la région, la place de l'industrie et des PME dans la région et les possibilités d'accueil des grandes entreprises dans la région. Ces indicateurs ont un niveau de satisfaction oscillant entre 68% et 90%. Les difficultés qui apparaissent ne sont pas un obstacle de la région, car l'insatisfaction ne concerne que 2 éléments seulement, en l'occurrence la création d'emplois et la création d'entreprises dans la région (67%) et la place des hautes technologies dans la région (65%).

Par contre, la situation est différente à Béja quant à la satisfaction de la population par rapport aux différentes prestations développementistes.

Au palmarès de satisfaction à Béja figure en tête le nombre et la qualité des lycées (et des universités) de la région (60%) suivi par les transports collectifs ayant un niveau de satisfaction supérieur à 51%. Cependant, et hormis ces deux dimensions, tous les autres éléments ont un niveau de satisfaction inférieur à la moyenne, voire très faible. À titre d'exemple, plus de 80% des habitants enquêtés portent leur critique sur la création d'emplois et la création d'entreprises dans la région alors que cette proportion est encore plus élevée pour d'autres dimensions et **le degré d'insatisfaction avoisine même 100% pour quelques éléments** tels que les aménagements touristiques ou la place des hautes technologies dans la région.

Tableau n° 86 : Degré de satisfaction par rapport aux prestations régionales selon la population enquêtée de Sousse et de Beja :

Tableau n° 86.1 : Degré de satisfaction par rapport aux prestations régionales selon la population enquêtée de Sousse :

Indicateur	Plutôt satisfait		Plutôt insatisfait	
	Effectif	%	Effectif	%
La création d'emplois et la création d'entreprises dans la région	57	33,1	115	66,9
Le nombre et la qualité des lycées et des universités de la région	155	**90,1**	17	9,88
Les transports collectifs dans la région	136	**79,1**	36	20,9
Les aménagements touristiques dans la région	167	**97,1**	05	2,9
Les équipements collectifs dans la région	124	**72,1**	48	27,9

La place de l'industrie et des PME dans la région	121	**70,3**	51	29,7
Les possibilités d'accueil de grandes entreprises dans la région	117	**68,0**	55	32,0
La place des hautes technologies dans la région	60	34,9	112	65,1

Tableau n° 86.2: Degré de satisfaction par rapport aux prestations régionales selon la population enquêtée de Beja :

Indicateur	Plutôt satisfait		Plutôt insatisfait	
	Effectif	%	Effectif	%
La création d'emplois et la création d'entreprises dans la région	18	20	72	**80,0**
Le nombre et la qualité des lycées et des universités de la région	54	60	36	40,0
Les transports collectifs dans la région	46	51,1	44	48,9
Les aménagements touristiques dans la région	4	4,44	86	**95,55**
Les équipements collectifs dans la région	17	18,9	73	**81,1**
La place de l'industrie et des PME dans la région	17	18,9	73	**81,1**
Les possibilités d'accueil de grandes entreprises dans la région	22	24,45	68	**75,55**
La place des hautes technologies dans la région	3	3,33	87	**96,66**

Source : Enquête personnelle, 2006

Ces inégalités spatiales et ces différentes limites du développement régional rendent l'intervention des pouvoirs publics nécessaire ; cette intervention a été réalisée surtout grâce aux programmes de développement.

3.3- Les programmes de développement : avantages et limites :

3.3.1- Les réalisations des programmes de développement :

Grâce à leur diversité, les programmes de développement ont intéressé de nombreuses catégories sociales et ont touché la totalité des régions et notamment les régions rurales et les parties défavorisées de la Tunisie. Les différentes statistiques sur ces programmes de développement montrent l'importance quantitative de leurs réalisations, et ce, en fonction de la spécificité de chaque instrument et de sa destination [203]:

- Le Fonds de Solidarité Nationale ***(FSN) :*** Le Fonds de Solidarité Nationale est une institution gouvernementale destinée à la collecte de fonds afin de réaliser des investissements et des projets et afin de réduire la pauvreté. En 1994, 182000 donateurs auraient permis la collecte de 5 millions de dinars. En 2005, plus de 3750000 personnes

[203] Voir, pour plus de détails, le rapport national sur le développement humain 2001.

auraient permis la collecte de 28 millions de dinars. En 13 ans, il aurait ainsi collecté 807338 millions de dinars, incluant toutefois des versements de l'État prélevés sur le budget national, et permis de réaliser : 4428 kilomètres de routes et de pistes pour un montant de 219,105 millions de dinars, 64520 logements dont 25000 améliorations d'un montant de 212,729 millions de dinars, 81762 familles bénéficiaires d'eau potable et 71681 en électricité et énergie solaire, des écoles primaires, des centres de santé, culturels et de loisirs…

- Les programmes régionaux de développement : *Ces programmes concernent notamment :*

*Le Programme Régional de Développement **(PRD) :** Ce programme s'adresse aux populations défavorisées dans les zones rurales, urbaines et périurbaines en finançant de petits projets dont le coût n'excède pas 3000 dinars. Chaque année, en moyenne, 13000 personnes environ en bénéficient avec un montant alloué de 6,5 millions de dinars.

*Le Programme de Développement Rural Intégré **(PDRI) :** La première génération du programme a financé 792 projets de petits métiers, au cours de la période 1988-1993, avec un coût d'investissement de 6 millions de dinars et en générant 1 750 emplois permanents. La deuxième génération 1994-2000 a concerné 850 projets avec un investissement de 6 millions de dinars et créant près de 2 100 emplois permanents.

*Le Programme de Développement Urbain Intégré **(PDUI) :** Outre l'amélioration des infrastructures, le programme de développement urbain intégré a pour objectif d'assurer à la population visée des ressources permanentes par l'amélioration des offres de service et d'équipement collectif

- Les instruments de promotion de l'emploi indépendant : Les principaux éléments sont les suivants :

*Le Fonds National de Promotion de l'Artisanat et des Petits Métiers **(FONAPRA) :** Ce fonds a été créé en 1981 et il est destiné aux personnes physiques ayant la qualification requise et aux diplômés et artisans. Depuis sa création en 1981 et jusqu'à la fin de l'année 2005, le FONAPRA a financé 42785 projets pour un montant total d'investissement de plus de 473 millions de dinars et a permis de créer 171140 postes d'emplois.

*La Banque Tunisienne de Solidarité **(BTS) :** Cette banque, créée en 1997, constitue un nouveau mécanisme de financement des petits projets au profit d'une catégorie de candidats à l'installation, n'offrant pas les garanties matérielles habituellement demandées par les banques. En 2005, le nombre des bénéficiaires a atteint 7667 permettant de créer 11927 emplois dont près de 2 000 ayant un niveau supérieur.

*Le Fonds National de l'Emploi 21-21 : Créé par la loi des finances pour l'année 2000, ce fonds intervient dans le financement de toutes les opérations susceptibles de développer la qualification des demandeurs d'emploi et de favoriser les possibilités d'emploi. Ce Fonds comporte 34 instruments couvrant l'ensemble des niveaux d'enseignement et de formation des demandeurs d'emploi. Le nombre total des bénéficiaires des interventions du fonds est passé de 41505 en 2000 à 118605 personnes en 2005 (dont près de 15 000 ayant un niveau supérieur).

3.3.2 : La perception des programmes de développement :

Confirmant l'importance quantitative des réalisations des programmes de développement, la totalité des enquêtés ont dit que leur région a bénéficié d'un programme de développement régional et que ce dernier a contribué réellement à l'amélioration des prestations socio-économiques, entre autres, grâce à la création d'emploi et à la réduction du chômage, à la réduction de la pauvreté et l'amélioration du revenu, à l'amélioration de la desserte en eau courante ou de l'électrification, à l'amélioration de l'équipement (école, dispensaire...).

Cependant, une part importante des personnes interviewées a estimé que l'efficacité des programmes de développement demeure relative; et parfois certains enquêtés les ont considérés carrément inefficaces.

Cette inefficacité est due à de nombreuses raisons. En effet, certaines analyses ont lié ces programmes à une recherche de « la **confirmation de la légitimité politique**, ce qui a poussé beaucoup d'États à manipuler l'économique dans une logique redistributive qui a fini par créer une culture d'assistance chez les acteurs sociaux (cette culture d'assistance expliquerait en grande partie les réticences et les oppositions qui se manifestent au cours de la phase de transition vers une économie de marché) ».[204]

---

[204] Abdeljelil Bedoui (1999), *«La place du développement local endogène dans l'économie du développement »,* RTSS n°119, CERES, 1999, p.112.

A cet égard, cette culture d'assistance a reflété un esprit de ''misérabilisme'', et la formation politique tunisienne, en cherchant la légitimité, « a toujours cherché **à se déculpabiliser** par ces programmes de la persistance des déséquilibres qui pressent ses choix socio- économiques ; en conséquence, il y a un émiettement important de capitaux, sans aucune rentabilité, une absence totale de complémentarité entre les programmes et une absence de coordination entre les structures spécialisées, ce qui explique en partie la passivité et l'esprit de clocher avec lesquels ces programmes ont été accueillis par une partie importante des intéressés ».[205]

Selon d'autres analyses, l'échec des programmes de développement (et de l'expérience développementiste en général) est déterminé par certains facteurs socioculturels inhérents au « **comportement des responsables gaspilleurs des emprunts** contractés au nom des projets de développement et d'une population beaucoup trop éloignée des impératifs du développement…[C'est pourquoi] on attribue l'échec du développement à la culture des peuples gouvernés ».[206]

Tableau n° 87 : La perception de l'efficacité des programmes de développement :

Réponse	%
Efficaces	15,1
Relativement efficaces	47,9
Relativement inefficaces	15,1
Inefficaces	10,9
Pas de réponse	10,9
Ensemble	100%

Source : Enquête personnelle, 2006

Tableau n°88: Les programmes de développement sont-ils le meilleur remède aux déséquilibres régionaux ?

Réponse	%
Oui	8,2
Non	34,2
Plus ou moins (oui, mais…)	43,8
Pas de réponse	13,7
Ensemble	100%

Source : Enquête personnelle, 2006

---

205 A. Sahbani (1988), Op. Cit, p.501.

206 Badra Bchir (1993), *« Culture et programmes de développement »,* RTSS n° 115, CERES, Tunis, 1993, p.66.

Si la proportion des enquêtés considérant les programmes de développement efficaces (ou relativement efficaces) reste une proportion relativement importante, ce pourcentage connaît une nette diminution quand on interroge les différents citoyens sur la possibilité de correction des écarts régionaux par les programmes de développement. Une part importante des interviewés (plus de 43%) répond que ces programmes peuvent être un remède aux déséquilibres régionaux, mais ceci ne peut être concrétisé que si on réalise de nombreuses conditions. Selon les termes de l'un des interviewés, les programmes de développement peuvent être plus efficaces *''s'ils sont confiés à des responsables qualifiés et* ***si on réduit l'emprise du politique*** *dans leur conception et surtout dans leur exécution'', s'il y a ''une meilleure coordination entre les différents programmes'', s'il y a ''une continuité et un suivi des programmes'' et si ''ces programmes seront permanents au lieu d'être occasionnels''.*

Une autre part des enquêtés (plus de 34%) pense que ces programmes de développement ne peuvent pas corriger le déséquilibre régional, et ce, pour de nombreuses raisons. Primo, *''ces programmes sont limités dans l'espace, dans le temps et dans leur budget''.* Secundo, « les moyens mobilisés n'ont pas été à la mesure des déséquilibres régionaux. Très souvent, la question est conçue en termes de déconcentration beaucoup plus que de développement régional, d'actions techniques beaucoup plus que d'intégration régionale [...] Ces programmes de développement restent de portée très limitée dans la mesure où ils ne présentent que 5 à 7% du total des investissements et on ne peut pas attendre de 5% de l'effort national pour changer l'état des déséquilibres régionaux mais on peut toutefois réduire les écarts et empêcher qu'ils s'aggravent encore plus ».[207]

Par ailleurs, ces écarts interrégionaux et cette dichotomie géographique entre les ''2 Tunisies'' (développée et sous développée) ainsi que cet inégal développement régional perçu par la population peuvent être expliqués par de nombreux déterminants socio-économiques et politiques. C'est sur quoi nous nous pencherons dans la section suivante qui sera consacrée à la 2e enquête réalisée avec les responsables développementistes.

---

[207] A. Belhedi (1996), op. cit, pp90-91.

Section 2 : Présentation de l'enquête 2 : La perception du développement humain et de l'inégal développement régional par les responsables développementistes:

Paragraphe 1 : Les objectifs de l'enquête :

Notre enquête a été réalisée entre le mois de mars 2006 et le mois de mars 2007. Son objectif fondamental est l'analyse des perceptions des acteurs de développement -ou plus précisément des cadres de l'administration tunisienne- sur divers aspects relatifs au développement humain et au développement régional. Pour ce faire, notre étude et notre questionnaire ont été basés sur trois thèmes principaux : le développement humain, l'inégal développement régional et les solutions au développement inégal.

Parmi les principaux centres d'intérêt du premier thème, on peut citer notamment :

-la perception des acteurs de développement en matière de développement et leur conception de la notion de développement humain

-l'étude des représentations des responsables sur le développement humain et sur ses éléments les plus importants en Tunisie

-la connaissance des actions prioritaires du gouvernement tunisien en matière de développement humain

-l'importance des services sociaux dans les choix et les stratégies des pouvoirs publics.

Quant au second thème relatif au développement régional, on vise surtout à :

-dégager les perceptions des responsables sur le développement régional et sur les conditions nécessaires pour la réalisation d'un développement équilibré et égalitaire

-étudier les explications du déséquilibre régional et les causes de sa persistance (bien entendu selon la vision des acteurs du développement)

-connaître la place de chaque région et sa situation du point de vue de développement par rapport aux autres régions

-analyser la perception des responsables concernant les conséquences et les répercussions de l'inégal développement régional.

Enfin, le dernier thème de notre questionnaire est lié aux différentes solutions préconisées pour réduire l'inégal développement. Ces solutions sont souvent classifiées en deux catégories principales :

les premières -plus générales- sont relatives à l'amélioration de l'efficacité de la planification et de la décentralisation alors que les deuxièmes -plus spécifiques- sont liées aux programmes de développement. Ainsi, notre objectif dans cette partie est de dégager la vision des acteurs de développement en ce qui concerne la réduction du déséquilibre régional et l'efficacité -ou l'inefficacité- de la décentralisation ainsi que les répercussions des programmes de développement et leur impact sur l'inégal développement régional.

Paragraphe 2 : La population interviewée et l'élaboration de l'échantillon :

La population concernée par l'enquête est constituée surtout par des hauts responsables qui occupent des fonctions essentielles dans des administrations centrales ou dans des administrations régionales. Le choix de ces administrations est inhérent à leur rapport avec le développement humain et avec le développement régional. Bien entendu, toutes les administrations de l'État ont un rapport -direct ou indirect- avec le développement, mais certains services publics ont un rôle plus prépondérant dans la politique développementiste qui est déterminée par certaines administrations particulières qui jouent un rôle décisif dans l'allocation des ressources et la répartition des investissements notamment au niveau sectoriel (affectant subséquemment les composantes du développement humain) et au niveau régional (ce qui a des incidences indéniables sur le développement régional).

Il s'agit d'abord du ministère du Développement économique qui est chargé de l'élaboration et de la coordination des stratégies et des politiques globales et sectorielles de développement et la réalisation des plans de développement et des budgets économiques ainsi que l'élaboration et le suivi des politiques et des stratégies de développement régional. C'est l'administration qui a, vraisemblablement, le rôle le plus prépondérant dans le processus de développement (humain et régional) et ce d'autant plus qu'elle dispose de certaines directions étroitement liées au développement (entre autres, la direction des ressources humaines, la direction des infrastructures et la direction du développement régional) et surtout de certains établissements sous sa tutelle ayant un rapport direct avec le développement régional.

Il s'agit notamment du CGDR (Commissariat Général au Développement Régional) -couvrant 11 gouvernorats du littoral- et des trois offices de développement (l'Office de Développement du Sud, l'Office de Développement du Centre Ouest et l'Office de Développement du Nord Ouest) qui sont chargés de la préparation et du suivi des politiques et des stratégies de développement régional ainsi que l'élaboration et l'évaluation des plans régionaux. Ces administrations (le CGDR et les trois offices) disposent tous des D.D.R (des directions de développement régional), et on peut dire ainsi que l'intégration des responsables de ces administrations peut s'avérer très intéressante puisqu'il s'agit de dégager la perception des responsables régionaux sur la problématique régionale.

Par ailleurs, d'autres administrations ont un rôle important dans le processus de développement (quoique ce rôle soit inférieur à celui du MDE) tel que le ministère des Affaires sociales et le ministère de l'Habitat (notamment la direction de l'aménagement du territoire).

En résumé, notre enquête a touché :

-au niveau central : les responsables des administrations en étroite relation avec la problématique du développement, notamment la direction du CGDR et les hauts responsables des ministères sus-invoqués (surtout ceux du MDE).

-au niveau régional : les différentes DDR (directions de développement régional) dans tous les gouvernorats ainsi que quelques représentants des conseils des gouvernorats et quelques directions régionales de l'API (et parfois quelques ONG et certains cadres des directions de l'emploi).

Ainsi, l'élaboration de l'échantillon a été réalisée à partir d'un échantillonnage non basé sur la probabilité et suivant les procédures d'itinéraires, puisqu'il s'agit de certaines étapes à suivre et qui sont nécessaires pour la réalisation de l'enquête, et ce aussi bien au niveau central qu'au niveau régional. Il s'agit surtout des étapes suivantes :

-choisir les administrations à enquêter

-étudier l'organigramme et éliminer les départements qui ne sont pas concernés par le développement.

-élaborer la liste des responsables à enquêter

-fixer un rendez-vous avec le responsable en question

-réaliser l'enquête.

Au total, 73 responsables constituent l'échantillon de l'enquête et on peut dire que cet échantillon représente l'ensemble des régions en Tunisie, et ce comme le montre le tableau suivant :

Tableau n°89 : Répartition des responsables échantillon (au niveau central et régional) :

Tableau n°89.1 : Répartition des responsables échantillon (au niveau central) :

Lieu de travail	Effectif
Ministère du Développement Économique	17
CGDR (Commissariat Général au Développement Régional)	3
ministère de l'Habitat	1
ministère des Affaires sociales	4
Total	**25**

Tableau n° 89.2 : Répartition des responsables échantillon par région (au niveau régional) :

Gouvernorat	Effectif
D. Tunis	8
Nord Est	5
Nord Ouest	11
Centre Est	10
Centre Ouest	6
Sud Est	5
Sud Ouest	3
Total	**48**

Paragraphe 3 : Protocole de l'enquête :

Afin de faciliter la collecte d'information, on a utilisé la méthode de l'interview à questions directes et centrées. Cette formule présente plusieurs avantages puisqu'elle permet de s'adresser directement à la personne concernée pour recueillir les informations recherchées. En outre, l'interview est caractérisé par sa ''souplesse'' puisqu'il permet à l'enquêteur d'expliquer ce qui est ambigu et d'avoir toutes les réponses et de compléter celles incomplètes grâce à la communication verbale et au rapport direct entre les deux parties (l'enquêteur et l'enquêté). De plus, la communication permet à l'enquêteur de convaincre l'enquêté de l'importance de la recherche et de son apport au niveau scientifique et socio-économique, ce qui pourrait motiver encore la personne enquêtée et faciliter ainsi le recueil d'information.

D'autre part, étant donné que notre échantillon est constitué essentiellement de responsables de l'administration tunisienne, ces interviewés sont toujours impliqués dans des situations de travail, que ce soit d'une manière directe ou indirecte (active ou passive). Pour cela, le type d'interview utilisé est l'interview centré (le ''focused interview'') qui « consiste à centrer l'attention des interviewés sur une situation donnée […] tandis que l'interviewer essaie de concentrer l'attention de l'interviewé sur le thème central de chaque partie du questionnaire ; les techniques de Panel sont incompatibles avec la nature même de l'échantillon qui ne permet pas des séries d'interviews continus ».[208]

Quant à notre questionnaire, il se compose de 3 parties principales :

-le développement humain : sa perception et ses composantes

-l'inégal développement régional : ses causes (ou ses explications) et ses répercussions

-les solutions préconisées pour réduire l'inégal développement et leur efficacité.

Le ''focused interview'' vise à apporter des éléments de réponse aux questions relatives à ces trois thèmes et à faire apparaître les représentations des responsables sur le développement humain et les déterminants, les effets ainsi que les solutions du déséquilibre régional en matière de développement.

Paragraphe 4 : L'exploitation et l'analyse des données

Avant de parler de l'analyse des données, on doit noter que l'opération de collecte des informations a rencontré de nombreuses difficultés et certains problèmes tels que l'absence de quelques responsables (qui ont été remplacés par ceux qui les succèdent hiérarchiquement) et surtout le refus de coopération de plusieurs responsables qui se caractérisent par un comportement craintif des objectifs de l'enquête, considérant certaines données confidentielles ou ''sensibles'' du point de vue politique.

En ce qui concerne l'exploitation et l'analyse des données, il s'agit d'interpréter les informations recueillies et de dégager la signification des résultats obtenus en effectuant certains traitements particuliers sur ces informations. Ceci concerne notamment les tris qui consistent en un classement et en une comparaison des données recueillies. On effectue souvent des tris simples (prendre chaque question et calculer les fréquences et les statistiques tout en analysant le degré de fréquence et de répartition de chaque réponse) ou des tris croisés (dans lesquels on doit comparer les réponses données à une autre question, et on peut trouver ainsi une relation ou un rapport causal entre les différents phénomènes étudiés).

En somme, notre analyse consiste donc à:

[208] A. Sahbani (1988), op. cit, p.266.

-définir la perception et les réponses des personnes interviewées

-analyser les résultats et classifier les réponses selon certains critères (le niveau régional ou national; le gouvernorat ou la région...)

-représenter le niveau de fréquence et la répétition des réponses données

-essayer de trouver les correspondances entre les réponses puis procéder à une analyse minutieuse de ces réponses en fonction du thème en question (le développement humain, l'inégal développement régional et ses solutions).

Section 3 : Les résultats de l'enquête 2 [209]:

Paragraphe 1- La perception du développement humain :

Comme le montre le tableau ci-dessous, la plupart des responsables tunisiens lie la notion de développement humain à la conception développementiste classique englobant le développement économique et social. Certains s'attachent même à la conception restrictive et économiciste focalisée sur la croissance et sur le développement économique et négligent les aspects humains et sociaux primordiaux.

Tableau n° 90 : Définition du développement humain :

Indicateur	Effectif			
	AC[210]	AR et Autres[211]	Eble[212]	%
Développement économique et social	10	11	21	23,6
Amélioration des conditions de vie	3	14	17	19,1
Santé, éducation et services sociaux	10	20	30	33,7
Développement économique	2	3	5	5,6
Promotion de l'homme (intégration de la dimension politique)	2	12	14	15,7
Pas de réponse	1	1	2	2,25
Ensemble	28	61	89	100%

Source : Enquête personnelle, 2007

[209] Dans cette section, les termes ou les phrases ou les expressions mis entre " " et en italique sont ceux des responsables enquêtés. Les termes mis entre « » sont ceux de certains auteurs (dont le bas de page nous donne la référence exacte).

[210] AC : Administration Centrale.

[211] Pour ce tableau et pour tous les tableaux suivants dans cette section : AR signifie : Administration Régionale c'est-à-dire les DDR et autres (API, direction de l'emploi...).

[212] Eble : l'ensemble des réponses.

Néanmoins, une part importante des acteurs de développement (près de 34%) intègre les services sociaux et accorde une importance capitale à l'éducation, à la santé et aux conditions de vie.

À cet égard, on doit noter l'importance de certaines réponses de quelques responsables qui ont accordé une importance capitale à la dimension politique et à la promotion de l'homme, grâce à la réconciliation de l'individu avec lui-même et à la prééminence de la concrétisation des droits civiques et politiques. Ces responsables estiment, en effet, que les **libertés individuelles et collectives** sont une condition sine qua non du développement et ils insistent sur la primauté des **droits politiques** et de la justice sociale dans la stratégie développementiste. Selon cette conception large du développement humain, ce dernier ne doit pas se limiter à la satisfaction des besoins fondamentaux et à l'amélioration des prestations sanitaires et éducatives, mais il doit aussi et surtout considérer l'homme dans sa totalité et il doit instaurer la justice sociale et concrétiser **la démocratie** et la liberté de l'individu.

C'est cette conception élargie du développement humain qui explique l'insuffisance des trois dimensions de l'IDH selon l'avis de plusieurs interviewés. En effet, une part importante des enquêtés (plus de 53%) pense que ces trois dimensions de l'IDH ne sont pas suffisantes pour refléter la réalité du développement humain car il faut leur ajouter d'autres dimensions incontournables et fondamentales telles que *''la répartition de la richesse, le développement technologique, la compétitivité économique, la répartition géographique et spatiale des dividendes de la croissance, l'importance de l'équipement et de l'infrastructure, les NTIC (les nouvelles technologies de l'information et de la communication), la participation de la femme, la liberté d'action, d'expression, de pensée... ''*.

Selon les termes d'Amartya Sen, l'IDH est indubitablement un indicateur sommaire qui ne doit pas être considéré comme autre chose qu'une incitation à s'insérer dans la richesse des informations contenues dans le Rapport mondial sur le développement humain. Selon Sen, le fait de se concentrer sur un indicateur sommaire de ce type c'est s'essayer de saisir en un chiffre la réalité complexe que représentent le développement humain et la misère[213].

---

[213]PNUD (1999), *«Rapport mondial sur le développement humain. La mondialisation à visage humain»,* Paris, De Boek Université, juin 1999, p.23.

Tableau n° 91- Les trois dimensions de l'IDH :

Indicateur	Effectif			
	AC	AR	Eble	%
Les trois dimensions sont suffisantes	4	8	12	16,4
Elles ne sont pas suffisantes	14	25	39	53,4
Pas de réponse	7	15	22	30,1
Ensemble	25	48	73	100%

Source : Enquête personnelle, 2007

Selon les auteurs du rapport mondial sur le développement humain 2005, « l'indice de développement humain (IDH) n'est qu'un indicateur de moyenne. En ce sens, il donne une image de ce qui arrive au citoyen moyen hypothétique d'un pays et non à l'individu pauvre moyen » (par exemple, si on ajuste la composante du revenu de l'IDH au revenu moyen des 20% les plus pauvres, tout en gardant le reste constant -y compris les scores au niveau de la santé et de l'éducation- le Brésil retombe de 52 places au classement de l'IDH et le Mexique de 55)[214].

Les limites de l'IDH (et son utilisation à des fins exclusivement comparatives) expliquent le foisonnement des indicateurs synthétiques de "bien-être" qui essaient de mettre en évidence l'apport d'une multitude d'indicateurs sociaux qui reflètent non seulement l'évolution de la santé et de l'éducation, mais aussi les différents champs relatifs à la qualité de la vie et au bien-être. On peut évoquer, entre autres[215]: l'indicateur de " Santé sociale " publié depuis 1987 dans le cadre d'un rapport annuel du Fordham Institute for Innovation in Social Policy (New-York). Cet indicateur est calculé à partir de 16 indicateurs élémentaires (Infant mortality, Child poverty, Youth suicide...); "l'Indicateur de bien-être économique" d'Osberg et Sharpe qui s'attache à mesurer un bien-être économique individuel " élargi " prenant en compte, outre la consommation de biens et services, un certain nombre d'autres " utilités " traduites en termes monétaires (gains d'espérance de vie, insécurité économique, utilités liées au patrimoine, aversion pour les inégalités...) ; les indicateurs de qualité de la vie (il s'agit d'une approche distincte des précédentes,

---

[214]PNUD (2005), « *Rapport mondial sur le développement humain 2005* », Paris, De Boek Université, juin 2005, p.60.

[215] Bernard PERRET (2002), *« Indicateurs sociaux, état des lieux et perspectives »*, Rapport au Conseil de l'Emploi, des Revenus et de la Cohésion Sociale (CERC), janvier 2002.

particulièrement pertinente pour comparer des villes ou des territoires. Il existe de nombreux projets, dont notamment "l'Audit urbain " réalisé par la Commission européenne. Il a permis d'établir une comparaison très complète de la qualité de la vie dans 58 villes européennes sur la base d'un vaste ensemble d'indicateurs couvrant cinq grands domaines : indicateurs socio-économiques, engagement civique, niveau d'éducation, qualité de l'environnement, culture et loisirs)...

Néanmoins, et en dépit de son réductionnisme, l'IDH demeure la tentative la plus réussie en terme d'impact médiatique et politique- pour promouvoir une véritable alternative au PNB comme mesure du développement humain et socio-économique. En dépit de son caractère rudimentaire, il répond de manière crédible au besoin de classer les pays en fonction de leur niveau de développement sans se limiter à la production monétarisée, sur la base de critères robustes et peu contestables (espérance de vie et niveau d'éducation)[216].

Selon Mahbub Ul Haq, père du Rapport mondial sur le développement humain, la prédominance du PNB (un indicateur trop utilisé et trop mis en avant, qu'il voulait remplacer) ne serait pas remise en cause par une série de tableaux. Selon lui, les lecteurs les considèreraient avec respect, mais quand ils voudraient utiliser une mesure synthétique de développement, ils retourneraient au PNB en raison de sa simplicité et de sa commodité : "Nous avons besoin d'une mesure, disait Mahbub, aussi simple que le PNB - un seul chiffre - mais qui ne soit pas aussi aveugle que lui aux aspects sociaux de la vie humaine". Mahbub espérait non seulement que l'IDH améliorerait, ou au moins complèterait utilement le PNB, mais aussi qu'il susciterait un intérêt pour les autres variables qui sont amplement analysées dans le Rapport mondial sur le développement humain[217].

Malgré l'importance de l'IDH et son utilisation, de plus en plus fréquente, par la plupart des planificateurs du développement aussi bien au niveau national que sur la scène internationale (selon Sen, il a puissamment contribué à la notoriété du PNUD et à la diffusion de son rapport annuel, un rapport diffusé annuellement depuis plus de 20 ans), on doit noter que notre enquête nous a montré l'importance du nombre de responsables et des ''acteurs de développement'' qui n'ont pas reconnu les 3 dimensions de l'IDH. Ce nombre étonnant (22

[216]Ibid, p.5.
[217] PNUD (1999), Op. cit, p.23.

responsables) peut être interprété de deux manières: soit la faiblesse des connaissances des responsables tunisiens en matière de développement humain (ce qui est vraiment étonnant, car il s'agit souvent de directeurs ou de sous directeurs du développement tant au niveau central qu'au niveau régional) soit leur vision réductionniste focalisée sur la conception économiciste et négligeant les aspects humains et sociaux (ce qui est également étonnant, car le développement humain est proclamé officiellement comme l'objectif primordial de la politique socio-économique tunisienne, alors que l'IDH a été utilisé dans, au moins, deux rapports nationaux et 20 rapports mondiaux de développement humain).

Paradoxalement, la négligence ou l'ignorance -ou du moins l'oubli- de l'IDH ne signifient pas que les acteurs de développement n'accordent pas une importance capitale aux services sociaux. Bien au contraire, près de 90% de ces responsables pensent que l'amélioration des services sociaux (surtout l'éducation et la santé) doit occuper une place centrale dans les choix stratégiques et politiques des pouvoirs publics. Ceci est expliqué souvent, selon les enquêtés, par les répercussions positives de la valorisation des ressources humaines, notamment son impact sur l'amélioration de la productivité de la population active, sur la qualité de vie et sur l'accroissement quantitatif et qualitatif du capital humain.

Tableau n° 92- L'importance des services sociaux :

Indicateur	Effectif			
	AC	AR	Eble	%
La place des services sociaux est primordiale	22	43	65	89,0
Cette place n'est pas importante ou elle est secondaire (après le développement économique)	2	5	7	9,6
Pas de réponse	1	-	1	1,4
Ensemble	25	48	73	100%

Source : Enquête personnelle, 2007

Par ailleurs, la classification des dimensions du développement humain peut confirmer l'importance de la place accordée aux services sociaux et à la satisfaction des besoins fondamentaux. À cet égard, et parmi les quatre dimensions citées, les deux premières places ont été souvent occupées par l'éducation et la santé. En moyenne, le score de l'éducation a été le meilleur puisqu'elle a souvent occupé la première place (et parfois le deuxième rang) :

- L'éducation : au niveau central, elle est arrivée 12 fois à la première place et 7 fois à la seconde place ; c'est-à-dire près de 80% des enquêtés (au niveau des administrations centrales) pensent que l'éducation doit être un élément prioritaire de la notion de développement humain pour un pays comme la Tunisie. Au niveau régional, le secteur éducatif occupe toujours le premier rang (22 fois à la 1re place et 13 fois à la 2e place ; c.-à-d. plus de 81% des enquêtés accordent à l'éducation la place prioritaire)

- La santé : au niveau central, et sur les 24 enquêtés, 5 pensent que la santé doit occuper le premier rang et 8 lui accordent la 2e position (souvent derrière l'éducation) tandis que moins de 46% des interviewés lui accordent les deux dernières positions. Au niveau régional, 6 enquêtés lui accordent le premier rang et 19 le second rang (alors que moins de 42% lui attribuent les 2 derniers rangs)

- Le développement économique : au niveau central, et avec une moyenne proche de 3 (2.75), il est souvent derrière l'éducation et la santé. Les interviewés ont accordé au développement économique 11 fois les 2 premières places et 13 fois les deux derniers rangs. Au niveau régional, il s'agit de la même tendance puisque le développement économique a occupé les deux premiers rangs 17 fois et les deux derniers rangs 24 fois (avec un score moyen de 2.8)

- L'infrastructure : en dépit de son importance, l'amélioration de l'infrastructure a occupé souvent la dernière place : au niveau des administrations centrales, elle est arrivée 10 fois au 3e rang et 8 fois à la dernière position. Au niveau régional, elle a occupé les deux premiers rangs seulement 9 fois et les deux dernières positions 34 fois (ce qui signifie que près de 80% des enquêtés lui ont accordé les deux derniers rangs).

Pour tous les scores et pour chaque dimension, on a calculé la moyenne (arithmétique) de l'ensemble des réponses. Comme le montre le tableau ci-dessous, cette moyenne confirme la primauté de l'éducation et sa considération comme priorité absolue par la plupart des acteurs du développement.

Tableau n° 93: Classification des dimensions du développement humain :

Indicateur	Effectif		
	AC	AR	Eble
Développement économique	2,75	2,8	2,8
Infrastructure	2,9	3,0	2,97
Santé	2,3	2,4	2,4
Éducation	1,8	1,7	1,7

Source : Enquête personnelle, 2007

La primauté de l'éducation et l'importance accordée au capital humain dans la perception des acteurs du développement se trouvent non seulement dans la perception des éléments de *la notion* du développement humain, mais aussi dans la perception des responsables tunisiens concernant les priorités de *l'action* du gouvernement en matière du développement humain :

- Au niveau central : avec un score moyen égal à 2, l'éducation a occupé la première position (13 fois sur 24 réponses) et a été souvent considérée comme la première priorité de l'action de l'État en matière de développement humain. Vient ensuite la réduction du chômage qui est devenue une réelle préoccupation pour les pouvoirs publics (11 fois à la 1re ou à la 2e position et 10 fois à la 3e place). La troisième et la quatrième position sont occupées respectivement par la santé et le développement économique (avec des scores moyens respectifs de 2.8 et 3). La dernière place est souvent occupée par ‘‘la prise en compte de l'environnement’’ (20 fois à la 5e position) : l'explication souvent évoquée par les acteurs du développement est que l'environnement doit être considéré, actuellement, comme une dimension secondaire du développement, car la priorité doit être accordée à la satisfaction des besoins fondamentaux et à l'amélioration des services sociaux.
- Au niveau régional : l'éducation a occupé les deux premières places 29 fois (soit 66% des cas) suivie par la réduction du chômage (15 fois à la 1re position et 10 fois à la 2e position). Les deux places suivantes sont occupées par la santé et le développement économique alors que la dernière position est occupée par la variable environnementale.

Outre ces actions, les acteurs de développement et les différents responsables enquêtés citent d'autres objectifs politiques et socio-économiques inhérents au développement humain (mais qui reprennent la conception large du développement) et que les pouvoirs doivent poursuivre pour répondre aux attentes de la population. Parmi les objectifs évoqués, on peut citer, entre autres :

-la liberté et l'égalité des chances pour tous les citoyens ainsi que la ''consultation'' permanente et la participation de la population dans la prise de décision (ou ***''un climat politique caractérisé par la liberté d'action et d'expression et par la démocratie et la participation politique''***)

-le soutien pour les personnes défavorisées pour les inclure dans le circuit économique

-*''l'amélioration de la qualité de vie et du niveau de vie''* (entre autres, grâce à l'augmentation du pouvoir d'achat et des salaires)

-l'amélioration de la qualité des services publics et pas seulement la qualité des services sociaux (il faut intégrer l'aménagement du territoire, le transport, les télécom, l'habitat…)

-la réduction du chômage et l'amélioration de l'emploi notamment celui des cadres

-la nécessité de l'intervention des pouvoirs publics pour l'amélioration de la situation des régions défavorisées (grâce à la création des zones industrielles, à l'aménagement du territoire…)

-selon certains enquêtés, l'objectif central et primordial de l'État est *''la mise en œuvre d'une stratégie de développement humain durable intégré englobant les variables démographiques, l'amélioration du système éducatif et sanitaire, la promotion de la femme, la participation démocratique et le développement régional''*

-selon d'autres interviewés, *l'objectif majeur doit être ''la lutte contre l'exclusion sociale, la concrétisation de l'équité et de la justice et l'amélioration de l'efficacité de la redistribution et de la répartition de la richesse''.*

D'autre part, et comme le montre, les dernières propositions, la primauté de l'aspect social dans la perception des responsables tunisiens est attestée par l'importance accordée à la répartition de la richesse. Selon la plupart des enquêtés, l'expérience développementiste tunisienne est caractérisée par une concentration de la richesse et par une répartition inégalitaire des dividendes de la croissance. Plus de 60% des responsables enquêtés pensent que **la répartition de la richesse n'est pas équitable à cause de la concentration des revenus et des richesses** entre les mains d'une petite frange de la population et puisque les dividendes de la croissance ont été inégalement répartis entre les classes sociales et entre les différentes régions du pays.

Paragraphe 2 : La perception du développement régional :

Bien que le développement régional soit l'objectif primordial de tous les responsables enquêtés, la définition de ce concept est très divergente dans la perception des différents interviewés.

Une part importante des enquêtés (37%) pense que le développement régional consiste en une amélioration des prestations à l'échelle régionale. Dans ce cadre, les définitions ont été très diverses, on peut en citer quelques exemples :

-le développement régional est l'amélioration des conditions économiques et sociales des régions ainsi que du cadre de vie

-c'est le fait de développer les facteurs socio-économiques d'une région et de répondre aux besoins spécifiques de chaque région en assurant une infrastructure adéquate et des équipements publics répondant aux besoins de la population

-c'est atteindre les objectifs de la région en utilisant les moyens disponibles et les potentialités offertes d'une manière rationnelle et durable

-c'est l'amélioration progressive et durable de tous les domaines de l'économie, de l'infrastructure, de l'éducation, de la santé, du niveau de vie…

-le développement régional signifie l'essor économique et social des régions, l'amélioration de l'infrastructure et la diversification et le renforcement de la base économique de la région

-le développement régional est la stimulation de l'activité économique, la conception, l'élaboration et l'exécution des plans et des programmes de développement dans chaque région émanant de ses spécificités et de ses richesses.

Cette vision "sectorielle" du développement régional, liée à l'amélioration des prestations régionales, doit être dépassée selon plusieurs acteurs du développement. Selon ces responsables, le développement régional ne doit pas se contenter d'une amélioration des prestations, mais il doit consister en une *"suppression des écarts entre les régions sur tous les niveaux"*. Cette conception du développement régional est plus globale -et plus difficile à réaliser- que la première conception, car il ne s'agit plus d'améliorer le niveau de vie et les indicateurs socio-économiques, mais elle est plus "radicale" visant la concrétisation de l'égalité entre les régions. Selon les termes de certains interviewés, le développement régional doit viser *"la décentralisation des programmes de développement pour une plus grande* ***équité*** *et un plus grand équilibre entre toutes les* *régions''*. Selon d'autres responsables, le concept de développement régional est inhérent à *''la répartition équitable et équilibrée des différentes prestations entre les différentes régions et à la résorption des disparités et des inégalités régionales''*.

D'autre part, ces deux définitions du développement régional (l'une peut être qualifiée de ''sectorielle'' et l'autre ''d'égalitaire'') ne sont pas les seules définitions de ce concept. Bien au contraire, d'autres interviewés mettent l'accent sur d'autres dimensions en définissant le développement régional comme l'exploitation des spécificités des régions (pour améliorer leur situation) ou comme la dotation des régions des différents programmes de développement ou comme l'amélioration des investissements publics et privés, ou -selon une perception plutôt politique et institutionnelle- comme **la participation de la région à la prise de décision**. Selon certains interviewés, le développement régional *''est une volonté de l'État de permettre à la région -en tant qu'entité géographique- de choisir ses stratégies et de promouvoir ses programmes et projets de développement ; c'est le consensus régional et l'intégration de tous les acteurs à la planification''*.

L'ensemble des définitions peut être classifié dans certaines rubriques regroupant les réponses similaires, et ce comme le montre le tableau suivant :

Tableau n° 94 : Définition du développement régional :

Indicateur	Effectif			
	AC	AR	Eble	%
C'est le développement industriel et agricole au niveau des régions	1	2	3	3,4
C'est la participation des régions à la prise de décision	2	3	5	5,6
C'est le développement équilibré	1	13	14	15,7
L'amélioration des prestations à l'échelle régionale	10	23	33	37,1
C'est l'investissement dans les régions	3	7	10	11,2
C'est la suppression des écarts entre les régions	4	4	8	9,0
C'est l'exploitation des spécificités des régions pour améliorer leur situation	3	10	13	14,6
C'est doter les régions par des programmes de développement	1	2	3	3,4
Ensemble	25	64	89	100%

Source : Enquête personnelle, 2007

La réalisation d'un développement régional égalitaire et équilibré est liée à la concrétisation de certaines conditions nécessaires et inévitables. Parmi les conditions les plus citées par les différents responsables enquêtés, on peut évoquer notamment la répartition égalitaire de la richesse et des ressources (19 réponses), le renforcement des économies régionales et l'augmentation des investissements publics et privés (16 réponses), et enfin la décentralisation ou selon les termes de certains responsables *''la stimulation de la démocratie locale et régionale et la décentralisation financière et budgétaire''* (19 réponses).

Outre ces conditions, la concrétisation d'un développement régional égalitaire est liée, selon l'avis des acteurs de développement, à de nombreux aspects ''sectoriels'' tels que l'exploitation judicieuse des ressources naturelles, l'amélioration du capital humain et de la qualité des ressources humaines, l'amélioration de l'infrastructure et des équipements publics, la modernisation de l'administration...

Les scores de l'ensemble des conditions du développement régional (citées par les responsables enquêtés) sont résumés dans le tableau suivant :

Tableau n° 95 : Les conditions nécessaires pour un développement régional équilibré :

Indicateur	Effectif			
	AC	AR	Eble	%
Répartition égalitaire de la richesse et des ressources	7	12	19	17,3
Existence de plusieurs programmes de développement régional	2	3	5	4,5
Considérer chaque région comme un pôle de développement	3	3	6	5,45
Accorder plus d'intérêt aux régions moins développées	6	4	10	9,1
Renforcer les économies régionales et accroître les investissements	5	11	16	14,5
La décentralisation	9	10	19	17,3
L'exploitation judicieuse des ressources naturelles	3	6	9	8,2
La formation et l'amélioration du capital humain	2	3	5	4,5
La modernisation de l'administration	-	2	2	1,8
Une planification plus efficace	1	3	4	3,6
Un bon recensement des données régionales	-	1	1	0,9
Assurer une certaine solidarité entre les régions	-	1	1	0,9
Établir une carte de priorités régionales	-	1	1	0,9
Améliorer l'infrastructure	-	7	7	6,4
Prendre en considération toutes les dimensions du développement	-	5	5	4,5
Ensemble	38	72	110	100%

Source : Enquête personnelle, 2007

Paragraphe 3 : L'évaluation du développement régional :

Avant d'entamer la phase essentielle de l'enquête et qui sera consacrée aux causes et aux conséquences de l'inégal développement, on a essayé de cerner l'évaluation des responsables enquêtés du niveau du développement de leur région, les atouts et les handicaps de cette région et leur degré de satisfaction ou d'insatisfaction par rapport à différentes prestations liées à de nombreux domaines tels que l'emploi, les équipements collectifs, l'industrie, les possibilités d'accueil des entreprises (la notion de région concernée est différente au niveau des administrations centrales par rapport à celles régionales. Les responsables du développement au niveau régional sont interrogés sur leur perception et leur évaluation du niveau de développement régional de la région dans laquelle ils dirigent la DDR (ou parfois l'ONG ou l'API...), ce qui n'est pas le cas pour le niveau central où l'évaluation concerne la région d'origine ; sinon tous les responsables des administrations centrales vont évaluer la situation de la Capitale seulement et non pas le développement régional en général).

Cette évaluation du développement régional a concerné d'abord le dynamisme de la région et a confirmé -encore une fois- la dichotomie traditionnelle entre le ''littoral'' et ''l'intérieur''.

Aussi bien pour les administrations centrales que pour les directions régionales de développement (les DDR), la plupart des responsables enquêtés estime que la région intérieure n'est pas très dynamique contrairement à la région littorale qui est soit très dynamique ou assez dynamique :

- au niveau central : sur 13 responsables originaires d'une région littorale, la quasi- totalité (soit 12 personnes) pense que cette région est dynamique contrairement à ceux originaires d'une région intérieure dont la plupart (soit 10 responsables sur 11 enquêtés) pensent que la région d'origine est pas très dynamique ou pas dynamique du tout.

- au niveau régional : la même dichotomie est observée également au niveau des DDR (et au niveau des autres administrations régionales) puisque la plupart des responsables des régions littorales (plus de 80%) remarquent son dynamisme contrairement aux DDR des régions intérieures dont la majorité des responsables (70%) les considère peu dynamiques.

Tableau n° 96: Le dynamisme de la région d'origine (selon les responsables enquêtés) :

AC :

Indicateur	Effectif	
	Région intérieure	Région littorale
Région très dynamique	1	2
Région assez dynamique	0	10
Région pas très dynamique	9	1
Région pas dynamique du tout	1	0

AR :

Indicateur	Effectif	
	Région intérieure	Région littorale
Région très dynamique	0	11
Région assez dynamique	6	10
Région pas très dynamique	10	5
Région pas dynamique du tout	4	0

Source : Enquête personnelle, 2007

L'inégal développement (et le déséquilibre régional perçu par les différents responsables) est confirmé par la perception du "dynamisme comparatif" des régions. Tant pour les administrations centrales que pour les DDR, la quasi-totalité pense que les régions intérieures sont défavorisées -par rapport aux autres régions- contrairement aux régions littorales :

- au niveau central : la quasi-totalité des responsables originaires d'une région littorale (soit 12 responsables sur 13 personnes interrogées) pense que leur région est favorisée par rapport aux autres régions ; le même pourcentage est observé chez les responsables originaires des régions intérieures mais dans le sens inverse, c'est-à-dire en considérant leur région (intérieure) marginalisée et défavorisée
- au niveau régional : la tendance est encore plus nette pour les DDR des régions intérieures **dont la totalité** des responsables les considère comme des régions défavorisées et marginalisées par rapport aux gouvernorats littoraux.

Tableau n° 97: Perception de la place de la région par rapport aux autres régions (selon les responsables enquêtés) :

AC :

Indicateur	Effectif	
	Région intérieure	Région littorale
Région assez favorisée	1	12
Région assez défavorisée	10	1

AR :

Indicateur	Effectif	
	Région intérieure	Région littorale
Région assez favorisée	0	22
Région assez défavorisée	20	5

Source : Enquête personnelle, 2007

Comme on l'a précédemment invoqué, cette marginalisation des régions intérieures est expliquée par de multiples handicaps dont souffrent les régions de l'ouest tels que l'industrie, le secteur des hautes technologies, les équipements publics...tandis que les principaux atouts des régions de l'Ouest concernent seulement l'agriculture, la situation géographique et l'environnement. C'est le cas opposé pour les régions littorales pour lesquelles les différents enquêtés citent plusieurs atouts en particulier l'industrie, les services, l'infrastructure...

La faiblesse de l'infrastructure et des équipements publics dans les régions intérieures explique les différences de la perception des différents responsables enquêtés quant à leur satisfaction par rapport à de nombreuses prestations à l'échelle régionale. Cette divergence est due à la dichotomie entre le littoral et l'intérieur :

- au niveau des administrations centrales : pour les régions intérieures, le degré de satisfaction par rapport à différents aspects du développement (entre autres, l'emploi, l'industrie, l'accueil des entreprises, le tourisme...) est faible et il est même inférieur à 2 (c'est-à-dire sur 8 propositions, liées à de nombreuses dimensions du développement, seulement 2 sont satisfaisantes) tandis que le degré d'insatisfaction est supérieur à 6. Ce n'est pas le cas pour l'axe littoral où les prestations du développement sont-en moyenne- satisfaisantes pour 5 dimensions (sur les 8 propositions) et insuffisantes pour 3 aspects seulement.

- au niveau régional : la même tendance est observée dans les administrations régionales puisque les prestations de développement sont, en moyenne, satisfaisantes pour 5 dimensions pour les régions littorales contrairement aux régions intérieures où le niveau de satisfaction est égal à 2 seulement.

Tableau n° 98: Degré de satisfaction par rapport aux prestations régionales (selon les responsables enquêtés) :

AC :

Indicateur	Score	
	Région intérieure	Région littorale
Degré de satisfaction	2	5
Degré d'insatisfaction	6	3

AR :

Indicateur	Score	
	Région intérieure	Région littorale
Degré de satisfaction	2	5
Degré d'insatisfaction	6	3

Source : Enquête personnelle, 2007

Par ailleurs, cette dichotomie géographique entre les ''2 Tunisies'' (développée et sous développée) et cet inégal développement régional perçu par tous les acteurs du développement peuvent être expliqués par de nombreux déterminants socio-économiques et politiques. C'est sur quoi nous nous pencherons dans le paragraphe suivant.

Paragraphe 4 : Les déterminants et les explications de l'inégal développement régional :

Les explications et les causes des disparités régionales sont multiples et elles touchent concomitamment l'historique, le social, le politique et l'économique. Outre le facteur historique (inhérent à l'ordre colonial qui a façonné l'espace), le facteur politique a été déterminant à cause de l'action ambivalente de l'État qui a contribué parfois à aggraver les écarts et à accentuer les disparités notamment dans les domaines relatifs à la production (plus particulièrement le tourisme et l'industrie) en renforçant certaines régions aux dépens d'autres. Les choix politiques ont également instrumentalisé les solutions économiques préconisées qui ont consacré la primauté du choix libéral et de la logique du marché.

Ces considérations générales sur les raisons de l'inégalité régionale sont complétées par les résultats de l'enquête dont l'objectif fondamental ici sera l'analyse de la perception des acteurs de développement sur les causes et les facteurs de l'inégal développement régional.

4.1 : Le facteur politique :

Les explications politiques de l'inégal développement sont multiples et elles concernent d'abord l'absence (ou la lenteur) de la décentralisation ou -selon les termes d'un responsable enquêté- ***"l'importance de la centralisation politique"***. Cette centralisation ne valorise pas l'apport des responsables régionaux et « élimine, de toute véritable participation à la décision, tous ceux qui sont en relation directe et permanente avec les données de base des réalités profondes ; le choix est toujours le résultat des intentions et de la volonté des hautes instances du pouvoir, ce qui a laissé le projet de développement très maniable et ayant des axes différents qui peuvent être supprimés en partie ou en totalité voire reformés en fonction de la conjoncture »[218]. Selon certains responsables interviewés, *"la lente émergence de la société civile"* peut expliquer l'inégal développement régional. En effet, « **l'État central, dans une société dépendante, est loin d'être l'émanation de la société civile** [...] **cette tendance ne favorise guère la régionalisation, au contraire**. Or, la région est une vie, une vie se définit par le pouvoir, ce qui implique la délégation du pouvoir à l'autorité régionale » [dans le cas de la Tunisie, et dans la plupart des pays sous-développés], l'État, souvent centralisé, a contribué à évacuer la question [régionale], à la réduire à un problème d'optimisation, de localisation ou à une simple question d'équité sociale [...] la question régionale peut-elle être dissociée de la nature du pouvoir et de la formation sociale ? **Dans quelle mesure peut-on parler de région dans le cadre d'un pouvoir très centralisé qui en nie même l'existence comme il nie celle des classes et de la société civile ? »**[219].

D'autre part, certains responsables ont estimé que la centralisation politique a été à l'origine du dysfonctionnement des différentes institutions et subséquemment des difficultés de l'expérience développementiste et des inégalités sociales et régionales. En fait, le dysfonctionnement institutionnel s'exprime par un jeu d'alliance qui « s'est fait remarquer au sein de la formation politique, à tous les échelons, même au sein des administrations et des partis ; on ne cache plus le **jeu des clans** et des groupes restreints [...] c'est un équilibre de force des différents pôles au pouvoir, il n'est plus question d'unité nationale, d'intérêt général [...] ce sont plutôt les intérêts particuliers,

---

[218] A. Sahbani (1988), op. cit, p.347.

[219] A. Belhedi (1996), op. cit,, p.101.

les intérêts des petits groupes qui dominent (selon Duvignaud, on peut parler d'**anomie sociale** qui reflète l'échec d'un projet et même son avortement) »[220].

La centralisation politique et le dysfonctionnement des institutions peuvent expliquer -selon l'avis de plusieurs responsables enquêtés- la *''mauvaise planification''* ou *''la discontinuité des choix socio-économiques et l'absence d'une stratégie de développement''*. La précarité socio-politique et la discontinuité des choix s'expriment par « le changement fréquent des responsables, la création de nouveaux ministères, scindement, unification et même l'élimination carrément d'un département ministériel. Chaque responsable présente un programme et dès le départ on considère ce qui est précédent inadéquat et ainsi de suite [...] Si le déséquilibre régional est l'un des problèmes de développement [...] comment l'anéantir alors que le processus de développement est en crise et qu'on essaie de limiter les anomalies par les petites réformettes ou les solutions de secours (par exemple, l'emploi des jeunes, les chantiers conjoncturels d'emploi...)? »[221].

Par ailleurs, d'autres déterminants politiques de l'inégal développement ont été évoqués par les acteurs de développement et ils concernent notamment *''les priorités du gouvernement et des pouvoirs publics''* (et leurs préférences ou leur orientation vers les régions littorales) et *''l'appartenance des responsables politiques''* (ou l'origine géographique des détenteurs des postes politiques ''sensibles'', souvent originaires des cotes)[222]. Ces deux raisons accaparent, à elles seules, plus de 31% des réponses. Il s'agit là d'une relation indubitable entre « l'inertie spatiale » (ou l'inégal développement régional) et « l'inertie sociale » ce qui fait que les couches (ou les classes sociales) qui détiennent le pouvoir et le capital se concentrent dans les espaces centraux. Ce qui est remarquable ici c'est l'importance de ces deux facteurs (la priorité du gouvernement et l'appartenance des responsables politiques) dans les réponses des responsables régionaux (par rapport aux acteurs centraux). Sur 24 réponses, 18 réponses (soit le ¾) émanent des acteurs régionaux ce qui reflète l'importance de la dimension politique et de ''l'inertie sociale'' au niveau régional, et ce d'autant plus que les responsables centraux

---

220 A. Sahbani (1988), op. cit,, p.378.

221 Ibid, pp348-351.

222 Ces facteurs ont été largement expliqués dans le chapitre 7 consacré aux explications et aux effets de l'inégal développement.

ne se trouvent pas marginalisés et que leur apport est généralement valorisé.

L'ensemble des explications politiques de l'inégal développement est résumé dans le tableau suivant :

Tableau n° 99: Les explications et les causes politiques de l'inégal développement régional :

Réponse	Effectif			
	AC	AR	Eble	%
Absence ou lenteur de la décentralisation	6	5	11	14,3
Priorités du gouvernement et des pouvoirs	4	8	12	15,6
Dysfonctionnement des institutions	1	1	2	2,6
Désengagement de l'État	1	-	1	1,3
L'appartenance des responsables politiques (les postes politiques et l'élite originaire des côtes)	2	10	12	15,6
La faiblesse –voire l'absence totale- de l'opposition politique	2	1	3	3,9
La mauvaise planification	2	-	2	2,6
''Absence'' d'une réflexion politique en la matière	2	-	2	2,6
La corruption	-	1	1	1,3
Enclavement de la région au niveau politique	-	1	1	1,3
Pas de réponse	9	21	30	41,1
Ensemble	29	48	77	100%

Source : Enquête personnelle, 2007

Enfin, on doit noter la part trop élevée des ''non-réponses'' (plus de 40%). En réalité, notre opération de collecte des informations a rencontré de nombreuses difficultés et certains problèmes tels que l'absence de quelques responsables (qui ont été remplacés par ceux qui les succèdent hiérarchiquement) et surtout le refus de coopération de plusieurs responsables qui se caractérisent par un comportement craintif des objectifs de l'enquête, considérant certaines données confidentielles ou ''sensibles'' du point de vue politique. Ceci explique l'importance de la part des ''non-réponses'' dans plusieurs tableaux et notamment dans ceux se rapportant aux facteurs politiques et également aux répercussions politiques de l'inégal développement (la part des ''non-réponses'' est supérieure à 45%).

4.2 : Les déterminants économiques :

L'inégal développement régional est déterminé par de nombreuses causes économiques liées notamment -selon une part importante des responsables interrogés- à *"l'absence (ou à la faiblesse) des investissements privés"* et au *"désengagement de l'État"* suite à l'adoption de la voie néolibérale. Ce facteur externe (aux régions) est devenu un déterminant primordial du déséquilibre régional : « Avec le capitalisme technologique, le rapport société-espace n'a plus de caractère privilégié : la détermination et la différenciation de l'espace ne sont plus endogène, sous l'effet de techniques locales, spontanées et maîtrisées. Ce rapport dépend de plus en plus d'une détermination externe : l'espace devient un simple produit. L'espace est différencié pour sa charge en capital, par ses possibilités de profit et de plus-value. Cette différenciation échappe à la société locale, elle est spéculative et mondiale, imposée et externe »[223].

En réalité, ce modèle extraverti était déterminé par les choix économiques de l'État tunisien, des choix qui étaient surtout « liés à la correction du déficit de la balance des paiements et à la résorption du problème du chômage, la sous-traitance internationale et l'orientation vers l'exportation ; or, ces choix avaient davantage favorisé les régions côtières d'autant plus que le principe d'une planification sectorielle a été maintenu aux dépens d'une planification régionale »[224].

En outre, le désengagement de l'État explique cette négligence de la planification régionale et le fait que l'inégalité « n'est plus au centre des préoccupations comme auparavant, dans la mesure où il supposait un État interventionniste fort et l'importance du transfert assurant la régulation. Le nouveau discours légitime un autre schéma de développement selon les données et les potentialités intrinsèques de chaque région. Ce schéma ne met plus en cause l'inégalité spatiale, il la légitime même »[225].

D'autre part, et comme on l'a précédemment signalé, l'impact du libéralisme est lié à l'extraversion de l'économie tunisienne et à la problématique des disparités cumulatives du marché inhérente à l'importance des conditions de départ. Ces conditions sont déterminées- selon plusieurs acteurs de développement- par le volume et *"l'orientation des investissements publics et par l'importance de l'infrastructure de la région"*. À cet égard, l'action des pouvoirs

[223] A. Belhedi (1996), op. cit, p.61.
[224] A. Sahbani (1988), op. cit, p.500.
[225] A. Belhedi (1996.b), « Littoralisation et mondialisation… », op. cit, p.50.

publics a été réellement ambivalente, car elle a conduit souvent à des résultats très contradictoires et a été souvent à l'origine de l'inégal développement régional. En effet, la contribution de l'État dans la lutte contre le déséquilibre régional a été une opération relativement réussie en matière de services sociaux (éducation, santé...), de services culturels, d'infrastructures de base, de lutte contre la pauvreté ou de la réalisation de certains projets étatiques industriels ou touristiques... Par contre, l'intervention de l'État a contribué parfois à aggraver les écarts et à accentuer les disparités notamment dans les domaines relatifs à la production (plus particulièrement le tourisme et l'industrie) en renforçant certaines régions (littorales) aux dépens d'autres (en l'occurrence la Tunisie intérieure).

À cet égard, la problématique de la répartition des investissements a été fondamentale, puisque l'investissement (qui est le déterminant essentiel de la plupart des indicateurs socio-économiques relatifs à l'emploi, au niveau de vie...) a été réparti d'une façon très inégalitaire sur le territoire tunisien, et ce, au détriment des régions intérieures et en faveur de l'axe littoral (regroupant le District de Tunis, le Centre Est, le Nord Est et le « Sud littoral » c.-à-d. Gabes et Medenine).

Par ailleurs, cette action ambivalente de l'État a renforcé certaines régions au détriment d'autres notamment à cause de l'aménagement touristique et industriel qui n'a pas été également réparti sur le territoire tunisien ; et en dépit de l'effort de décentralisation, « ce n'est pas toute la société tunisienne qui peut bénéficier de manière équitable des transformations économiques mais ceux qui étaient déjà disposés à le faire, c'est-à-dire encore une fois les grands centres urbains et la zone côtière ; c'est là d'ailleurs que se trouvent les plus grandes réalisations industrielles et touristiques. L'intérieur connaît un vide important, accentué au cours des dernières années par l'émigration et l'exode rural »[226].

Ce sont ces ''réalisations'' et ces investissements -publics et privés- qui constituent les déterminants primordiaux (au niveau économique) de l'inégalité régionale (d'ailleurs, ce sont les deux causes les plus citées par les responsables enquêtés) puisque l'investissement est le déterminant essentiel de toute la dynamique socio-économique et du développement inégal des régions.

[226] A. Bouhdiba (1978), *« Culture et société »*, Publication de l'Université de Tunis, p.196.

A cet égard, les investissements publics ont été déterminants pour doter certaines régions des équipements socio-collectifs et de l'infrastructure ce qui a constitué vraisemblablement le déterminant essentiel de l'orientation des investissements privés à cause de la primauté des conditions de départ pour les investisseurs et de l'importance de l'infrastructure pour les entrepreneurs.

Déjà en 1966, la concentration des investissements publics était très nette, et l'étude des investissements (dont font mention le Plan triennal et les rapports d'exécution du Plan) montre que les 5 gouvernorats côtiers (Tunis, Bizerte, Nabeul, Sousse et Sfax qui s'étendent sur 30% de la superficie) ont accaparé 73% du total des investissements dont 78% des investissements industriels et 77% des investissements touristiques : en dépit de la prise de conscience du problème régional et du désir de lui donner des solutions, ce n'est pas le plan qui rompra l'hégémonie de la frange côtière et il faut ainsi comprendre le démenti que les faits imposent aux objectifs politiques et **l'inertie** imposée par la réalité quotidienne[227].

D'autre part, et outre les priorités économiques, l'orientation des investissements publics et privés et l'infrastructure inadéquate, d'autres déterminants économiques de l'inégal développement régional ont été cités par les différents responsables enquêtés, et ce, comme le montre le tableau suivant :

Tableau n° 100: Les explications et les causes économiques de l'inégal développement régional :

Réponse	Effectif			
	AC	AR	Eble	%
L'absence d'investissements privés	7	10	17	18,7
Les ressources limitées	1	-	1	1,1
Les priorités et les choix économiques	4	3	7	7,7
La désintégration économique (ou la défaillance des activités économiques)	2	5	7	7,7
Les aménagements touristiques et des services	3	3	6	6,6
L'infrastructure inadéquate	2	9	11	12,1
Le rapprochement entre la cote et les pôles économiques	1	2	3	3,3
L'orientation des investissements publics	5	12	17	18,7

[227] Ph. Aydalot (1966), *« La structuration de l'espace économique tunisien »*, RTSS n°5, Tunis, 1966, pp79-81.

Les capacités économiques de chaque région	-	3	3	3,3
Le désengagement de l'État	2	-	2	2,2
La mauvaise exploitation des ressources	-	2	2	2,2
Pas de réponse	4	11	15	16,5
Ensemble	31	60	91	100%

Source : Enquête personnelle, 2007

4.3 : Les causes administratives :

Contrairement aux multiples explications politiques et économiques, les déterminants administratifs des inégalités régionales ne sont pas nombreux et sont liés -selon la plupart des responsables enquêtés (30 réponses)- à la *''lenteur administrative''* et surtout à *''la centralisation administrative''* qui est *''à l'origine de la non prise en considération des besoins réels des régions''*.

A cet égard, plusieurs responsables ont -maintes fois- évoqué le problème d'autonomie et de ''marge de manœuvre'' pour les décideurs régionaux et locaux. Cette *''centralisation administrative'' (et cette ''primauté de l'échelon national'')* est inhérente à des explications historiques et politiques considérant que l'intégration nationale peut nier le problème régional et que l'État-Nation « constitue la base de l'organisation nationale alors que la région se trouve dépourvue de cette qualité et subordonnée à l'ordre national. Dans cette optique, la région n'est perçue que comme lieu de maximisation des investissements nationaux, point fort de l'espace national qu'il convient de renforcer, une entrave à la croissance qu'il urge d'aider, ou zone de tension qu'il s'agit de désamorcer. Ainsi, politiques, actions et planifications régionales ont été guidées par cet impératif. En effet, toute reconsidération de la région en tant qu'entité distincte conduit à un phénomène de pouvoir qui remet en cause celui de l'État »[228].

Par ailleurs, cette centralisation a constitué un véritable blocage non seulement pour la région, mais également pour la société tout entière. Il s'agit d'une **« volonté unitaire du social »** qui a voulu « assurer le triomphe de l'unité nationale coûte que coûte [...] et qui implique que soit éludée, niée et condamnée toute idée ou toute tendance vers la lutte des classes. Tout ce qui pourrait engager la société tunisienne dans le sens de la divergence ou de la

[228] A. Belhedi (1996), op. cit, p.92.

différenciation en classes sociales est perçu comme une volonté de diviser la nation et comme un danger mortel »[229].

D'autre part, certains responsables enquêtés ont lié l'inégal développement à d'autres explications administratives liées notamment à *''l'incompétence du personnel''* et à *''la qualité des ressources humaines''* exerçant dans les régions. Ce personnel se contente souvent « *d'une planification de bureau* au lieu d'un travail sur le terrain, ce qui ne facilite pas la planification efficace et la connaissance minutieuse de la réalité [régionale] ; c'est pourquoi l'action développementiste doit être pratique et sur le terrain et il est nécessaire de revoir la formation des ''acteurs de développement'' et des ressources humaines et l'adéquation de cette formation avec la réalité régionale »[230].

Le rôle du personnel administratif est remis en cause par plusieurs responsables enquêtés qui évoquent la lenteur des procédures, l'incompétence des ressources humaines et leur démotivation, et ce, comme le montre le tableau suivant :

Tableau n° 101: Les explications et les causes administratives de l'inégal développement régional :

Réponse	Effectif			
	AC	AR	Eble	%
La centralisation administrative (et la lenteur administrative)	14	16	30	41,1
La démotivation	1	2	3	4,1
L'importance et le nombre des procédures	1	1	2	2,7
Le manque de compétences et la bureaucratie	1	6	7	9,6
La répartition du personnel compétent	-	3	3	4,1
Pas de réponse	8	20	28	38,4
Ensemble	25	48	73	100%

Source : Enquête personnelle, 2007

4.4 : Les déterminants sociaux :

Les explications sociales de l'inégal développement sont liées - selon de nombreux responsables interviewés- aux différences régionales en matière de niveau d'instruction de la population et

[229] A. Bouhdiba (1978), op. cit, p.186.
[230] Moncef Ouannes (1992), *« Le discours arabe : limites et contradictions »* (en arabe), Maison Tunisienne de l'Edition, p.195.

d'alphabétisation (ou de scolarisation). Comme on l'a précédemment signalé, ces disparités régionales reflètent un clivage géographique entre le littoral et l'intérieur, avec des taux d'alphabétisation -notamment féminine- nettement supérieurs à la moyenne nationale dans les régions côtières contrairement aux régions intérieures. Il en va de même pour les disparités interrégionales en matière : du niveau d'instruction de la population, de la réussite scolaire, de la formation professionnelle…reflétant des écarts considérables entre la bordure littorale et l'intérieur du pays.

La ''surqualification'' de cet axe littoral explique la concentration du personnel qualifié dans cet axe qui a attiré plus de 80% des cadres tandis que les gouvernorats les plus défavorisés (du Nord-Ouest et du Centre-Ouest) ne retiennent que 15% de la population occupée qualifiée.

Les régions littorales favorisées possèdent ainsi plus de hauts cadres « qui forment une sorte de lobby au sein du pouvoir central et qui possèdent un poids au sein des administrations centrales, ce qui leur a permis d'accorder à leur lieu d'origine une attention particulière […] une région qui participe à la formation des jeunes pour ne pas en tirer profit par la suite est une région en crise ; ses investissements (humains) sont rentables ailleurs ; l'élément du déséquilibre est ainsi acquis dès le départ ; d'autres facteurs interviennent ensuite pour le renforcer »[231].

Ce ''retard socioculturel'' de certaines régions a créé une mentalité ''en deçà'' des aspirations des planificateurs, une mentalité qui n'a pas assimilé les voies du développement et qui n'a pas ''intériorisé'' l'esprit et les modalités du développement. Ce comportement et cette mentalité de la population (évoqués 14 fois par les enquêtés) -qui ne facilitent pas la concrétisation du développement- sont conjugués à une faiblesse flagrante de l'initiative privée liée à **''la peur des entrepreneurs''** d'investir dans les régions défavorisées (qualifiées de **''région à risque''**). En effet, « certains entrepreneurs originaires de ces régions préfèrent investir ailleurs, certains autres préfèrent plutôt garder leur argent […] un ensemble de jugements sont apparus pour étiqueter les régions actuellement défavorisées de ''région à risque'', d'où la fuite et la sous-estimation. L'intériorisation de ce comportement et sa traduction dans la région ont engendré le déséquilibre et la fausse conscience des populations de ces régions

[231] A. Sahbani (1988), op. cit, pp315-316.

(investir dans les régions côtières, y étudier, y travailler...) ce qui a forgé un comportement anti-développement »[232].

A ce titre, cette explication sociale de l'inégal développement, liée à la mentalité de la population, a été parfois citée explicitement par quelques responsables qui ont dit - très clairement- que le dynamisme de certaines régions (en l'occurrence le Centre Est) est déterminé par ''leur population dynamique et entreprenante'' tandis que certains responsables des DDR de l'Ouest ont estimé que la population est ''passive, paresseuse'' et ''ne veut pas travailler en dépit des richesses et des ressources dont jouissent les régions intérieures''.

Par ailleurs, d'autres déterminants sociaux sont cités pour expliquer l'inégal développement régional, et ce, comme le montre le tableau suivant :

Tableau n° 102 : Les explications et les causes sociales de l'inégal développement régional :

Réponse	Effectif			
	AC	AR	Eble	%
Faible formation de la main-d'œuvre	5	10	15	19,7
Mentalité de la population	3	11	14	18,4
Pauvreté relative	1	1	2	2,6
Manque de solidarité entre les habitants	1	-	1	1,3
Migration interne et exode rural	5	3	8	10,5
Manque de l'esprit d'initiative	3	4	7	9,2
Le poids démographique des régions littorales (importance de la demande)	2	2	4	5,2
Pas de réponse	8	17	25	32,9
Ensemble	28	48	76	100%

Source : Enquête personnelle, 2007

4.5 : Les facteurs naturels et historiques :

Si le développement est inégalitaire par essence (puisque les espaces ne recèlent pas les mêmes ressources et richesses), la perception de l'importance des facteurs naturels est différente selon la vision du responsable enquêté. Certains interviewés ont estimé que le milieu naturel a été parfois contraignant à cause des conditions physiques et naturelles défavorables pour quelques régions (par exemple, *''certaines régions intérieures sont montagneuses tandis que*

[232] Ibid, p.314.

la bordure orientale a bénéficié de son axe littoral, des côtes, de la plage...ce qui a positivement affecté le tourisme'').

Par contre, d'autres responsables ont une perception diamétralement opposée estimant que les potentialités naturelles et les richesses sont abondantes dans les régions intérieures, notamment au Nord-Ouest et au Centre-Ouest, mais il s'agit en réalité d'une *''mauvaise gestion des ressources naturelles''* (selon les termes d'un responsable, *''la réserve d'eau de la Tunisie est le Nord-Ouest et les potentialités et les richesses de cette région ne sont pas exploitées par ses ressources humaines''*).

Cette vision corrobore l'analyse de plusieurs spécialistes en la matière. Selon A.Belhedi, « plus la maîtrise de l'homme sur son milieu est faible, plus l'emprise de la nature est telle qu'elle modèle le paysage, les systèmes de culture, l'habitat et les genres de vie »[233]. Ceci démontre très nettement l'importance du facteur humain par rapport au facteur naturel, car « la maîtrise de la nature n'a de sens que dans une société qui maîtrise sa reproduction, et le milieu naturel, bien que très contraignant, passe en second ordre dans cette tentative de libération [...] Les principales contraintes sont l'eau et le sol sur lesquels l'homme peut intervenir. L'exploitation rationnelle est une autre manière de mise en valeur des faibles potentialités [...] Tout concourt à réfuter le déterminisme naturel (qui condamnerait le Sud ou le Centre). L'histoire a bien montré que les périodes florissantes ont correspondu à l'intégration de ces espaces »[234].

Tableau n° 103: Les explications et les causes ''naturelles'' de l'inégal développement régional :

Réponse	Effectif			
	AC	AR	Eble	%
Les conditions physiques et naturelles défavorables	8	11	19	26
La situation géographique et relief	3	10	13	17,8
Mauvaise gestion des ressources naturelles	3	11	14	19,2
Proximité de la mer et des cotes	1	4	5	6,8
Pas de réponse	10	12	22	30,1
Ensemble	25	48	73	100%

Source : Enquête personnelle, 2007

[233] A. Belhedi (1996), op. cit, p.101.
[234] A. Belhedi (1992.a), op. cit, pp11-14.

D'autre part, en ce qui concerne le facteur historique, et comme on l'a précédemment signalé, différentes considérations historiques ont favorisé l'hégémonie de la petite bourgeoisie et ont créé une relation entre « l'inertie spatiale » (ou l'inégal développement régional) et « l'inertie sociale » (cette relation fait que les couches -ou les classes sociales- qui détiennent le pouvoir et le capital se concentrent dans les espaces centraux). En outre, la structure coloniale a contribué à la consolidation de certaines villes (en particulier les ports littoraux) qui participent le plus à l'économie coloniale, contrairement aux autres régions intérieures qui sont désormais dominées par la façade orientale.

Cette vision est confirmée par la perception de nombreux acteurs de développement (18 réponses) qui ont considéré *''la période coloniale''* comme étant l'un des facteurs de l'inégal développement et qui ont estimé que *''l'inégalité est héritée de la période coloniale''*. En fait, l'espace colonial « est régi par une structure extravertie et se trouve très inégalement occupé ou mis en valeur » ; l'économie coloniale a contribué à aggraver les déséquilibres en intégrant seulement les espaces convoités par les intérêts coloniaux : « l'espace qui a profité le plus de l'ordre colonial est le littoral, foyer de l'agriculture paysanne fortement structuré en bourgs et villages. Ces foyers n'ont pas été touchés directement par la colonisation et ont vu s'y développer les services sociaux et les équipements modernes [...] Vers l'intérieur, la colonisation a donné lieu soit au vide [...] soit à des enclaves minières à l'ouest alimentées par l'exode rural »[235].

En outre, l'impact de la colonisation était lié à des facteurs démographiques inhérents au pouvoir attractif des Européens concentrés dans les régions littorales principales. En effet, « la répartition géographique des investissements permet de comprendre le pouvoir polarisateur de la population européenne : elle disposait de capitaux et se livrait aux investissements, elle procurait l'emploi, elle concentrait l'infrastructure autour d'elle, organisait correctement l'enseignement, mais au profit de ceux qui vivaient dans son orbite. Les investissements tant publics que privés ont été orientés en fonction des besoins qui étaient rarement ceux des Tunisiens, ce qui n'a pas été sans conséquence sur leur localisation »[236].

---

[235] Ibid, pp24-25.
[236] Ph. Aydalot (1966), op. cit, p.72.

Par ailleurs, d'autres explications historiques sont citées par certains responsables telles que la concentration des activités et des zones industrielles sur l'axe littoral ou -selon les termes de quelques interviewés- *''la division nationale du travail''* (selon laquelle l'inégal développement est expliqué, historiquement, ''par la dépendance de certaines régions vis-à-vis de certaines activités'', comme par exemple ''la dépendance de Gafsa de la compagnie de phosphate'' ou ''la dépendance du Nord-Ouest de l'activité agricole'').

Tableau n°104: Les explications et les causes historiques de l'inégal développement régional :

Réponse	Effectif			
	AC	AR	Eble	%
Mouvement migratoire	1	2	3	4,1
Niveau d'instruction (les générations antérieures)	2	-	2	2,7
La concentration des zones industrielles et touristiques sur le littoral	5	6	11	15,1
La période coloniale	6	12	18	24,7
La division internationale du travail (et parfois la division nationale du travail)	1	4	5	6,8
Pas de réponse	10	24	34	46,6
Ensemble	25	48	73	100%

Source : Enquête personnelle, 2007

Paragraphe 5 : Les répercussions et les effets de l'inégal développement régional :

Les répercussions de l'inégal développement régional sont multiples et concernent surtout les effets démographiques et les effets socio-économiques. Au niveau démographique, l'inégal développement régional peut induire un déséquilibre démographique qui se manifeste à travers la concentration humaine et surtout la migration interne vers les régions littorales les plus développées qui deviennent très attractives contrairement aux régions intérieures répulsives. Au niveau socio-économique, l'inégal développement peut générer une concentration des emplois, des richesses et des investissements (privés en particulier) et surtout une polarisation industrielle et une concentration massive des services touristiques sur la façade orientale. Ces considérations générales sur les effets de l'inégalité régionale sont complétées par les résultats de l'enquête dont l'objectif fondamental ici sera l'analyse de la perception des acteurs de développement sur les répercussions de l'inégal développement régional. C'est sur quoi nous nous pencherons dans les paragraphes suivants.

5.1 : Les répercussions politiques et administratives :

Au niveau politique et administratif, la plupart des réponses (des responsables enquêtés) s'articulent autour de la centralisation politique et administrative et elle concerne surtout *''le manque de crédibilité'' du système administratif et politique et l'insatisfaction de la population quant aux prestations du système.* Selon les termes d'un des acteurs de développement, il s'agit de ''la multiplication des critiques contre l'État et plutôt une mauvaise appréciation du régime politique''. Selon d'autres responsables, ''c'est un manque de confiance entre les responsables et les citoyens'' notamment dans les régions défavorisées où les prestations socio-économiques ne sont pas satisfaisantes.

Bien entendu, ce ''manque de confiance'' ou ''cette insatisfaction de la population'' (ainsi que la centralisation politique) sont inhérents à l'inégal développement, car « la survie du déséquilibre régional -qui implique une forme de blocage de développement- n'a pas permis une évolution importante du système politique. La persistance du paternalisme politique a renforcé la monopolisation des prérogatives d'action et de décision dans les mêmes structures et presque suivant les mêmes modalités (l'ouverture et la participation demeurent problématiques) [...] Le pouvoir régional est conscient que son champ d'application est limité puisqu'il est principalement un instrument du pouvoir central »[237].

Face à l'inégal développement et aux disparités régionales persistantes, la perception des acteurs de développement et de la population (quant au rôle de l'État) apparaît souvent contradictoire et ambivalente. En effet, « *on perçoit l'État parfois injuste* (et favorisant certaines régions aux dépens d'autres), et en même temps le seul refuge pour le développement. Parfois, le déséquilibre et les disparités deviennent des ''phénomènes locaux'' quand la population des régions intérieures se plaint des chances inégales du développement entre le littoral et l'intérieur ou entre les milieux urbain et rural. L'image de l'État est liée à la demande de la population d'une répartition plus égalitaire de la richesse [...] et de plus en plus de

[237] A. Sahbani (1988), op. cit, pp 405-406.

projets productifs (et non seulement de services socio-collectifs) »[238].

D'autre part, de nombreux responsables enquêtés ont cité d'autres répercussions administratives et politiques de l'inégal développement. Au niveau politique, on a évoqué parfois le désintéressement - notamment celui des cadres- de la vie politique et ''l'isolement politique'' de certaines régions intérieures (à cause de ''l'influence politique'' des régions côtières). Au niveau administratif, on a cité surtout ''le rendement médiocre de l'administration'', les ''services non satisfaisants'', l'encombrement, le retard, la démotivation, la bureaucratie, les problèmes de communication… L'ensemble des réponses est résumé dans les deux tableaux suivants :

Tableau n° 105: Les répercussions politiques de l'inégal développement régional :

Réponse	Effectif			
	AC	AR	Eble	%
Centralisation politique (et ''exclusion'' politique)	3	10	13	17,3
Manque de crédibilité	1	2	3	4
Turbulence et instabilité politique (et insatisfaction de la population)	5	11	16	21,3
Manque d'encadrement	1	-	1	1,3
Les tensions et l'esprit de ''régionalisme''	1	-	1	1,3
Désintéressement de la vie politique	1	1	2	2,6
''Isolement politique'' de certaines régions	1	2	3	4
L'accroissement de la corruption	1	1	2	2,6
Pas de réponse	11	23	34	45,3
Ensemble	25	50	75	100%

Source : Enquête personnelle, 2007

238 Mohamed Nejib Boutaleb (2002), *« La tribu tunisienne, entre le changement et la continuité », (*en arabe), Publication de l'Université de Tunis, p.487.

Tableau n° 106: Les répercussions administratives de l'inégal développement régional :

Réponse	Effectif			
	AC	AR	Eble	%
Pas de décentralisation administrative	7	8	15	20,5
Problème de communication et complexité de suivi des dossiers administratifs	2	3	5	6,8
Démotivation et bureaucratie	3	1	4	5,5
Services non satisfaisants, encombrement, retard, rendement médiocre de l'administration…	8	10	18	24,6
Pas de réponse	5	26	31	42,5
Ensemble	25	48	73	100%

Source : Enquête personnelle, 2007

5.2 : Les répercussions économiques et sociales :

Dans un chapitre précédent, on a essayé d'analyser les principaux effets de l'inégal développement régional, et surtout les effets sociodémographiques (notamment la concentration de la population et la migration interne) et les effets socio-économiques (tels que la concentration des investissements, des emplois et des richesses, la concentration de l'industrie et la concentration du tourisme).

Dans ce paragraphe, on va essayer d'analyser la perception des acteurs du développement quant aux répercussions économiques et sociales de l'inégal développement :

- Au niveau économique :

Outre la concentration de la richesse et de la production, les différents responsables enquêtés estiment que le déséquilibre régional a généré *''l'accroissement du chômage et la faiblesse de l'activité dans les régions intérieures''*. La faiblesse de l'emploi, l'accroissement du chômage et la baisse du niveau de vie constituent près de 30% des réponses des enquêtés.

Cette perception des acteurs de développement peut être corroborée par les indicateurs statistiques. En effet, l'inégal développement régional et la dichotomie géographique littoral/intérieur se sont sensiblement répercutés sur l'emploi et sur l'activité économique, à cause de la concentration des activités et de l'emploi dans les régions privilégiées. Ces dernières ont souvent un taux de chômage relativement faible alors que ce taux dépasse 20% -et parfois 30%- dans la plupart des gouvernorats intérieurs. En outre, les régions côtières ''développées'' sont caractérisées par l'importance des activités secondaires et tertiaires ; et on remarque la très nette concentration des activités industrielles et des services dans l'axe littoral qui regroupe en 2008 plus de 80% des emplois industriels et plus de 76% des emplois dans les services ; en d'autres termes, cet espace littoral- qui ne s'étend que sur près du quart du territoire- concentre plus des trois quarts des emplois secondaires et tertiaires.

En outre, certains responsables interviewés ont insisté sur l'importance du clivage géographique entre les différentes régions et sur ''le sous-développement de plusieurs régions intérieures''. À cet égard, certains enquêtés ont parlé ''**de centre et de périphérie**'', estimant -à l'instar de plusieurs auteurs- que l'extraversion (et les causalités cumulatives du marché) favorise le centre. En effet, « les centres -caractérisés par une plus grande productivité, une rémunération élevée des facteurs de production, une forte internalisation des externalités et des économies d'échelle notables- attirent vers eux les flux et créent le vide [...] La profitabilité surestimée du (des) centre (s) joue en défaveur de la périphérie où les opportunités sont souvent peu ou mal perçues, du fait de l'absence d'information, de l'insuffisance des équipements et surtout des avantages comparatifs »[239].

Déjà en 1966, on parlait de ce déséquilibre entre le centre et la périphérie ce qui montre l'acuité et la persistance de ''l'inertie spatiale''. Ph. Aydalot parlait en 1966 d'un « croissant côtier de Bizerte à Sfax, qui représente pour l'économie tunisienne la région clé [...] Ce déséquilibre régional qui va croissant atteint des proportions qui **hypothèquent le développement futur du pays**. L'abandon progressif du Centre et du Sud, la poussée continue vers le Nord-Est représentent une caractéristique essentielle de l'économie tunisienne »[240].

Ce *''déséquilibre régional''* (ou ce *''sous-développement relatif de plusieurs régions'')* et *''l'inégale répartition de la richesse''* sont considérés, par près de 40% des enquêtés, comme les répercussions ou les effets économiques les plus importants de l'inégalité régionale. En fait, l'inégal développement régional et les disparités croissantes ont généré des répercussions socio-économiques indéniables qui s'expriment par la centralisation des investissements et par la concentration industrielle et touristique sur une petite partie du territoire tunisien.

---

[239] A. Belhedi (1996), Op. cit, p.95.
[240] Ph. Aydalot (1966), op. cit, pp65- 67.

Tableau n° 107: Les répercussions économiques de l'inégal développement régional :

Réponse	Effectif			
	AC	AR	Eble	%
Faiblesse des revenus et baisse du niveau de vie	4	6	10	11,2
Le chômage	7	9	16	18,0
Sous développement relatif de plusieurs régions (ou déséquilibre régional)	8	20	28	31,5
Infrastructure insuffisante	2	2	4	44,9
Manque de compétitivité de l'économie régionale et des entreprises dans les différentes régions	1	2	3	3,4
Inégale répartition de la richesse	1	6	7	7,86
Sous exploitation du potentiel économique du pays	1	2	3	3,4
Développement du secteur informel	-	1	1	1,1
Pas de réponse	4	13	17	19,1
Ensemble	28	61	89	100%

Source : Enquête personnelle, 2007

Cette inertie de l'espace tunisien depuis plus de 40 ans et ce déséquilibre régional persistant sont lourds de menaces pour l'avenir du pays : « Si les choses continuent à évoluer selon le même modèle, il est fort probable que le Littoral oriental sera de plus en plus surpeuplé et surchargé d'activités industrielles polluantes et ses terres maraîchères et arboricoles cèderont la place aux constructions urbaines, et les régions intérieures seront de plus en plus menacées de stagnation ou de déclin économique et démographique, et peut-être de dépopulation »[241].

Ce problème de dépopulation a été déjà observé durant le dernier RGPH (en 2004), ce qui montre l'importance des répercussions sociales de l'inégal développement.

- **Au niveau social :** parmi les effets sociaux cités par les différents responsables enquêtés, on trouve le déséquilibre de la répartition de la population et même la dépopulation de certaines régions intérieures (le TAAM, entre 1994 et 2004, est négatif au Nord Ouest et il est égal à -0.45 à Siliana, à -0.51 au Kef et à -0.1 au Nord Ouest).

Cette dépopulation et cet accroissement démographique négatif enregistré dans quelques gouvernorats en 2004 -contrairement au solde positif des régions littorales- peuvent être déterminés par deux facteurs : la fécondité et la migration interne. Puisque les différences

[241] H. Sethom (1992), op. cit, p.225.

au niveau de la croissance démographique naturelle sont peu notables, les écarts interrégionaux et la croissance démographique inégale peuvent être déterminés par la dynamique migratoire et par l'exode rural.

Comme on l'a précédemment signalé, l'exode (et le déplacement de la population) est l'une des répercussions de l'inégal développement régional. À cause de la crise du monde rural, « l'exode rural (conséquence, entre autres, du processus de mécanisation) vide progressivement la campagne d'une bonne partie de sa main-d'œuvre [...] Dès lors, le paradoxe, souvent constaté, entre le chômage massif qui sévit dans les villes et le manque relatif de main-d'œuvre dans les campagnes n'est plus qu'une apparence. En effet, très souvent les gros et moyens propriétaires mécanisés n'ont besoin de la majorité de leurs ouvriers que pendant un nombre très réduit de journées par an ; or ceux-là ne pouvant subsister longtemps sur cette base quittent la campagne pour la ville avec l'illusion d'y trouver un emploi plus permanent et mieux rémunéré [...] Pour la région du Nord-Ouest (par exemple), c'est la quasi-absence d'activités extra-agricoles qui en fait une région répulsive de la population par excellence »[242].

A cet effet, l'exode rural est lié parfois non seulement à l'inégalité socio-économique et à l'inégal développement régional, mais aussi au décalage culturel qui a pour effet, dans les campagnes, de retarder le progrès économique, renforçant ainsi les tendances à l'immigration. Il s'agit, en effet, de « l'opposition ville-campagne, sur laquelle débouche l'opposition technique des conditions spatiales de l'activité économique, et qui évoque le rapport de deux sociétés ou deux civilisations (c'est l'opposition entre les deux milieux que George Friedman appelle milieu naturel et milieu technique) [...] La cause des migrations ne peut être qu'un rapport entre les sociétés rurales et urbaines »[243].

D'autre part, les effets sociaux de l'inégal développement peuvent toucher directement l'individu et le citoyen et ils concernent -selon les termes de certains responsables- *''la discrimination et l'inégalité des chances''*. En effet « le déséquilibre régional s'est nettement

---

[242] H. Dimassi et M.H.Zaiem (1982), *« La dynamique socio-économique de population d'une région. L'exemple du Nord ouest-tunisien. »,* actes du 5e colloque de démographie maghrébine, AMEP, Rabat, 1982, pp 28-30.

[243] Kh. Taamallah (2001), *« Aperçu sur les incidences économiques et sociales de l'exode rural en Tunisie »,* actes du Xème colloque de démographie maghrébine, AMEP, Rabat, 2001, pp186-187.

manifesté sur plusieurs domaines qui touchent l'individu en tant qu'acteur social et facteur de production et qui ont réduit même ses chances de promotion. Les inégalités devant la mort par exemple du fait de la faiblesse des structures sanitaires, l'absence de loisirs [...] à cela s'ajoute le manque d'emploi et son caractère précaire [...] ces phénomènes ont modulé **un comportement hostile au déséquilibre, mais passif** vis-à-vis des implications du développement, la crainte de l'initiative, la recherche de l'assistance... sont des phénomènes qui résultent du déséquilibre des effets de développement »[244].

Outre le chômage, l'exode, la pauvreté, le manque des services sociaux (qui est intériorisé au point qu'il n'est plus objet de revendication), l'une des principales conséquences sociales de la persistance des inégalités régionales est **« l'accumulation des conditions d'éclatement** et de distorsion aux dépens des sentiments de solidarité et d'unité nationale. Les représentations d'une région passive (une région à risque) se sont développées par ce déséquilibre régional ; le jeune cadre par exemple évite le travail dans ces régions, l'entrepreneur refuse d'investir pour manque de garanties... »[245].

Tableau n° 108: Les répercussions sociales de l'inégal développement régional :

Réponse	Effectif			
	AC	AR	Eble	%
Le chômage	7	11	18	17,6
L'exode rural et la migration interne	7	20	27	26,5
La pauvreté	5	9	14	13,7
La discrimination et le régionalisme	2	3	5	4,9
Baisse du progrès social et accroissement des inégalités sociales	2	8	10	9,8
Des services sanitaires non satisfaisants	2	1	3	2,9
La délinquance et la criminalité	3	3	6	5,9
Déséquilibre de la répartition de la population (et même dépopulation de certaines régions)	2	1	3	2,9
Un capital humain incapable de stimuler la croissance économique	1	1	2	1,96
Pas de réponse	4	10	14	13,7
Ensemble	35	67	102	100%

Source : Enquête personnelle, 2007

Par ailleurs, l'importance des répercussions négatives de l'inégal

[244] A. Sahbani (1988), op. cit, p.417.
[245] Ibid, p.423.

développement régional n'a pas laissé l'État indifférent, puisque certaines solutions ont été préconisées pour réduire cet inégal développement. Ces solutions sont souvent classifiées en deux catégories principales : les premières -plus générales- sont relatives à l'amélioration de l'efficacité de la planification et de la décentralisation alors que les deuxièmes -plus spécifiques- sont liées aux programmes de développement ; c'est ce que nous étudierons dans le paragraphe suivant.

Paragraphe 6 : Les solutions de l'inégal développement : La planification et la décentralisation : avantages et limites :

Vu l'importance de la planification, on a essayé d'interroger les acteurs du développement sur l'efficacité et les limites de cette opération. À cet égard, une part importante des enquêtés estime que la planification du développement est envisagée concomitamment au niveau national, régional et local : au niveau local, elle est réalisée au sein des commissions locales (au niveau des conseils locaux de développement), au niveau régional, elle est réalisée au sein des commissions régionales (au niveau des conseils régionaux), au niveau central, elle est réalisée au sein des commissions sectorielles. C'est pourquoi plusieurs responsables enquêtés ont estimé que la planification du développement est efficace, puisque ''les projets approuvés au niveau central et retenus par les plans de développement sont déjà approuvés par les commissions locales et par les conseils régionaux''. Selon les termes de l'un des interviewés, ''la dimension consultative est bien mise en place puisque les choix du développement émanent des localités puis des conseils régionaux et il y a une vraie démocratie lors de la planification''.

Cependant, et contrairement à cette perception de la planification du développement, d'autres responsables enquêtés estiment que la conception et la réalisation de la planification ne sont pas efficaces (ou sont peu efficaces) car elles demeurent ''toujours liées à la décision centrale et à l'enveloppe budgétaire qui restent des facteurs limitant l'autonomie régionale et fortement contraignants''. En outre, ''la planification prévoit des objectifs d'ordre national alors qu'on doit, en réalité, prévoir et planifier des objectifs d'ordre régional''.

Tableau n° 109: Les dimensions de la planification (la planification, comment est- elle envisagée ?)

Réponse	Effectif			
	AC	AR	Eble	%
Une planification au niveau national	20	32	52	47,7
Une planification au niveau régional	8	22	30	27,5
Une planification au niveau local	8	19	27	24,8
Ensemble	36	73	109	100%

Source : Enquête personnelle, 2007

L'importance de la ''dimension nationale'' explique la négligence de ''la planification régionale'' selon plusieurs responsables interviewés. Ces derniers considèrent que les limites de la planification du développement sont nombreuses et elles concernent surtout la non-prise en considération des besoins réels des régions et de leurs spécificités, alors qu'en réalité cette planification, pour être efficace, doit chercher « à mettre en avant la dimension endogène territorialisée du développement [puisque] le local ou le territoire rend mieux compte du phénomène d'unité culturelle et d'adaptation collective [...] Le territoire devient une variable cruciale et centrale pour expliquer les dynamismes économiques relatifs des différents espaces [...] Au niveau local, il y a des régulations spécifiques qui régissent les comportements et qui aboutissent à des formes plus intenses de valorisation des richesses »[246].

D'autre part, et outre la centralisation de la planification (et la non-prise en considération des spécificités des régions), les responsables enquêtés ont attribué à la planification du développement d'autres limites qui sont citées dans le tableau suivant :

Tableau n° 110 : Les limites de la planification :

Réponse	Effectif			
	AC	AR	Eble	%
La planification sur 5 ans (elle est rigide et elle néglige les changements)	2	2	4	5,5
Le retard ou la non réalisation des projets	3	8	11	15,1
Le manque de financement	2	4	6	8,2
Elle ne prend pas en considération les besoins réels des régions (et leurs spécificités)	7	11	18	24,6
La discontinuité et les contradictions de la planification	2	2	4	5,5
Centralisation de la planification	4	12	16	21,9

[246] A. Bedoui (1999), op. cit, p.113.

Les ressources humaines non qualifiées	-	1	1	1,4
La faiblesse (ou l'absence) des données statistiques fiables	-	1	1	1,4
La liberté d'action	-	1	1	1,4
Le manque de données régionales et locales	-	2	2	2,7
Pas de limite	1	-	1	1,4
Pas de réponse	4	4	8	10,9
Ensemble	25	48	73	100%

Source : Enquête personnelle, 2007

Par ailleurs, une partie importante des interviewés a estimé que la planification n'est pas régionalisée à cause de ''la non-mise à niveau des lois pour favoriser l'indépendance budgétaire et règlementaire et la réelle autonomie des conseils régionaux'' et puisque ''les conseils n'ont pas un pouvoir absolu pour l'ordonnancement et la conception des grands projets''. Ceci constitue une réelle entrave au développement régional et surtout au développement local. En effet, « le succès des actions locales ne réside pas dans le potentiel de croissance, mais dans la capacité des acteurs locaux et des concernés à atteindre un niveau de plus en plus élevé de maîtrise de l'espace et du territoire qui ne peut résulter d'une simple juxtaposition de petites actions différentes […] La réhabilitation du local commence et finit par **la réhabilitation du pouvoir local**, elle nécessite une correspondance totale et une réconciliation entre le pouvoir et son espace »[247].

Tableau n° 111: La régionalisation de la planification et ses limites :

Réponse	Effectif			
	AC	AR	Eble	%
La non régionalisation de planification due à la centralisation	17	24	41	56,2
Non, la planification est régionalisée	4	12	16	21,9
Pas de réponse	4	12	16	21,9
Ensemble	25	48	73	100%

Source : Enquête personnelle, 2007

Cette ''non régionalisation'' de la planification nous renvoie à la problématique de la décentralisation qui connaît de nombreux obstacles en dépit de son impact positif sur le développement régional.

Cet impact est dû à de nombreuses raisons. En effet, ''la

[247] A. Belhedi (1996), op. cit, pp324-325.

décentralisation crée un dynamisme économique régional et une indépendance dans la réalisation des programmes et des projets de développement, et ce, selon la vision régionale et selon la perception des responsables régionaux''. En outre, ``la décentralisation peut favoriser le développement régional : en évitant les déplacements aux administrations centrales, en créant des postes d'emploi et en multipliant la création des entreprises''. De plus, ``la décentralisation peut être très bénéfique parce qu'elle va responsabiliser les régions dans toutes les étapes de la planification du développement (élaboration, exécution et contrôle des objectifs), et ce, à condition que cette décentralisation soit bien orientée au niveau national et confiée à des responsables qualifiés au niveau régional''.

A ce sujet, de nombreux responsables enquêtés considèrent que la décentralisation peut être à l'origine de la correction des déséquilibres régionaux (ou, du moins, de la correction de certaines inégalités), puisqu'elle ``permet une prise de décision émanant de la base'' et parce que ``chaque région définit ses priorités et œuvre à réaliser ses objectifs en fonction de ses ressources humaines et de ses moyens (et ne compte que sur elle-même)'', et ce, grâce ``à l'implantation d'une administration plus proche du citoyen''. Selon la perception d'autres responsables, on trouve ``un cercle vicieux entre le déséquilibre régional et la centralisation, car le déséquilibre empêche toute tendance à la décentralisation (qui dit déséquilibre régional dit absence d'une infrastructure administrative équitablement répartie, soit l'obstacle administratif à la décentralisation) ; tandis que la décentralisation peut favoriser le développement puisque décentraliser c'est permettre à chaque région de planifier son développement et mettre en place les mécanismes nécessaires pour réaliser ce développement, ceci permettrait à chaque région de tirer le meilleur d'elle-même pour contribuer au développement national et régional''.

Tableau n° 112 : Impact de la décentralisation

Tableau n° 112.1 : La décentralisation favorise-t-elle le développement régional ?

Réponse	Effectif			
	AC	AR	Eble	%
Oui	20	29	49	67,1
Non	-	-	0	0
Plus ou moins	3	11	14	19,2
Pas de réponse	2	8	10	13,7
Ensemble	25	48	73	100%

Source : Enquête personnelle, 2007

Tableau n° 112.2 : La décentralisation permet-elle de corriger les déséquilibres régionaux ?

Réponse	Effectif			
	AC	AR	Eble	%
Oui	15	11	26	35,6
Non	2	6	8	11,0
Plus ou moins	6	20	26	35,6
Pas de réponse	2	11	13	17,8
Ensemble	25	48	73	100%

Source : Enquête personnelle, 2007

En dépit des répercussions positives de la décentralisation, cette opération a connu de nombreux obstacles notamment au niveau politique, administratif et juridique. Parmi les obstacles les plus cités par les interviewés, on peut évoquer notamment la faiblesse des compétences et des ressources humaines au niveau régional, la lenteur des procédures administratives, la coordination entre les différents départements ministériels, ''l'absence (ou l'insuffisance) de lois ou de textes juridiques facilitant la décentralisation et mettant cette opération au cœur du développement économique et social des régions''… Mais les obstacles essentiels à la décentralisation sont -selon la plupart des interviewés- le manque d'institutions politiques régionales (ou ''la mauvaise représentation régionale des administrations centrales'' ou ''le manque de directions régionales dans différents départements'') et la centralisation politique et administrative (selon les termes d'un responsable, ''les décisions sont imposées par les autorités centrales'' et ''le pouvoir central veut garder sa mainmise sur tout le système alors que l'élite politique des régions est insoucieuse de la décentralisation'').

Ainsi, ces obstacles reflètent la négligence de la dimension locale et du rôle des acteurs sociaux, alors qu'en réalité le développement endogène doit être « une dynamique qui met en évidence des relations et de la coordination non exclusivement marchande entre les hommes pour valoriser les richesses dont ils disposent [...] L'espace n'est pas un simple support d'une concentration d'activité, il est ''espace-territoire''. Le territoire est le point de rencontre entre les acteurs du développement [...] il devient une composante permanente du développement, et les acteurs sociaux le moteur central de ce dernier »[248].

À cet effet, la centralisation politique et administrative a donné un rôle secondaire à ces acteurs sociaux, et « **en l'absence de représentation réelle des populations concernées, toute décentralisation conduit à renforcer l'autorité centrale par une médiation régionale ou locale** [...] La déconcentration a conduit certes à rapprocher les services, limiter les déplacements, alléger les charges de l'administration centrale et à renforcer certaines villes, mais a abouti aussi à renforcer davantage l'emprise du pouvoir central, ce qui pose le problème de fond : celui de **la démocratisation**. Cette question se trouve liée à l'évolution de la société civile »[249].

En fait, la plupart des analyses considèrent que la décentralisation demeure inhérente au pouvoir, à la déconcentration politique et administrative et à la démocratisation : la région « ne peut être dissociée du problème de pouvoir qui constitue l'élément central tant au niveau spatial que social dans les sociétés en transition. Il se trouve que le problème de pouvoir est loin d'être résolu au niveau national. En fait, on se trouve devant un cercle vicieux dont la résolution ne peut s'opérer que par une démocratisation socio-spatiale en accordant aux villes régionales plus de pouvoir et en laissant émerger la région [...] une forte liaison est établie entre le développement des forces productives et le renforcement du pouvoir économique de la ville régionale à travers le processus de déconcentration »[250].

---

[248] A. Bedoui (1999), op. cit, pp114-115.
[249] A. Belhedi (1996), op. cit, p.99.
[250] Ibid, p.128.

Tableau n° 113 : Les obstacles à la décentralisation :

Réponse	Effectif			
	AC	AR	Eble	%
Le manque d'institutions régionales	4	10	14	15,9
La centralisation politique	7	13	20	22,7
L'incompétence et la valeur des ressources humaines au niveau régional	3	2	5	5,7
La lenteur des procédures administratives	3	4	7	7,9
L'insuffisance ou l'absence de lois facilitant la décentralisation administrative	2	9	11	12,5
L'absence d'une comptabilité régionale	2	3	5	5,7
Les décisions imposées par les autorités centrales	2	7	9	10,2
La résistance au changement	-	2	2	2,3
Pas de réponse	6	9	15	17,0
Ensemble	29	59	88	100%

Source : Enquête personnelle, 2007

D'autre part, et outre la dimension politique et administrative primordiale, l'échec de la décentralisation a été également économique, et ce, notamment au niveau de l'aménagement industriel à cause de l'inefficacité de l'effort de la décentralisation industrielle en Tunisie. En effet, et en dépit des différentes lois favorisant l'implantation des industries (notamment celles exportatrices), le déséquilibre reste flagrant entre la côte qui a toujours accaparé plus de 90% des projets industriels ne laissant pour l'intérieur qu'une part très faible dans l'effort d'industrialisation[251].

d- Les suggestions pour le développement régional[252]:

Afin de dépasser les différentes limites des programmes de développement et pour réaliser un développement régional équilibré et réduire l'impact des inégalités et des disparités interrégionales, les ''acteurs du développement'' et les différents responsables enquêtés ont cité de nombreuses suggestions et plusieurs propositions visant la réduction du déséquilibre régional. Parmi les suggestions les plus

251 Voir chapitre 7 de notre travail. Cf. également l'article de Kh. Chaouch (1983), *« Les petites et moyennes entreprises et la décentralisation industrielle en Tunisie »*, RTSS n° 80/81, p.136.

252 Concernant les suggestions pour le développement régional, cf. pour plus de détails l'ouvrage du Ministère du Développement Régional (ou le livre blanc du développement régional) : *« Une nouvelle vision du développement régional. 49 propositions pour l'avenir des régions tunisiennes »*, Tunis, octobre 2011.

“complètes” de certains interviewés, on peut citer les propositions suivantes :

-“Le renforcement des capacités de la société civile et un meilleur engagement des citoyens en faveur du développement régional (et développer la citoyenneté)

-La consolidation des ressources humaines et financières en transférant aux régions des ressources budgétaires additionnelles pour financer l'infrastructure et les équipements collectifs

-L'établissement des programmes spécifiques visant à attirer les cadres et les compétences susceptibles de renforcer les capacités de la région

-L'attribution aux régions de larges responsabilités dans la définition des priorités de développement et dans la conception des programmes régionaux

-La création davantage de zones industrielles et la diversification davantage du tourisme et de l'agriculture et leur modernisation

-La promotion de la formation et l'amélioration du niveau du capital humain et des ressources humaines

-La promotion du rôle de la société civile, l'ouverture aux critiques et la participation aux affaires publiques (et le meilleur choix des élus politiques et des responsables administratifs)

-La lutte contre l'exclusion politique et économique et contre la corruption”.

Outre ces propositions, d'autres suggestions ont été évoquées par les différents responsables enquêtés, et ce, comme le montre le tableau suivant :

Tableau n° 114 : Les suggestions des acteurs de développement pour le développement régional :

Réponse	Score	
	AC	AR
Plus de décentralisation et d'autonomie	5	5
La promotion de l'initiative privée (et des investissements privés)	9	12
Plus de financement pour les régions et l'augmentation des investissements publics (avec l'amélioration des services sociaux)	4	5
Améliorer l'infrastructure et créer un environnement propice	6	10
Plus d'harmonisation entre les programmes de développement et les capacités productives de la région (et les spécificités des régions)	3	6

La diffusion de la culture entrepreneuriale	2	2
L'exécution des projets et leur suivi (et non seulement leur planification)	-	4
L'aménagement du territoire notamment des zones industrielles (et l'installation d'un tissu industriel développé)	-	11
La réduction de l'exode rural	-	2
On doit favoriser les zones intérieures et rurales	-	2
Il faut agir sur le facteur politique et réhabiliter la transparence (et la liberté)	-	5
On doit promouvoir la formation et le capital humain	-	6
Il faut améliorer et renforcer les programmes de développement régional	-	4
La politique de développement régional doit être stratégique (et non ponctuelle ou sectorielle)	1	4
Il faut promouvoir le tourisme ''diversifié'' (le tourisme culturel, environnemental et archéologique)	-	2

Source : Enquête personnelle, 2007

CONCLUSION

Les principales conclusions qu'on peut tirer de l'analyse de la perception des responsables tunisiens (quant au développement humain et à l'inégal développement régional) peuvent être résumées comme suit :

- la primauté de l'éducation et l'importance accordée au capital humain dans la perception des acteurs du développement humain (cette importance se trouve non seulement dans la perception des éléments de la notion du développement humain, mais aussi dans la perception des responsables tunisiens concernant les priorités de l'action du gouvernement en matière du développement humain)
- l'évaluation du développement régional (qui a concerné d'abord le dynamisme des différentes régions) a confirmé -encore une fois- la dichotomie traditionnelle entre le ''littoral'' et ''l'intérieur''. Aussi bien pour les administrations centrales que pour les directions régionales de développement (les DDR), la plupart des responsables enquêtés estime que la région intérieure n'est pas très dynamique contrairement à la région littorale qui est soit très dynamique ou assez dynamique. En outre, la quasi-totalité des enquêtés pense que les régions intérieures sont défavorisées -par rapport aux autres régions- contrairement aux régions littorales
- les explications politiques de l'inégal développement sont multiples et elles concernent d'abord l'absence (ou la lenteur) de la

décentralisation ou "l'importance de la centralisation politique". Cette centralisation ne valorise pas l'apport des responsables régionaux. De plus, l'inégal développement régional est déterminé par de nombreuses causes économiques liées notamment -selon une part importante des responsables interrogés- à l'absence (ou à la faiblesse) des investissements privés et au désengagement de l'État suite à l'adoption de la voie néolibérale. Quant aux explications sociales, elles sont liées -selon de nombreux responsables interviewés- aux différences régionales en matière de niveau d'instruction de la population et d'alphabétisation (ou de scolarisation) et à la mentalité de la population qui est en deçà des aspirations. D'autre part, et au niveau historique, la structure coloniale a contribué à la consolidation de certaines villes (en particulier les ports littoraux) qui participent le plus à l'économie coloniale, contrairement aux autres régions intérieures qui sont désormais dominées par la façade orientale.

- les répercussions de l'inégal développement régional sont multiples. Au niveau politique et administratif, la plupart des réponses des responsables enquêtés s'articule autour de la centralisation politique et administrative et de l'insatisfaction de la population quant aux prestations du système. Au niveau économique, et outre la concentration de la richesse et de la production, les différents responsables enquêtés estiment que le déséquilibre régional a généré l'accroissement du chômage et la faiblesse de l'activité surtout dans les régions intérieures et rurales. Au niveau social, parmi les effets sociaux cités par les différents responsables enquêtés, le déséquilibre de la répartition de la population et même la dépopulation de certaines régions intérieures ainsi que l'exode rural et la migration.

- la conception et la réalisation de la planification ne sont pas efficaces (ou sont peu efficaces) car elles demeurent toujours liées aux décisions centrales qui restent des facteurs limitant l'autonomie régionale et fortement contraignants. La "non régionalisation" de la planification nous renvoie à la problématique de la décentralisation qui connaît de nombreux obstacles en dépit de son impact positif sur le développement régional

-confirmant l'importance quantitative des réalisations des programmes de développement, la totalité des enquêtés a dit que leur région a bénéficié d'un programme de développement régional et que ce dernier a contribué réellement à l'amélioration des prestations socio-économiques. Cependant, une part importante des interviewés a estimé que l'efficacité des programmes de développement demeure relative ; parfois certains enquêtés les ont considérés carrément inefficaces. De même, une proportion relativement importante des responsables estime que la possibilité de correction des écarts régionaux par les programmes de développement demeure très limitée

- la répartition de la richesse en Tunisie n'est pas équitable à cause des différences notables et des disparités indéniables entre les régions et entre les classes sociales. Ces inégalités peuvent être dues à l'inégale répartition des dividendes de la croissance entre les différentes catégories sociales.

CONCLUSION GÉNÉRALE

Le développement humain qu'a connu la Tunisie depuis son indépendance et les performances socio-économiques de l'expérience développementiste tunisienne sont incontestables. Néanmoins, ce développement demeure un développement **inégal** caractérisé par des inégalités sociales croissantes et surtout par des disparités régionales très importantes et par une répartition géographique très inégalitaire favorisant un «centre» sur-développé au détriment d'une «périphérie» sous-développée.

D'abord, pour montrer les différentes performances du développement humain, on a procédé de deux manières : l'analyse sectorielle et l'étude des indicateurs synthétiques.

En ce qui concerne l'analyse sectorielle, et afin de tenter de dresser un bilan de l'expérience développementiste tunisienne, on a étudié les principales composantes du développement humain, en l'occurrence la composante économique et la composante sociale.

Au niveau économique, on a noté l'existence de certaines performances économiques indéniables en dépit de l'irrégularité de l'évolution de plusieurs indicateurs économiques. Ces performances s'expriment d'abord par l'amélioration des ratios économiques et par l'accroissement du PIB par habitant suite à l'augmentation sensible des taux d'investissement et à la réalisation d'une croissance importante des richesses (quoique la croissance économique demeure souvent irrégulière et déterminée par la conjoncture internationale et par la politique économique préconisée).

Au niveau social, le secteur éducatif a un rôle déterminant et un effet capital sur le développement des ressources humaines et des qualifications, c'est pourquoi il a toujours fait l'objet d'une attention particulière qui s'est traduite par l'allocation des moyens importants, ce qui a été à l'origine de la réalisation de quelques résultats appréciables tant au niveau quantitatif que qualitatif, en particulier le recul de l'analphabétisation et l'amélioration de la scolarisation et du niveau d'instruction de la population. En outre, la Tunisie a érigé le secteur de la santé en une véritable priorité nationale et a accordé un intérêt particulier à l'amélioration des performances sanitaires, ce qui s'est sensiblement répercuté sur les indicateurs de la mortalité et de l'espérance de vie et sur les moyens humains et matériels consentis.

Subséquemment, cette nette amélioration des indicateurs socio-économiques s'est répercutée sur l'évolution de l'IDH et de l'indicateur synthétique de développement humain qui ont connu des progrès significatifs durant les dernières décennies, et ce, tant en termes absolus qu'en termes relatifs, ce qui a permis d'améliorer le classement de la Tunisie d'une façon substantielle.

Ces progrès comparatifs de la Tunisie et cette amélioration de sa position par rapport à d'autres pays ont été vérifiés en dépit de la modification des indicateurs de mesure, et ce, aussi bien en se référant à l'IDH qu'en utilisant l'indice synthétique de développement humain.

À cet égard, l'utilisation de cet indice synthétique -et éventuellement d'autres indicateurs- est expliquée par les limites de l'IDH notamment son aspect « simplificateur » et « réductionniste ». C'est pourquoi notre approche a tenté de traiter la problématique du développement humain dans sa globalité en intégrant plusieurs indicateurs sectoriels (qui débordent la vision simplificatrice de l'IDH) et en prenant en considération la multiplicité des indicateurs humains et sociaux relatifs aux domaines démographique, social et économique. Ainsi, il est nécessaire d'utiliser d'autres indices (voire un nouveau IDH) afin d'intégrer certaines particularités de la politique tunisienne du développement humain.

D'autre part, l'amélioration incontestable des indicateurs de développement ne peut occulter l'existence de certaines **limites** indubitables de la politique tunisienne de développement humain.

Au niveau politique, et à l'instar de la plupart des pays sous-développés, le rôle de l'État en Tunisie a été prépondérant dans l'action économique et sociale. À cause de la quasi-absence de la société civile, l'État a occupé une place primordiale au sein de la formation socio-économique ce qui a conféré à la décision politique une importance capitale puisqu'elle a instrumentalisé les choix économiques et sociaux. Avec la centralité et la prééminence de l'État, la prédominance de l'élite dirigeante sera indubitable grâce à l'hégémonie d'une « classe » bien déterminée qui a dominé la scène politique et socio-économique aux dépens d'autres fractions de la société.

Ainsi, le rôle de l'État a été prépondérant puisqu'il était le principal acteur de développement et le moteur de l'action économique et sociale grâce au rôle primordial de la fraction dirigeante qui a dominé la scène politique et qui a privilégié **le développement « centralisé ».**

Mais ce qui est encore plus important c'est **la répartition inégalitaire de la richesse** surtout au niveau régional.

Sur le plan régional, les disparités interrégionales demeurent considérables et l'inégal développement régional reste épineux. Nous sommes à même d'affirmer **qu'il y a plusieurs Tunisies dans le même pays distinguant « la Tunisie développée » et la « Tunisie sous-développée ».**

À l'instar de notre analyse des performances de développement humain en Tunisie, l'étude des inégalités régionales a été réalisée en deux étapes : primo, l'analyse sectorielle (à travers l'analyse de la répartition régionale des services sociaux, en l'occurrence la santé, l'éducation et les conditions de vie et ce avant d'étudier les inégalités économiques au niveau de l'emploi et des investissements) et secundo le calcul des indicateurs composites du développement humain focalisé sur les IDH, les IPH et les indicateurs synthétiques de développement humain par région et par gouvernorat, et ce, avant de mener une analyse statistique de quelques méthodes classificatoires telles que la méthode des scores fractionnels et surtout l'Analyse en Composantes Principales.

Au niveau social, l'inégal développement s'est traduit en matière sanitaire- par une répartition géographique très inégalitaire du personnel médical et de l'équipement (une répartition qui reflète une concentration très nette sur le littoral). De même, les indicateurs sanitaires montrent une réelle dichotomie géographique privilégiant l'axe littoral (en particulier le District de Tunis et le Centre Est) au détriment des zones intérieures (surtout le Centre Ouest). Ce développement sanitaire inégal est, par ailleurs, inhérent à l'inégale couverture sanitaire et aux disparités en matière de développement socio-économique et d'infrastructure.

En matière éducationnelle, on retrouve quasiment cette même dichotomie géographique avec des taux d'alphabétisation -notamment féminine- nettement supérieurs à la moyenne nationale dans les régions côtières contrairement aux régions intérieures. Il en va de même pour les disparités interrégionales en matière : du niveau d'instruction de la population, de la réussite scolaire, de la formation professionnelle…reflétant des écarts considérables entre la bordure littorale et l'intérieur du pays. Ces inégalités sont encore plus flagrantes en matière de l'infrastructure de base et de l'équipement des ménages d'un côté et du niveau de vie et de la consommation d'un autre côté.

Au niveau économique, l'inégal développement économique s'est traduit par un clivage géographique très net entre les régions littorales et celles intérieures ce qui a été à l'origine de la persistance de plusieurs disparités économiques substantielles. En premier lieu, la distribution spatiale des investissements a été très inégalitaire favorisant certaines régions côtières (en particulier le District de Tunis et le Centre Est) et l'axe littoral en général qui a accaparé la plupart des investissements tant publics que privés et ce au détriment des régions intérieures dont la part n'a pas dépassé souvent 30%. En second lieu, l'étude de la différenciation régionale du chômage a montré que les taux les plus élevés se trouvent dans les zones intérieures où on trouve des ratios nettement supérieurs à la moyenne nationale et où le taux de chômage avoisine parfois 25% voire 30% tandis que les valeurs les plus modérées sont enregistrées aux gouvernorats côtiers avec des taux oscillant entre 8% et 12%. Cette dichotomie géographique est inhérente à la concentration de l'emploi dans la partie littorale du pays et à la centralisation des activités dans les régions orientales. En effet, cet espace littoral -qui s'étend seulement sur près du quart du territoire tunisien- concentre plus des trois quarts des emplois secondaires et tertiaires et regroupe la même proportion des emplois non agricoles en général.

Ces inégalités économiques -conjuguées aux disparités sociales considérables- se sont sensiblement répercutées sur l'évolution du développement humain et sur la progression de l'IDH et de l'IPH dans les différents gouvernorats et régions, une progression qui montre l'importance de l'inégalité du développement.

Tant pour l'IDH classique que pour l'IDH synthétique et pour l'IPH, on trouve qu'aucune des régions intérieures ne parvient au niveau du seuil national, et seules les zones littorales de la façade orientale (District de Tunis, Nord Est et Centre Est) ont pu réaliser cette performance. La persistance de cette lacune durant toutes les phases de l'étude (1966, 1975, 1984, 1994, 2000, 2004 et 2010) dénote très nettement du **caractère chronique et durable du déséquilibre régional.** Cette inégalité est attestée par la persistance de la même typologie régionale depuis 1975 (sinon depuis 1966) qui favorise les gouvernorats littoraux au détriment des zones intérieures. Durant toute cette période, la même stratification régionale a été maintenue avec les mêmes rangs quasiment pour tous les gouvernorats, puisque les deux meilleures positions sont toujours accaparées par le District de Tunis et le Centre-Est tandis que les deux dernières places sont « l'apanage » du Nord-Ouest et du Centre-Ouest, alors que la position intermédiaire est occupée par le Nord-Est et le Sud.

L'aspect chronique et persistant de l'inégal développement est confirmé par l'existence de la même classification régionale malgré l'utilisation d'autres indicateurs, d'autres méthodologies et d'autres périodes de référence : l'Analyse en Composantes Principales (ACP), la méthode des scores fractionnels, l'indicateur synthétique de développement, l'IDH classique, l'IDH synthétique, l'IPH, le « coefficient de développement », l'indice de bien-être, l'IMH...tous ces indicateurs font ressortir la même typologie régionale reflétant la marginalisation de l'intérieur et le développement du littoral et montrant très nettement que le niveau de développement n'a pas été bouleversé à des nuances près.

Si Jean François Gravier dénonçait -depuis 1947- les inégalités régionales en France dans son célèbre ouvrage (au titre très provocateur) : *« Paris et le désert français »*, peut-on parler en Tunisie (à l'instar de Gravier) d'un déséquilibre menaçant l'avenir du pays avec **« le littoral et le désert tunisiens »?**

Par ailleurs, notre enquête et les conclusions qu'on a tirées de l'analyse de la perception des responsables tunisiens quant à l'inégal développement confirment cette constatation puisque l'évaluation du développement régional (qui a concerné d'abord le dynamisme des différentes régions) a montré la dichotomie traditionnelle ''tunisienne'' entre le ''littoral'' et ''l'intérieur''. Aussi bien pour les administrations centrales que pour les directions régionales de développement, la plupart des responsables enquêtés a estimé que les régions intérieures ne sont pas très dynamiques contrairement aux régions littorales. En outre, la quasi-totalité des enquêtés pense que les régions intérieures sont défavorisées -par rapport aux autres régions- contrairement aux régions littorales.

Les explications de ces disparités régionales sont multiples et elles touchent concomitamment l'historique, le sociologique, le politique et l'économique. Outre le facteur historique (inhérent à l'ordre colonial qui a façonné l'espace) et les déterminants sociologiques (l'élite de l'État a été essentiellement formée par la petite bourgeoisie littorale qui a transformé l'État en ''un instrument de domination'' concentrant le pouvoir et le capital dans les espaces centraux), **le facteur politique a été déterminant** à cause de l'action ambivalente de l'État qui a contribué parfois à aggraver les écarts et à accentuer les disparités notamment dans les domaines relatifs à la production (plus particulièrement le tourisme et l'industrie) en renforçant certaines régions (littorales) aux dépens d'autres (en l'occurrence la Tunisie intérieure).

Les choix politiques ont également instrumentalisé les solutions économiques préconisées qui ont consacré la primauté du choix libéral et de **la logique du marché.** Mais l'affermissement de la loi du marché et le paradigme néolibéral ont renforcé les inégalités régionales et les disparités cumulatives du marché et ont fait que les zones les plus avancées ont le plus progressé, notamment avec l'extraversion de l'économie tunisienne et avec le développement du secteur privé qui est d'autant plus important que les conditions initiales soient plus favorables. En outre, ce paradigme est souvent générateur d'une croissance extravertie et inégalitaire et d'un **développement dépendant** (ou plus précisément du sous-développement dépendant).

Ainsi, la logique du capitalisme, en l'occurrence celle du profit, a généré un développement inégal cumulatif et « l'État lui-même s'est trouvé amené à renforcer ce processus en investissant dans les espaces les mieux nantis, là où les chances de l'accumulation sont plus grandes dans une perspective de rattrapage léguant les inégalités au second plan, d'où une reproduction sociale et spatiale […] c'est l'État qui a été lieu d'articulation de cette dépendance même à travers le processus de développement » [253].

[253] A. Belhedi (1992), op. cit, p.239.

En résumé, les explications de l'inégal développement sont très diverses et elles concernent d'abord l'absence (ou la lenteur) de la décentralisation ou ''l'importance de la centralisation politique''. Cette **centralisation** ne valorise pas l'apport des responsables régionaux. De plus, l'inégal développement régional est déterminé par de nombreuses causes économiques liées notamment selon une part importante des responsables interrogés- à l'absence (ou à la faiblesse) des investissements privés et au désengagement de l'État suite à l'adoption de la voie néolibérale. Quant aux explications sociales, elles sont liées -selon de nombreux responsables interviewés- aux différences régionales en matière de niveau d'instruction de la population et d'alphabétisation (ou de scolarisation) et à la mentalité de la population qui est ''en deçà'' des aspirations. D'autre part, et au niveau historique, la structure coloniale a contribué à la consolidation de certaines villes (en particulier les ports littoraux) qui participent le plus à l'économie coloniale, contrairement aux autres régions intérieures qui sont désormais dominées par la façade orientale.

Les répercussions de l'inégal développement régional sont multiples. Au niveau politique et administratif, la plupart des réponses des responsables enquêtés s'articule autour de la centralisation politique et administrative et de l'insatisfaction de la population quant aux prestations du système. Au niveau économique, et outre la concentration de la richesse et de la production, les différents responsables enquêtés estiment que le déséquilibre régional a généré l'accroissement du chômage et la faiblesse de l'activité surtout dans les régions intérieures et rurales. Au niveau social, parmi les effets sociaux cités par les différents responsables enquêtés on peut évoquer surtout le déséquilibre de la répartition de la population et même la dépopulation de certaines régions intérieures ainsi que l'exode rural et la migration.

En somme, l'apport de notre recherche s'est situé surtout à 3 niveaux essentiels :

- *au niveau méthodologique :* on a adopté et on a testé dans notre étude plusieurs approches qui ont permis de mesurer les performances et les inégalités de la stratégie du développement humain en Tunisie. En fait, on a procédé à une approche sectorielle classique qui a tenté de tracer l'évolution du développement humain à travers les changements enregistrés dans les divers indicateurs et secteurs socio-économiques. Il s'agit d'un traitement diachronique en vue de saisir les changements enregistrés et l'évolution des performances de développement humain en Tunisie et d'une approche dynamique qui a essayé de montrer les transformations et les transitions démographiques, économiques et sociales durant les dernières décennies. En outre, l'approche du PNUD (procédant essentiellement à l'IDH et à l'IPH) est conjuguée à l'analyse spécifique (qui a essayé d'intégrer certaines particularités de l'expérience tunisienne) et à l'approche synthétique et globale (qui a pris en considération la complexité de la question du développement humain et ses interrelations avec le système et avec l'environnement). L'approche globale s'est avérée ainsi très utile, car elle a pu saisir l'aspect multiforme de la réalité régionale et sociale en intégrant les différentes manifestations du développement (le démographique, l'économique et le social), et ce en tenant compte également de l'aspect « différencié » de la problématique régionale et sociale. Cette diversité des données explique l'utilisation fréquente de plusieurs indices et coefficients synthétiques qui mettent l'accent simultanément sur les aspects micro et macro-économiques et sur les indicateurs nationaux, régionaux et sociaux du développement. Par ailleurs, l'approche systémique s'est imposée afin d'éclairer les liens avec le système et avec l'environnement, étant donné que la distribution inéquitable des fruits de la croissance (et l'existence de plusieurs disparités et de multiples limites de la stratégie du développement humain) ne peut être imputée à une seule variable ou à un seul facteur, à cause des interrelations entre les différents aspects de la situation (sociaux, économiques, politiques…) et de l'interaction avec l'environnement. On est donc en présence d'un système ouvert qui est en échange permanent avec les variables externes (telles que l'État, les régions…). En outre, l'explication des différentes interactions et interrelations sus-invoquées a été facilitée par l'établissement de certaines analyses statistiques qui se sont basées parfois sur des régressions ou sur des coefficients de corrélation. A titre d'exemple, l'analyse empirique a pu vérifier statistiquement les interrelations entre certaines variables démographiques et socio-économiques et le développement humain alors que l'analyse factorielle (ou l'Analyse en Composantes Principales) a été très utile pour l'étude des inégalités régionales. Enfin, on doit noter l'importance de l'approche empirique et de l'enquête qui a essayé de montrer les perceptions des acteurs de développement sur divers aspects relatifs au développement humain et au développement régional (et ce à travers l'étude des représentations des responsables sur le développement humain et sur ses éléments les plus importants en Tunisie), de dégager les perceptions des responsables sur le développement régional et sur les conditions nécessaires pour la réalisation d'un développement équilibré et égalitaire et d'étudier les explications du déséquilibre régional et les causes de sa persistance (bien entendu selon la vision des acteurs du développement).

- *au niveau de la mesure du développement et surtout de la mesure l'inégal développement régional :* aussi bien pour la mesure des performances du développement humain que pour celle des inégalités et des disparités (régionales notamment), on a procédé à une analyse sectorielle qui a tenté de montrer les performances et les indicateurs du développement humain (à travers l'analyse des composantes de cette expérience, en l'occurrence la composante économique et les indicateurs sociaux) et ce grâce à des données statistiques sur divers aspects socio-économiques de la Tunisie et sur l'évolution des composantes et des indicateurs du développement humain durant les dernières décennies. En outre, l'intérêt a été centré surtout sur le calcul des indicateurs composites de développement humain, et ce, en se basant sur deux méthodes : primo, l'utilisation de l'approche internationale basée sur l'IDH (tel que défini par le PNUD) et secundo *notre propre approche focalisée sur les indicateurs synthétiques de développement humain.* Cette approche a été utile notamment pour la mesure des disparités régionales grâce à la progression des indicateurs composites de développement humain par région, et ce, en se basant sur notre calcul des IDH, des IPH et de nouveaux IDH (ou des indicateurs synthétiques de développement humain) par région et par gouvernorat.

Outre l'utilisation de ces indices synthétiques, d'autres méthodes classificatoires ont été très utiles pour étudier l'inégal développement et pour mesurer les disparités régionales et spatiales. La méthode la plus simple a consisté à rassembler un ensemble d'indicateurs socio-économiques au niveau des régions et des gouvernorats et à élaborer un indice synthétique qui représente une combinaison plus globale que l'IDH (ou que l'IPH) et qu'on peut appeler indicateur synthétique de développement. Ensuite, la méthode des scores fractionnels a été utilisée vu sa simplicité et sa pertinence et vu qu'elle permet de montrer les disparités et de nuancer les écarts interrégionaux. Enfin, l'ensemble des variables a été soumis à une Analyse en Composantes Principales (ACP).

- *au niveau des explications de l'inégalité du développement :* ce qui est important dans l'explication de l'inégal développement et dans l'analyse des déterminants des disparités régionales, c'est la prise en considération de toutes les dimensions et de tous les facteurs -ou du moins de la diversité des facteurs- ayant favorisé la stabilisation de "l'inertie spatiale". En effet, l'inégal développement régional demeure déterminé non seulement par des facteurs économiques, mais aussi et surtout par des déterminants historiques, sociologiques et politiques. Le facteur historique est inhérent à l'action coloniale qui a renforcé la concentration économique et humaine littorale et qui a contribué à la consolidation des régions littorales participant le plus à l'économie coloniale. Les déterminants sociologiques sont liés à la relation entre « l'inertie spatiale » et « l'inertie sociale » (faisant que les couches ou les classes sociales qui détiennent le pouvoir et le capital se concentrent dans les espaces centraux). Le facteur politique est lié à la centralisation des choix administratifs et politiques (qui ne prennent pas en considération les besoins réels des régions) et surtout à l'action complexe et ambivalente de l'État qui a contribué parfois à aggraver les écarts et à accentuer les disparités notamment dans les domaines relatifs à la production. Enfin, l'inégalité régionale a été renforcée par des facteurs économiques notamment le rôle des causalités cumulatives du marché avec l'adoption du paradigme néolibéral et l'affermissement de la loi du marché.

Mais ce qui est encore plus important, c'est la prise en considération des explications et de la perception des acteurs du développement et la connaissance des déterminants de l'inégalité à travers "le terrain". Selon les résultats de l'enquête, les explications politiques de l'inégal développement sont multiples et elles concernent surtout l'absence (ou la lenteur) de la décentralisation ou "l'importance de la centralisation politique" ce qui ne valorise pas l'apport des responsables régionaux. De plus, l'inégal développement régional est déterminé par de nombreuses causes économiques liées notamment -selon une part importante des responsables interrogés- à l'absence (ou à la faiblesse) des investissements privés et au désengagement de l'État suite à l'adoption de la voie néolibérale (certains responsables parlent même des capacités propres de chaque région : en fait, c'est un discours qui légitime un autre schéma de développement selon les données et les potentialités intrinsèques de chaque région. Ce schéma ne met plus en cause l'inégalité spatiale, il la légitime même). Quant aux explications sociales, elles sont liées - selon de nombreux responsables interviewés- aux différences régionales en matière de niveau d'instruction de la population et d'alphabétisation. D'autre part, et au niveau historique, la structure coloniale a contribué à la consolidation de certaines villes (en particulier les ports littoraux) qui participent le plus à l'économie coloniale, contrairement aux autres régions intérieures qui sont désormais dominées par la façade orientale.

Par ailleurs, et à l'instar du cas tunisien, si on essaye de faire une comparaison internationale des performances développementistes, on pourrait montrer que le développement humain n'est pas réducteur des inégalités et que l'expérience développementiste n'a pas généré une atténuation des disparités, mais, au contraire, une aggravation des inégalités régionales et sociales, et ce au niveau interne (c'est-à-dire à l'intérieur des pays) mais aussi et surtout au niveau international et entre les pays à cause du ''fossé'' entre les pays riches et les pays pauvres, un fossé qui se creuse de plus en plus durant les dernières décennies. Ces écarts sont, dorénavant, spectaculaires notamment pour la répartition de la richesse qui est accaparée par une petite frange de la population mondiale (moins de 400 personnes possèdent plus que le revenu cumulé de près de 3 milliards des plus pauvres).

Selon S. Amin, il s'agit de « la mondialisation capitaliste fondée sur le contraste **centres industrialisés/périphéries** auxquelles l'industrialisation est refusée. Ce contraste, qui définit une forme nouvelle de la loi de la valeur mondialisée, n'est pas le produit naturel des « avantages comparatifs » invoqués par l'économie bourgeoise. Il est mis en place systématiquement par des moyens revêtant tant des dimensions économiques (le « libre échange » imposé aux partenaires de la nouvelle périphérie en formation) que politiques (les alliances avec les classes dominantes traditionnelles de la nouvelle périphérie) [...] les tendances de l'évolution du capitalisme contemporain s'articulant autour du renforcement de ce que j'ai rappelé *les « cinq* *monopoles »*[254] qui façonnent la mondialisation polarisante de l'impérialisme contemporain [...] Pris ensemble, ces monopoles définissent des formes nouvelles de la loi de la valeur mondialisée permettant la centralisation au bénéfice de ce grand capital des profits et surprofits tirés de l'exploitation des travailleurs, une exploitation différenciée fondée sur la segmentation du marché du travail. Cette étape nouvelle du déploiement de la loi de la valeur mondialisée ne permet donc pas le « rattrapage » par l'industrialisation des périphéries dynamiques, mais fonde une nouvelle division internationale inégale du travail dans laquelle les activités de production localisées dans les périphéries, subalternisées, fonctionnent comme des sous-traitants du capital dominant »[255].

En fait, il s'agit -selon les termes de Denis Clerc- de *''la dictature du marché''* qui sert admirablement les intérêts de la bourgeoisie ; ce marché recouvre toute la vie sociale, laquelle se réduit à une infinité de calculs coûts-avantages ; tout se résout sur le marché sans heurts et cette utopie libérale fait le lit d'une implacable dictature : celle du marché [...] L'État doit se cantonner à ses missions de coercition, le reste est l'affaire du marché et de lui seul[256].

Ainsi, si l'expérience développementiste n'a pas généré une atténuation des inégalités, si l'inégalité est ''perpétuée'' et ''pérennisée'' tant au niveau national que sur la scène internationale ; bref, si ''l'inégalité demeure'' (et même, s'accentue parfois), quels sont les scénarios attendus et peut-on entrevoir ce que sera l'inégalité aussi bien au niveau interne qu'au niveau international ? A notre avis, on peut parler surtout de quatre scénarios qui sont les suivants :

- les pays (ou les régions) les moins développés vont dépasser les pays développés : ce scénario est quasiment impossible à cause du fossé ''spectaculaire'' entre les plus riches et les plus pauvres ce qui

---

[254] Selon Amin, ces monopoles sont les suivants : 1. le monopole des technologies nouvelles ; 2. celui du contrôle des flux financiers à l'échelle mondiale ; 3. le contrôle de l'accès aux ressources naturelles de la planète ; 4. le contrôle des moyens de communication et des médias ; 5. le monopole des armes de destruction massive.

[255] S. Amin (2001), *« Capitalisme, impérialisme et mondialisation »,* Texte polycopié, Paris, 2001, pp3-6.

[256] Denis Clerc (2007), *« Ordre social et dictature du marché »,* in : « Les dossiers de la mondialisation », Manières de voir (Le monde diplomatique), janvier - février 2007, pp11-13.

rend ‘‘le rattrapage’’ une opération quasi impossible (du moins dans les prochaines décennies)

- la stagnation du rythme de développement des pays (ou des régions) sous-développés : ce scénario de ‘‘la croissance zéro’’ est également irréaliste grâce à la croissance soutenue que connaissent les régions et les pays en voie de développement (bien que l’écart avec les régions développées reste considérable)

- une vitesse de croissance très rapide des PVD et des régions sous-développées ce qui facilite le rattrapage des pays développés : comme on l’a précédemment analysé, cette possibilité est difficile à réaliser (sauf pour quelques cas bien déterminés qui ont réalisé le décollage), et ce, à cause de l’extraversion économique, du ‘‘libre fonctionnement du marché’’ et des ‘‘disparités cumulatives’’ qui favorisent ‘‘le centre’’ au détriment de ‘‘la périphérie’’

-enfin, le quatrième scénario concerne la stabilisation des écarts (avec l’émergence de quelques pays ou de certaines régions) : cette possibilité est la plus réaliste et la plus prévisible (étant la plus proche de la réalité), puisqu’on remarque une amélioration générale du niveau du développement humain (par exemple grâce à l’accroissement des IDH et à la régression des IPH) et ce pour plusieurs pays (ou régions) émergents, mais ceci n’a pas été -et vraisemblablement ne serait pas- à l’origine de l’atténuation des écarts interrégionaux à cause du fossé entre le centre et la périphérie.

Par ailleurs, et bien que l’avenir demeure incertain, le dernier scénario (de la stabilisation des écarts) peut être le plus prévisible surtout pour le cas tunisien à cause de l’importance des forces d’inerties de la société tunisienne[257]. En fait, tant au niveau social qu’au niveau économique (et régional), cette inertie est inhérente à de nombreux facteurs politiques et sociologiques (et ce outre le facteur économique lié à l’extraversion). Sur le plan politique[258], le parti (unique au pouvoir) « veut que toutes les catégories de la société tunisienne se reconnaissent en lui, mieux s’identifient à lui » et « tout ce qui pourrait engager la société tunisienne dans le sens de la divergence ou de la différenciation est perçu comme une volonté de diviser la nation et comme un danger mortel ». Sur le plan social[259], « les forces sociales sont plutôt des forces d’inertie que de

---

[257]Du moins depuis l’indépendance jusqu’au 14 janvier 2011.

[258] Voir notamment l’ouvrage précité de A. Bouhdiba (1978), pp186-188.

[259] Cf, pour plus de détails, la thèse sus-invoquée de H. Dimassi (1983), pp990-997.

transformation » (la techno-bureaucratie milite pour le statu quo tandis que le lumpen- prolétariat est exclu, car « politiquement non organisé et économiquement non rattaché à une forme précise de production »), et « malgré le fait qu'elle passe par une crise généralisée, la société tunisienne éprouve beaucoup de difficultés à se dépasser ».

Au delà de ces considérations sur le développement et sur l'inégalité du développement humain en Tunisie, notre travail pourrait être élargi à d'autres considérations qui n'ont pas été largement analysées dans notre recherche. Il s'agit surtout de la dimension culturelle du développement qui concerne notamment -selon les termes de Bouhdiba- ''les implications culturelles du développement économique et social et les mesures à prendre au niveau de l'action culturelle pour accélérer le processus du développement''.

Dès lors, sans un réel développement culturel, sans une nouvelle perception de notre passé et notre présent et sans **une vraie démocratie**, il est certain qu'on arriverait à perpétuer **''le développement du sous-développement''** (selon les termes de Frank) et à la faillite de l'expérience développementiste.

Bibliographie

Ouvrages

AMIN Samir : *« L'accumulation à l'échelle mondiale »* Ed. Anthropos Paris 1970

AMIN Samir : *«Le développement inégal : essai sur les formations sociales du capitalisme »* Édition Minuit Paris 1973.

AMIN Samir : *«L'impérialisme et le développement inégal ».* Edition Minuit Paris 1976.

AMIN Samir : *« L'empire du chaos : la nouvelle mondialisation capitaliste »* Ed. L'Harmattan Paris 1991

AMRI Laroussi : *« La femme rurale dans l'exploitation familiale. Nord-Ouest de la Tunisie »* Ed. L'Harmattan Paris 2002

AYED Mohamed et JEMAI Hédi: *«Les déterminants de la fécondité»* in : Jacques VALLIN et Thérèse LOCOH : *«Population et développement en Tunisie : la métamorphose».* Cérès Éditions, Tunis 2001 pp 171-201.

AZNAR Guy: *« Emploi, la grande mutation »* Hachette Livre. Paris 1996

BAIROH Paul : *« Le Tiers Monde dans l'impasse»* Ed Gallimard Paris 1971

BALANDIER George : *« Sens et puissance. Les puissances. Les dynamiques sociales »* PUF Paris 1971

BCHIR Mongi et VALLIN Jacques: *«L'évolution de la structure par âge de la population»* in : Jacques VALLIN et Thérèse LOCOH : *«Population et développement en Tunisie : la métamorphose».* Cérès Éditions, Tunis 2001 pp257-276.

BCHIR Mongi : *«La politique tunisienne de population : caractéristiques, contenu et résultats» in «Le livre de référence en communication en matière de population»* (Ouvrage collectif). IPSI/FNUAP. Tunis 1998 pp37-67.

BCHIR Mongi: *«Pour une définition d'une politique tunisienne de population».* Cahier de l'IREP n° 5.

BEDOUI Abdeljelil : *« Migration et dynamique socio-économique en Tunisie» in : « Les migrations intérieures»* pp 23-54. Tunis. Ministère du Plan et de Développement Régional (les cahiers de l'IREP n° 10. 1994).

BELHARETH Mustapha et HERGLI Moncef : *« Adaptation du marché du travail tunisien au nouveau contexte économique »* CPU Tunis 2000

BELHEDI Amor (sous la direction de) : *« Quelques aspects du développement régional et local »* Cahiers du CERES série géographique n° 20 Tunis 1998

BELHEDI Amor: *«Développement régional, rural et local »* Cahiers du CERES série géographique n° 17 Tunis 1996.

BELHEDI Amor: *«Les facteurs socio-économiques de la migration »* in : J. Vallin et T. Locoh : *«Population et développement en Tunisie : la métamorphose».* Cérès Éditions, Tunis 2001 pp 233-253.
BELHEDI Amor : *« Société, espace et développement en Tunisie »* PUT Tunis 1992
BELHEDI Amor: *«L'organisation de l'espace en Tunisie»* P.U.T Tunis 1992
BELHEDI Amor : *« L'aménagement de l'espace en Tunisie»* PUT 1992
BOUDON Raymond: *«L'inégalité des chances, la mobilité sociale dans les sociétés industrielles».* Édition Armand Colin. Collection U. Paris 1973.
BOUHDIBA Abdelwahab : *«Culture et société »* PUT Tunis 1978
BOUHDIBA Abdelwahab : *« Raisons d'être »* CERES Tunis 1980
BOURDIEU Pierre: *«Questions de sociologie».* Cérès Éditions. Tunis 1993.
BOUSNINA Adel : *« Développement humain et disparités régionales en Tunisie »* Thèse de Doctorat - 525 pages (F.S.H.S -2009)
BRUNNEL Sylvie : *«Le sud dans la nouvelle économie mondiale »* P.U.F Paris 1995
CREDIF : *« Femmes et développement régional en Tunisie. Monographie par gouvernorat »* Tunis 2003
DAMMAK Abdessalem et DAMMAK Ridha : *«L'emploi et l'activité économique»* in : Jacques VALLIN et Thérèse LOCOH : *«Population et développement en Tunisie : la métamorphose».* Cérès Éditions, Tunis 2001 pp379-398.
DIMASSI Houssine : *«Accumulation du capital et répartition des revenus. Essai sur la reproduction de la formation sociale postcoloniale»* Thèse de Doctorat d'État es- sciences économiques Tunis 1983
DUMAS André : *« Les modèles de développement»* Thèse de doctorat en sciences économiques Université de Montpellier 1970
DUMONT Gérard François : *«Démographie : Analyse des populations et démographie économique»,* édition Dumont Paris 1992.
FROMONT Pierre: *«Démographie économique»*, édition Payot. 1947.
FURTADO Celso : *« Développement et sous-développement»* PUF Paris 1966
GALBRAITH John Kenneth : *« Théorie de la pauvreté de masse »* Ed. Gallimard Paris 1980
GDOURA Mahmoud et SAHNOUN Abdelmadjid: *« Migrations intérieures et développement rural en Tunisie »* in : IREP (1994) *: « Les migrations intérieures »* Cahier de l'IREP n°10 Institut de Recherches et d'Études sur la Population Tunis 1994
GILLIS Malcolm, PERKINS Dwight, ROMER Mikael et SNODRESS Donald: *« Économie du développement ».* Publication de l'Université de De Boeck. Bruxelles 1998
GUELMANI Abdelmajid: *« La politique sociale en Tunisie de 1881 à nos jours »* Éditions l'Harmattan Paris 1996.

GUICHAOUA André et GOUSSAULT Yves : *« Sciences sociales et développement »* Armand Colin Paris 1993
HERMASSI Elbaki : *«État et société au Maghreb. Étude comparative »* Paris édition Anthropos 1975.
HERMASSI Elbaki: *« Mouvement ouvrier en société coloniale : la Tunisie entre deux guerres »* Thèse 3e cycle Paris 1966
HIRSCHMAN A.O. : *«Stratégie du développement économique »* Paris les éditions ouvrières 1964.
IREP : *« Mortalité et santé de la population»* Cahier de l'IREP n° 2. Institut de Recherches et d'Études sur la Population Tunis 1990
IREP : *« Essai de redéfinition de la politique de population»* Cahier de l'IREP n° 7. Institut de Recherches et d'Études sur la Population Tunis 1990
IREP : *« Le développement régional»* Cahier de l'IREP n°13 Institut de Recherches et d'Études sur la Population Tunis 2001
IREP : *« Les migrations intérieures »* Cahier de l'IREP n°10 Institut de Recherches et d'Études sur la Population Tunis 1994
IREP : *« Population, espace et développement »* Cahier de l'IREP n°4 Institut de Recherches et d'Études sur la Population Tunis 1990
JACQUEMOT Pierre (sous la direction de) : *« Économie et sociologie du Tiers Monde »* L'Harmattan Paris 1981
JEDIDI Mohamed : *«Croissance économique et espace urbain dans le Sahel tunisien depuis l'indépendance »* Publication de l'Université de Tunis, Tunis 1986.
JEDIDI Mohamed : *«Les migrations intérieures en Tunisie : Évolution des flux » in : « les migrations intérieures»* pp 9-22. Tunis Ministère du Plan et de Développement Régional (les cahiers de l'IREP n° 10. 1994).
KHOUAJA Ahmed : *« La problématique facteur démographique et développement : le cas du Sahel tunisien »* in : TAAMALLAH Khemais (Dir) : *« Développement et transition démographique en Afrique »* Publication de l'Université de Tunis 1995 pp 138-151
LAYEB Mongi : *«Disparités sociales et programmes de lutte contre la pauvreté »* in : Jacques VALLIN et Thérèse LOCOH : *«Population et développement en Tunisie : la métamorphose».* Cérès Éditions, Tunis 2001 pp495-511.
LEWIS Arthur : *« La théorie de la croissance économique »* Ed. Payot Paris 1963
MAHFOUDH Dorra: *« Population et système d'éducation» in : «Emploi, émigration, éducation et population».* Cahier de l'IREP n°5. Tunis 1990.
MAHJOUB Azzam. : *« Industrie et accumulation du capital en Tunisie de la fin du 18e siècle jusqu'à nos jours »* Thèse d'État, Grenoble 1979.
MAHMOUDI Sabah : *« Femme et développement » in «Le livre de référence en communication en matière de population»* (Ouvrage collectif). IPSI/FNUAP. Tunis 1998 pp 115-141.

MEUBLAT Guy: *« Population et croissance du revenu : un essai d'analyse démo-économique sur le capitalisme moderne»* Thèse de doctorat d'État en sciences économiques Paris Sorbonne 1977.
MORIN Edgar (sous la direction de) : *« Le mythe du développement »*Nathan Paris 1995
OMINDE S.H et EJIOGU C.N : (sous la direction de) *« L'accroissement de la population et l'avenir économique de l'Afrique »* Population Council Paris 1974
ONFP : *«Impact du programme national de planning familial sur les secteurs sociaux»* imprimé sous les presses offset de l'ONFP Tunis 1997 pp 251-285.
ONU : *«Vers un développement accéléré. Rapport du comité de la planification du développement »* publication des Nations Unies. New York 1970
ONU : *« Sommet mondial pour le. développement social (mars 1995). Déclaration et programme d'action de Copenhague »* New York 1995
ONU : *"Bilan commun de pays"* ONU. Mars 2001
OUANNES Moncef : *« Le discours arabe : limites et contradictions »* (en arabe) Maison Tunisienne de l'Édition 1992
PERROUX François : *« L'économie du XXe siècle »* PUF Paris 1964.
PERROUX François : *« Pour une philosophie du nouveau développement »* PUF Paris 1981.
PICHAT Jean Bourgeois : *« Énergie et population »* Cahier du CERES Série démographique n° 5 Tunis 1982
PLASSARD Jean Michel et BEN SEDRINE Said : *«Enseignement supérieur et insertion professionnelle en Tunisie».* Presses de l'Université des Sciences Sociales de Toulouse. Toulouse 1998.
PNUD (1990) : *«Rapport mondial sur le développement humain. Définition et mesure du développement humain »* New York, Programme des Nations Unies pour le Développement
PNUD (1996) : *«Rapport mondial sur le développement humain. Croissance économique et développement humain »* New York, Programme des Nations Unies pour le Développement
PNUD (1997): *«Rapport mondial sur le développement humain. Le développement humain au service de l'éradication de la pauvreté »* New York, Programme des Nations Unies pour le Développement
PNUD (2005) : *«Rapport mondial sur le développement humain»* New York, Programme des Nations Unies pour le Développement
PNUD (2009) : *«Rapport mondial sur le développement humain»* New York, Programme des Nations Unies pour le Développement
POULANTZAS N.:*« Les classes sociales dans le capitalisme d'aujourd'hui »* Ed. Seuil Paris 1974
ROSTOW Walt Whithan : *« Les étapes de la croissance économiques »* Ed le Seuil Paris 1970
ROUISSI Moncer : *«Population et société au Maghreb »* Tunis Cérès 1983.

SACHS Ignacy : *« Stratégies de l'écodéveloppement »* Ed. Ouvrières Paris 1980
SAHBANI Abdessatar: *« Décentralisation et développement régional. Le cas tunisien. Exemple du Centre Ouest »* Thèse de doctorat (3ème cycle) FSHS Tunis 1988
SAUVY Alfred : *«Théorie Générale de la population »* PUF Paris 1960 Tome II.
SAUVY Alfred: *« La population»*. PUF. Paris 1950.
SBOUI Faouzi : *« Les déséquilibres du marché du travail et le rôle du secteur informel »* in : Jacque VALLIN et Thérèse LOCOH: *«Population et développement en Tunisie : la métamorphose»*. Cérès Éditions, Tunis 2001
Secrétariat d'État à l'Information (1976) : *« La Tunisie en marche »* Cérès Production Tunis 1976
SETHOM Hafedh : *«Répartition spatiale de la population et urbanisation »* in : Jacques VALLIN et Thérèse LOCOH : *«Population et développement en Tunisie : la métamorphose»*. Cérès Éditions, Tunis 2001 pp 277-293.
SETHOM Hafedh : *«Pouvoir urbain et paysannerie en Tunisie »* Cérès production Tunis 1992
SID AHMED Abdelkader : *« Croissance et développement»* (2 tomes) Office des Publications Universitaires Alger 1981
SIGNOLES Pierre : *«L'espace tunisien : Capital et État-région »* CNRS 1985
TAAMALLAH Khemais: *«Population et emploi»*. Publication de l'Université de Tunis 1987.
TOURAINE Alain. : *«Les sociétés dépendantes »* éd. Ducolot Paris 1977
WALTISPERGER Dominique, VALLIN Jaques et BEN MRAD Abdelmadjid: *«La dynamique naturelle de la population depuis l'indépendance»* in : Jacques VALLIN et Thérèse LOCOH: *«Population et développement en Tunisie : la métamorphose»*. Cérès Éditions, Tunis 2001 pp53-88.
ZOUARI Bechir : *« Etat de santé et déterminants de la santé en Tunisie » in : IREP « Mortalité et santé de la population»* Cahier de l'IREP n°2. Institut de Recherches et d'Études sur la Population Tunis 1990
ZOUARI -BOUATTOUR Selma : *« Capital humain et salaires. le cas de la Tunisie »* Imprimerie officielle. Tunis 1986
ZOUARI BOUATTOUR Selma : *« L'enseignement supérieur en Tunisie : les enjeux »* in : Jean Michel PLASSARD et Said BEN SEDRINE : *« Enseignement supérieur et insertion professionnelle en Tunisie»* Presses de l'Université des sciences sociales de Toulouse (1998)

Revues, périodiques et rapports

AMIN Samir : « Altermondialismes et luttes populaires » in : « Les dossiers de la mondialisation » *Manières de voir (Le monde diplomatique)* janvier - février 2007 Paris 2007

AMIN Samir : « Capitalisme, impérialisme et mondialisation » (Texte polycopié) Paris 2001

ATTIYA Habib : «L'urbanisation de la Tunisie » *Revue tunisienne des sciences sociales* n° 28-29. 1972 pp 9-32

ATTIYA Habib : «La répartition géographique de la population tunisienne à partir du recensement de 1966» *Revues tunisienne des sciences sociales* n° 17-18. 1969 pp 505-525

AYARI Chedly: "Idéologies, contraintes et pouvoir économique: un débat essentiel du développement" *RTSS* n° 9 Tunis 1968

AYARI Chedly: « Le développement humain dans le monde arabe » *revu tunisien d'économie* n° 6 Tunis 1995

AYDALOT Philippe : « La structuration de l'espace économique tunisien » *RTSS* n° 5 Tunis 1966

BCHIR Badra : « Culture et programmes de développement » *RTSS* n° 115. CERES Tunis 1993

BCHIR Mongi : « La mortalité à Tunis : L'inégalité sociale devant la mort » *RTSS* n° 52 1978 pp 135-154.

BCHIR Mongi : «Les migrations dans une métropole régionale : Sousse» *Revue tunisienne des sciences sociales* n° 28-29. 1972 pp 107-130.

BEDOUI Abdeljelil: « La place du développement local endogène dans l'économie du développement » *RTSS n°119* CERES Tunis 1999

BELHEDI Amor : « Urbanisation, polarisation et développement régional » *RTSS n° 110* Tunis 1992

BELHEDI Amor : « Les niveaux de développement régional en Tunisie : analyse comparative de 3 méthodes classificatoires» *RTSS n°119 Tunis 1999*

BELHEDI Amor: « Du problème régional: contribution pour mesurer et réduire l'inégal développement : première approche et application à la Tunisie» *RTG n° 9* Tunis 1982

BELHEDI Amor : « Littoralisation et mondialisation : état des lieux et enjeux » *R.T.G n°30* Tunis 1996 pp 9-52

BELHEDI Amor : « Industrie et espace, ou l'ordre de l'extraversion » *revue : « Géographie et développement »* n° 10 Tunis 1990

BEN ROMDHANE Habiba (et all.) : « Structure des naissances selon l'âge de la mère et surmortalité maternelle : cas de la Tunisie » *Revue : « Famille et population »* (ONFP. Juin 2001)

BEN SEDRINE Said : « Insertion professionnelle des diplômés du supérieur dans un contexte de transition libérale » (Texte polycopié).

BEN SLAMA Moncef: “Orientations économiques pour la décennie 90 en Tunisie” *RTSS n° 100* Tunis 1990
BOUHDIBA Sofiane: « Lutte contre la mortalité infantile : état des lieux » *RTSS n° 119* Tunis 1999
BOUSNINA Adel : *« Les disparités régionales du développement humain en Tunisie »* Revue Tunisienne de Sciences Sociales R.T.S.S n°134 pp 61-90 ; CERES 2007
BOUSNINA Adel : *« Les causes et les répercussions de l'inégal développement en Tunisie : résultats d'une enquête »* Revue Tunisienne de Sciences Sociales R.T.S.S n°136 pp 25-58 ; CERES 2008
CLERC Denis : « Ordre social et dictature du marché » in : « Les dossiers de la mondialisation » *Manières de voir (Le monde diplomatique)* janvier - février 2007 pp 11-13
DLALA Habib : «État et développement industriel en Tunisie : De l'investissement direct au désengagement » *RTG* n° 17, 1989
ENNACEUR Mohamed : « La politique sociale en Tunisie depuis l'indépendance et sa place dans le développement » *Revue Travail et développement* n° 10 Tunis 1987
Institut National de la Statistique :
-Recensements généraux de la population tunisienne : 1966, 1975,1984 1994 et 2004.
-Enquête Population Emploi : 1980 et 1989
-Enquête Population Emploi : 1999
-Enquête Emploi : 1997
-Annuaire Statistique de la Tunisie Volume 42 décembre 2000.
-Caractéristiques économiques de la population (1995).
- INS : Enquête Population Emploi 2008, février 2010.
-Ministère de l'Éducation : « Statistiques scolaires. Année scolaire 2003-2004 »
Ministère du Développement économique :
-Le IXe Plan de Développement (contenu global)
-Le Xe Plan de Développement (contenu global, sectoriel et régional)
-Le XIe Plan de Développement (contenu global, sectoriel et régional)
-MDE et PNUD : « Rapport national sur le développement humain-1999 »
-MDE : « Migration intérieure et développement régional : Étude stratégique. Rapport final» Tunis 1996
MOKADEM Monji : «État, ajustement structurel et contraintes sociales : cas de la Tunisie» *Revue tunisienne d'économie* n° 7. Centre d'Études, de Recherches et de Publications. Tunis 1996 pp 147-169.
PERRET Bernard: « Indicateurs sociaux, état des lieux et perspectives » Rapport au Conseil de l'Emploi, des Revenus et de la Cohésion Sociale CERC janvier 2002
SEKLANI Mahmoud: «La dimension démographique et sociale de la santé de la reproduction», Revue : Famille et population : 2-3 juin 2001.

SHIRI Hajer Aounallah (et al.): « La mortalité néonatale en Tunisie : Évolution et stratégie de lutte contre ses causes » *Revue : « Famille et population »* (ONFP. Juin 2001)
TRABELSI Mohsen: « Les potentialités humaines régionales et la décentralisation territoriale » *RTSS* n° 82/83
ZAIEM M. Hedi : « Construction d'un indicateur synthétique de développement régional » *Revue tunisienne d'économie et de gestion n° 3* Tunis 1985
ZGHAL Abdelkader : « Décolonisation et nouvelle dynamique sociale en Tunisie » *RTSS n° 10*, 1967, pp 73-89.
ZGHAL Abdelkader : « L'élite administrative et la paysannerie » *RTSS n°16* Tunis 1969

Colloques

BCHIR Mongi et YOUZBACHI Moncef: *«L'approche tunisienne population-développement : du quantitatif au qualitatif»*. Texte polycopié (actes de la Conférence Nationale Population et Développement. Tunis 10 et 11 septembre 1999)
BELHEDI Amor: *« L'espace touristique en Tunisie »* Communication au cours d'été. Institut Supérieur des Études Touristiques (ISETUR) Université de Girona Espagne 5-6 juillet 1999 (ronéo)
BEN AMOR Ridha : *« Politique sociale, ajustement structurel et pauvreté en Tunis »* in : CERES (1995): « Ruralité, urbanité et exclusion sociale » cahier de CERES. Série sociologique n° 24 Tunis 1995
BEN JAAFAR Évelyne : *« Le développement de la santé en question »* in : CERES (1990) : «Le développement en question. Dimension, bilan et perspectives » (Actes du séminaire, Tunis 24-29 novembre 1986) Tunis. Centre d'Études et de Recherches Économiques et Sociales (Cahiers du CERES, série sociologique n° 16)
CERES (1990) : *«Le développement en question. Dimension, bilan et perspectives »* (Actes du séminaire, Tunis 24-29 novembre 1986). Tunis. Centre d'Études et de Recherches Économiques et Sociales (Cahiers du CERES, série sociologique n° 16)
CERES (1991) : *«La dimension culturelle du développement »* (Actes du séminaire, Tunis 21-26 novembre 1988) Tunis. Centre d'Études et de Recherches Économiques et Sociales (Cahiers du CERES, série sociologique n° 17)
CERES (1994) : *«Les déterminants socio-culturels de la pauvreté en Tunisie »* (Actes du séminaire, Tunis 19-21 novembre 1992) Tunis. Centre d'Études et de Recherches Économiques et Sociales (Cahiers du CERES, série sociologique n° 23)

CERES (1995) : *«Ruralité, urbanité et exclusion sociale »* Tunis. Centre d'Études et de Recherches Économiques et Sociales (Cahiers du CERES, série sociologique n° 24)
DIMASSI Hassine et ZAIEM M.Hedi : *« La dynamique socio-économique de population d'une région. L'exemple du nord-ouest-tunisien. »* Actes du 5e colloque de démographie maghrébine. AMEP. Rabat 1982
FERCHIOU Ridha : *«Synthèse générale et recommandations »* In : «Politique de l'emploi en Tunisie» : Actes du séminaire organisé par l'Institut du Financement du Développement du Maghreb Arabe (IFID) du 13 au 16 juin 1990.
POIRIER J.: *« Héteroculture et développement endogène intégré »* In : CERES (1991): « La dimension culturelle du développement » actes du séminaire Tunis 21-26 novembre 1988, CERES Tunis 1991
SAHLI Sadok: *«Le développement : essai de clarification conceptuelle»* in : «Le développement en question. Dimension, bilan, perspectives». Actes du Colloque organisé à Tunis : 24-29 novembre 1986 : Publication du CERES Tunis 1990 pp 491-494.
SEKLANI Mahmoud: *«Conséquences économiques et sociales du vieillissement de la population en Tunisie».* Actes du 9e Colloque de démographie maghrébine. Hammamet 1995. Imprimerie Officielle de la République tunisienne. Tunis 1997 pp 315-332.
SIGNOLES P., BOUTHIER M. et MISSEC J.M. : *« Une approche de l'espace industriel tunisien »* In : CERES (1980) : « L'industrialisation au Maghreb. Actes du 4e Colloque de géographie maghrébine »Tome 2 Cahier du CERES Série géographie n°4 Tunis 1980
TAAMALLAH Khemaies :(sous la direction de) *« Développement et transition démographique en Afrique »* Actes du colloque international de démographie Université de Tunis 1997
TAAMALLAH Khemaies: *« Aperçu sur les incidences économiques et sociales de l'exode rural en Tunisie »* Actes du Xème colloque de démographie maghrébine. AMEP. Rabat 2001
THAMI Ali: *« Réflexion pour un développement anti-crise »* In : CERES (1990) : «Le développement en question. Dimension, bilan et perspectives » (Actes du séminaire, Tunis 24-29 novembre 1986) Tunis. Centre d'Études et de Recherches Économiques et Sociales (Cahiers du CERES, série sociologique n° 16)

Liste des tableaux

Liste des graphiques

Liste des cartes

Index des abréviations

- ACP : Analyse en Composantes Principales
- API : Agence de Promotion de l'Industrie
- ATE : Agence Tunisienne de l'Emploi
- CERES : Centre d'Études et de Recherches Économiques et Sociales
- CGDR : Commissariat Général au Développement Régional
- CNRPS : Caisse Nationale de Retraite et de Prévoyance Sociale
- CNSS : Caisse Nationale de Sécurité Sociale
- CPU : Centre de Publication Universitaire
- CREDIF : Centre de Recherches, d'Études, de Documentation et d'Information sur le Femme
- DDR : Direction de Développement Régional
- DIT : Division Internationale du Travail
- DH : Développement Humain
- DPA : Dépense Par An
- EB : Enseignement de Base
- EPE : Enquête Population et Emploi
- ES : Enseignement Supérieur
- ETSME : Enquête Tunisienne sur la Santé de la Mère et de l'Enfant
- FIAP : Fonds d'Insertion et d'Adaptation Professionnelle
- FNUAP : Fonds des Nations Unies pour la Population
- IDH : Indicateur du Développement Humain
- IEQ : Institut de l'Économie Quantitative
- IFID : Institut du Financement du Développement du Maghreb Arabe
- IMH : Indicateur de Manque Humain
- INS : Institut National de la Statistique
- IPH : Indicateur de la Pauvreté Humaine
- IREP : Institut de Recherches et d'Études sur la Population
- ISET : Institut Supérieur des Études Technologiques
- MAS : Ministère des Affaires Sociales
- MDE : Ministère du Développement Économique
- MDCI : Ministère du Développement et de la Coopération Internationale
- MEF : Ministère de l'Éducation et de la Formation
- MESRST : Ministère de l'Enseignement Supérieur et de la Recherche Scientifique
- MES : Ministère de l'Enseignement Supérieur
- MSP : Ministère de la Santé Publique
- ONFP : Office National de la Famille et de la Population
- ONU : Organisation des Nations Unies
- PAS : Plan d'Ajustement Structurel

- PDRI : Programme de Développement Rural Intégré
- PDUI : Programme de Développement Urbain Intégré
- PIB : Produit Intérieur Brut
- PNB : Produit National Brut
- PNUD : Programme des Nations Unies pour le Développement
- PPA : Parité du Pouvoir d'Achat
- PRD : Programme Régional de Développement
- PUT : Publication de l'Université de Tunis
- RGPH : Recensement Général de la Population et de l'Habitat
- RTSS : Revue Tunisienne de Sciences Sociales
- RTG : Revue Tunisienne de Géographie
- SIVP : Stage d'Initiation à la Vie Professionnelle
- SMIG : Salaire Minimum Interprofessionnel Garanti
- SMAG : Salaire Minimum Agricole Garanti
- TAAM : Taux d'Accroissement Annuel Moyen
- TBM : Taux Brut de Mortalité
- TMI : Taux de Mortalité Infantile

Abréviations des régions

- DT : District de Tunis[260]
- NEAT : Nord-Est (y compris le District de Tunis)
- NE : Nord-Est[261]
- NO : Nord-Ouest[262]
- CO : Centre-Ouest[263]
- CE : Centre-Est[264]
- SE : Sud-Est[265]
- SO : Sud-Ouest[266]

---

[260] Il comprend les gouvernorats suivants : Tunis, Ariana, Ben Arous et Manouba
[261] Il comprend : Bizerte, Nabeul et Zaghouan
[262] Il comprend : Beja, Jendouba, Le Kef et Siliana
[263] Il comprend : Kairouan, Sidi Bouzid et Kasserine
[264] Il comprend : Sousse, Monastir, Mahdia et Sfax
[265] Il comprend : Gabes, Medenine et Tattaouine
[266] Il comprend : Gafsa, Tozeur et Kebili

Table des matières

Monde arabe – Maghreb – Moyen-Orient aux éditions L'Harmattan

Dernières parutions

PIED-NOIR... ET GAULLISTE – Autobiographie et réflexions personnelles
Achor Robert
Pendant sa période oranaise, Robert Achor a fréquenté le lycée Lamoricière, où son professeur d'histoire était Marc Ferro. Déjà sensibilisé au gaullisme en Algérie, il a poursuivi dans cet engagement une fois arrivé à Paris. Il rencontre Pierre Mesmer et son épouse, le général Koenig, Golda Meir, Ben Gourion... Autant de personnalités et d'échanges qui façonneront et éclaireront sa vision de l'histoire contemporaine dont il témoigne ici.
(SPM, 16.50 euros, 160 p.) ISBN : 978-2-901952-94-7, ISBN EBOOK : 978-2-296-50579-7

DIX JOURS À ALGER – Carnets d'un Printemps manqué. Février 2011
Viollet Christian
Février 2011 : la Tunisie, l'Egypte puis la Libye basculent dans le «Printemps arabe». À Alger, la révolution annoncée se fait cruellement attendre. Dans ce pays où tout le monde parle politique, cette révolution qui joue l'Arlésienne est au coeur des débats. Séjournant à Alger, l'auteur rapporte des réponses qui permettent de refaire l'histoire et rappellent le lien indissociable de nos deux pays, de nos deux peuples.
(Coll. Ecrire et Voyager, 13.50 euros, 118 p.)
ISBN : 978-2-336-00296-5, ISBN EBOOK : 978-2-296-50778-4

DYNAMIQUES SOCIOLANGAGIÈRES DE L'ESPACE ALGÉROIS
Discours et représentations
Lounici Assia, Bestandji Nabila
La réflexion sur les dynamiques sociolangagières de l'espace algérois offre la possibilité de confronter les concepts de la sociolinguistique urbaine à la spécificité du terrain algérien. Elle permet également d'aborder la question des tensions sociospatiales qui traversent la société algérienne, au vu des grands bouleversements sociaux, économiques et urbanistiques qu'elle est en train de vivre.
(Coll. Espaces discursifs, 19.00 euros, 194 p.)
ISBN : 978-2-336-00340-5, ISBN EBOOK : 978-2-296-50780-7

SAHARA (LE) ALGÉRIEN – Intégration nationale et développement régional
Kouzmine Yaël
Le Sahara algérien représente les 4/5e du territoire national. La diffusion des infrastructures de transport et des équipements publics a considérablement remodelé les territoires sahariens, dans un contexte de forte croissance démographique. Voici étudiées les perspectives futures d'évolution de ce désert, aujourd'hui largement urbanisé et intégré à l'économie nationale.
(35.00 euros, 344 p.) ISBN : 978-2-336-00418-1, ISBN EBOOK : 978-2-296-50554-4

ESPRIT (L') ARABE ENCHAÎNÉ
Heggy Tarek - Traduit par Leila Henein
L'esprit arabe enchaîné parle des obstacles qui se posent entre l'esprit arabe et la *civilisation moderne*. Il traite des faiblesses et des failles culturelles et sociales qui ont mené la majorité des sociétés arabophones contemporaines à s'isoler et à rester barricadées dans leurs convictions. Comment pourra-t-il se libérer de ses chaînes et s'intégrer dans le monde ? La région connaîtra alors la vraie démocratie rêvée par le «Printemps arabe» et pourra la vivre.
(16.50 euros, 160 p.) ISBN : 978-2-336-00279-8, ISBN EBOOK : 978-2-296-50491-2

ISLAM (L') : UNE VICTOIRE INÉLUCTABLE
Maucade Julien
L'opposition entre Islam et monde occidental éclaire les causes profondes du malaise grandissant dans les civilisations. L'humanité est à un tournant crucial de son histoire. Le dénouement de cette confrontation dont l'issue aura un rôle essentiel déterminera l'idéologie dominante à venir. Laquelle de ces deux armées sera victorieuse ?
(14.00 euros, 128 p.) *ISBN : 978-2-296-99694-6, ISBN EBOOK : 978-2-296-50404-2*

ALGÉRIE, 50 ANS APRÈS
Confluences Méditerranée 81
Souiah Sid-Ahmed
L'Algérie fête cette année les 50 ans de son indépendance, une occasion pour revenir sur son parcours à la fois politique, économique et culturel. Au sommaire notamment de ce numéro des contributions sur Ben Bella, le développement économique depuis 50 ans, le pétrole, la dépendance alimentaire, le logement, la jeunesse, l'histoire de la peinture, le cinéma, la création littéraire.
(18.50 euros, 234 p.) *ISBN : 978-2-296-99405-8, ISBN EBOOK : 978-2-296-50081-5*

LANGUE (LA) DE ZAHRA
Sissani Fatima
Les Kabyles existent d'abord par la parole. Une réalité qu'on se représente mal lorsque l'on plonge dans la société de l'immigration où ces hommes et femmes, souvent analphabètes, sont relégués exclusivement au rang d'ouvriers et de femmes au foyer... On imagine alors mal les orateurs qu'ils deviennent lorsqu'ils retournent dans leur langue. Cette réalité, je la pressentais. J'en ai réalisé toute l'acuité, mesuré la dimension en filmant ma mère, son quotidien et son histoire...
(20.00 euros) *ISBN : 978-2-296-57455-7*

TUNISIE (LA) RÉINVENTE L'HISTOIRE : RÉCITS D'UNE RÉVOLUTION – Un passé troublé et un présent sous pression
Sous la direction de Saisi Heidi ; Préface de Suzanne Citron
Ecrire sur l'histoire des civilisations, l'immigration et la révolution tunisienne, c'est rendre accessible des événements encore trop récents et qui échappent pour l'instant à l'archivage national. Exhumer ces faits oubliés, c'est explorer «l'arrière-pays» de ces évènements, sans faire pour autant le procès de quiconque. Évoquer la mémoire de ces étrangers, expliquer la révolution tunisienne, c'est tenter de contribuer à un dessein de science sociale.
(25.50 euros, 256 p.) *ISBN : 978-2-296-99283-2, ISBN EBOOK : 978-2-296-50265-9*

RÉSISTANCE (LA) SAHRAOUIE À GDAÏM IZIG
L'Ouest Saharien 8
Dans le triangle saharien formé par le Mali, le Sénégal et le Sahara occidental, des questions complexes surgissent : formation de la société sahraouie, la vie quotidienne des femmes dans les campements sahraouis de Tindouf, l'exode de 20000 d'entre eux à partir d'El Ayoun. Ce numéro consacre également un dossier inédit à la migration et deux études sur le Mali, l'une sur les Touaregs Kel Adagh et l'autre sur la musique contemporaine touareg.
(20.00 euros, 206 p.) *ISBN : 978-2-296-99233-7, ISBN EBOOK : 978-2-296-50489-9*

OUTILS MÉDIATIQUES ET POPULATIONS DU MOYEN ATLAS MAROCAIN
El Berrhouti Abderrahman
Cet ouvrage s'inscrit dans le débat sur la mondialisation et le processus de dissolution des cultures traditionnelles au contact des médias modernes. Trois territoires sont étudiés : Laanoussar, Guigou et Kerrouchen. Les groupes n'évoluant pas à la même vitesse, tous ne sont pas affectés de la même façon par les transformations induites par les TIC. Grâce à des exemples concrets et actualisés, l'importance des acteurs, des réseaux d'accès aux vallées et de la pénétration médiatique est mise en évidence.
(Coll. Histoire et perspectives méditerranéennes, 33.00 euros, 320 p.)
ISBN : 978-2-296-99591-8, ISBN EBOOK : 978-2-296-50140-9

ANNUAIRE MAROCAIN DE LA STRATÉGIE ET DES RELATIONS INTERNATIONALES 2012 (2 Tomes)
Sous la direction d'Abdelhak Azzouzi
Cet ouvrage voudrait concourir à la reconnaissance d'une doctrine marocaine en science politique et relations internationales, alors que les travaux en la matière au Maroc sont très rares. Le pluralisme académique, la diversité intellectuelle, la multiplication des approches, les débats pratiques et théoriques sont en effet essentiels pour la vitalité de n'importe quelle région. Regrouper les experts, rassembler les spécialistes, confronter les tendances, tels sont les objectifs de ce travail. (Ouvrage relié).
(Tome 1, Coédition CMIESI, 49.00 euros, 994 p.)
ISBN : 978-2-296-99384-6, ISBN EBOOK : 978-2-296-50313-7
(Tome 2, Coédition CMIESI, 49.00 euros, 2062 p.)
ISBN : 978-2-296-99385-3, ISBN EBOOK : 978-2-296-50314-4

ANNUAIRE MAROCAIN DE LA STRATÉGIE ET DES RELATIONS INTERNATIONALES 2012 – Version en arabe
(Coédition CMIESI, 79.00 euros, 1538 p.)
ISBN : 978-2-296-99383-9, ISBN EBOOK : 978-2-296-50315-1

MOROCCAN YEARBOOK OF STRATEGY AND INTERNATIONAL RELATIONS 2012
Sous la direction d'Abdelhak Azzouzi
This book is intented to contribute to a recognition of a Moroccan doctrine in political science and international relations, given that research work in this area is still lacking. Academic pluralism, intellectual diversity, multiplicity of approaches, as well as practical and theoretical debates are, indeed, essential for the vitality of any discipline. Gathering experts and specialists and bringing tendencies to confrontation are the primary objectives of the present work. (Hard cover).
(Coédition CMIESI, 75.00 euros, 1346 p.)
ISBN : 978-2-296-99386-0, ISBN EBOOK : 978-2-296-50312-0

A DAMAS SOUS LES BOMBES – Journal d'une Française pendant la révolte syrienne (1924-1926)
Poulleau Alice - Préface de François Burgat
Voici un témoignage publié en 1926, longtemps «interdit à la vente dans les pays sous mandat», et jamais réédité. Son actualité procède du télescopage troublant entre deux des printemps de l'histoire syrienne. En 1925, la France mandataire a réprimé au canon les aspirations d'une nation naissante tout en exploitant ses divisions confessionnelles. En 2012, les fils des nationalistes syriens pilonnent leurs opposants et s'emploient à opposer entre elles les familles d'une nation endolorie pour mieux la contrôler.
(Coll. Comprendre le Moyen-Orient, 26.00 euros, 256 p.)
ISBN : 978-2-296-99171-2, ISBN EBOOK : 978-2-296-50386-1

HEZBOLLAH, LA RÉSILIENCE ISLAMIQUE AU LIBAN
Leroy Didier
Étude longitudinale sur le Hezbollah libanais, cet ouvrage synthétise les phases de maturation idéologique que celui-ci a connues depuis son émergence et retrace l'évolution structurelle de ce mouvement milicien devenu parti politique caractérisé par son projet de «société résistante». L'apport nouveau de ce livre est de proposer la transposition du concept - initialement psychologique - de «résilience» dans le champ sociopolitique, livrant une grille d'interprétation originale du cheminement de ce parti.
(Coll. Comprendre le Moyen-Orient, 28.00 euros, 314 p.)
ISBN : 978-2-296-99293-1, ISBN EBOOK : 978-2-296-50515-5

HYDROPOLITIQUE DU NIL – Du conflit à la coopération ?
Boinet Edouard - Préface de Clarisse Barthes-Gay et Gérard Monédiaire
La planète bleue manquerait-elle d'eau ? Prenant pour sujet d'étude l'hydropolitique du bassin du Nil, l'auteur, sans nier la probabilité de futures guerres de l'eau, observe pourtant un basculement récent du conflit vers la coopération. Analysant l'évolution du droit relatif aux

utilisations des cours d'eau internationaux, il plaide pour un renforcement de la coopération interétatique, notamment par une gestion intégrée et équitable.
(Coll. Inter-National, 22.00 euros, 222 p.)
ISBN : 978-2-296-99170-5, ISBN EBOOK : 978-2-296-50402-8

GUERRE D'ALGÉRIE, GUERRE D'INDÉPENDANCE
Paroles d'humanité
Association des 4 ACG - Préface de Raphaëlle Branche et d'Ounassa Siari Tengour
Cet ouvrage rassemble des récits divers de combattants français et algériens, harkis, pieds-noirs, réfractaires, médecins, infirmières, membres de leur famille, tous mêlés d'une façon ou d'une autre à la guerre. Ce dont ils témoignent, c'est qu'aujourd'hui pour tous ces acteurs, l'heure est venue de parler et d'entendre, de donner et de recevoir, des deux côtés de la Méditerranée. C'est bien le sens de ce livre : faire entendre la multiplicité des voix, contribuer à une mémoire chorale de la guerre.
(Coll. Histoire de vie et formation, 28.00 euros, 480 p.) *ISBN : 978-2-296-99269-6*

MA CAMPAGNE D'ALGÉRIE
Tome 1 : l'année 1961
Rongier Jacques
L'auteur a effectué son service en Algérie de mars 1961 à juillet 1962 dans le bled algérois. Ce sont des extraits des lettres qu'il a écrites chaque jour à son épouse qui sont publiées ici et qui constituent un dossier de mémoire. Si la guerre est présentée en filigrane, le jeune appelé n'y a pas participé directement. Ce premier volume évoque son embarquement pour l'Algérie, ses séjours à Aiïn Dahlia comme inspecteur des écoles, puis à Demangeat comme instituteur...
(Coll. Mémoires du XXe siècle, 32.00 euros, 310 p.)
ISBN : 9782-296-99133-0, ISBN EBOOK : 9782-296-50005-1

MA CAMPAGNE D'ALGÉRIE
Tome 2 : l'année 1962
Rongier Jacques
Dans ce deuxième tome relatant «sa» guerre d'Algérie à travers des extraits de lettres écrites à sa femme, l'auteur aborde ici l'année 62, les hivers enneigés de Demangeat et Nelsonbourg, les gardes de Lemestroff, ses pérégrinations dans l'Algérois, son emprisonnement par l'A.L.N., l'effervescence des fêtes de l'Indépendance.
(Coll. Mémoires du XXe siècle, 25.00 euros, 240 p.) *ISBN : 978-2-296-99134-7*

POUR UN PAYS D'ORANGERS – Algérie 1959-2012
Marquis François - Préface de Bruno Poucet
Né de l'émotion suscitée par l'explosion du terrorisme en Algérie dans les années 1990, cet ouvrage n'est pas simplement un nouveau livre sur la guerre. C'est un récit où s'entrecroisent les mémoires : celle des deux conflits mondiaux, de l'Indochine, de l'Algérie, des événements postérieurs des années 1990. La guerre, que l'auteur a faite comme appelé, sera pour lui le moment des choix essentiels. Il confronte ses souvenirs et les traces écrites qu'il en a conservées pour comprendre son cheminement individuel.
(Coll. Mémoires du XXe siècle, 27.00 euros, 262 p.) *ISBN : 978-2-296-99129-3*

SYSTÈME MATRIMONIAL ET ARTISANAT FÉMININ EN ALGÉRIE
Dib Marouf Chafika
Le système dotal, en tant que fait social organisant le don et le contre-don, met en évidence l'importance de la petite production marchande féminine, source substantielle de revenu dans des villes moyennes où l'offre d'emploi est quasiment inexistante. Par ailleurs, l'ouvrage s'attache au statut de la femme du point de vue matériel et scolaire, et à l'idée que les femmes se font d'elles-mêmes.
(Coll. Cahiers du CEFRESS, 25.00 euros, 244 p.) *ISBN : 978-2-296-96424-2*

L'HARMATTAN, ITALIA
Via Degli Artisti 15; 10124 Torino

L'HARMATTAN HONGRIE
Könyvesbolt ; Kossuth L. u. 14-16
1053 Budapest

ESPACE L'HARMATTAN KINSHASA
Faculté des Sciences sociales,
politiques et administratives
BP243, KIN XI
Université de Kinshasa

L'HARMATTAN CONGO
67, av. E. P. Lumumba
Bât. – Congo Pharmacie (Bib. Nat.)
BP2874 Brazzaville
harmattan.congo@yahoo.fr

L'HARMATTAN GUINÉE
Almamya Rue KA 028, en face du restaurant Le Cèdre
OKB agency BP 3470 Conakry
(00224) 60 20 85 08
harmattanguinee@yahoo.fr

L'HARMATTAN CAMEROUN
BP 11486
Face à la SNI, immeuble Don Bosco
Yaoundé
(00237) 99 76 61 66
harmattancam@yahoo.fr

L'HARMATTAN CÔTE D'IVOIRE
Résidence Karl / cité des arts
Abidjan-Cocody 03 BP 1588 Abidjan 03
(00225) 05 77 87 31
etien_nda@yahoo.fr

L'HARMATTAN MAURITANIE
Espace El Kettab du livre francophone
N° 472 avenue du Palais des Congrès
BP 316 Nouakchott
(00222) 63 25 980

L'HARMATTAN SÉNÉGAL
« Villa Rose », rue de Diourbel X G, Point E
BP 45034 Dakar FANN
(00221) 33 825 98 58 / 77 242 25 08
senharmattan@gmail.com

L'HARMATTAN TOGO
1771, Bd du 13 janvier
BP 414 Lomé
Tél : 00 228 2201792
gerry@taama.net

Achevé d'imprimer par Corlet Numérique - 14110 Condé-sur-Noireau
N° d'Imprimeur : 92821 - Dépôt légal : novembre 2012 - *Imprimé en France*